回想の都留重人

資本主義、社会主義、そして環境

尾高煌之助
西沢　保　編

勁草書房

都留重人先生像（渡辺武夫画伯筆）

1938年9月、婚約後、横浜より渡米する都留先生と
見送りの和田正子さん

序　言

この書は、経済学者 都留重人 先生の学問的なお仕事を振り返り、その現代と将来における意義と残された課題とを明らかにしようとしたものである。

先生は、『経済白書』第一号（原題は『経済実相報告書』、一九四七年）作成にかかわられたことをもって世に知られ、また終始、経済成長がもたらす社会経済の問題点に対して警鐘を鳴らし続けることによって、知識人の良心の発露たらんとされた。そこで本書は、時代に先駆ける先生の問題提起を、同時代人たちがどう受け止めているかを出来るだけ総括的に展望しようと試みた。ここに収めた各章は、いま改めて先生の足跡を偲び、著者たちそれぞれの視点から、冒頭に記した目的を果たそうと努めた結果である。いわゆる追悼集を世に送ろうとするのではない。

本書を編むきっかけは、二〇〇六年に都留先生が亡くなられた後、当時の一橋大学副学長の西村可明教授による、大学関係者として先生の学問上の業績をどう認識しているかをきちんとまとめておいては、という提案にあった。この提案を受けた同大学経済研究所長（当時）の高山憲之教授はこの案を関係者に諮り、その結果、編者両名がこの書物を編む役目を負うことになった。先生が同大学スタッフであられた頃在職されたのは経済研究所であったから、この案を具体化する拠点は同所におくのが自然と考えられたのであろう。だが編者たちは、先生から多大の恩恵を受けた者ではあっても、先生の直接の薫陶を受けた者ではない。そこで両名は、石川滋、伊東光晴、津田内匠の三教授のご示唆を仰ぎながら本書の構成案を作り、幸い本書の著者の方々のご賛同を得て編集作業にあたった。（ちなみに尾高は、先生が研究所に在籍された当時主任であられた研究部門に配属されていた縁、また西沢は、先生のご生前から研究所資料室が先生ご所蔵の膨大な資料類を寄託されるにあたってその仲だちを務めた縁によって、それぞれにこの役柄が廻ってきた。この任にあたるのに一番ふさわしいのは故 高須賀義博教授であったのに、と残念であった。）

編纂の過程では、国内在住の著者の方々には、その中間段階（二〇〇八年四月）で一堂にお集まり願って執筆構想をご披露いただき、ともに意見交換する機会をもった。また提出された玉稿に対しては、編者のコメントを述べ改訂を願った場合もあった。さまざまの無理を押して執筆をお願いした著者の方々が、快く編者の期待に応えてくださったことには感謝のほかない。そのうち何人かの方々は、早くからご寄稿くださったにもかかわらず種々の事情から刊行が遅れた点をお詫びしたい。冒頭の章は、学士院総会における弔辞をほぼ原文のまま収録したものであり、また各章の個性を生かして表記の統一はとくにしていない。

冒頭に記した目的を念頭において編んだのであるから、目次を一覧されれば明らかなように、この書の著者たちは先生との直接のかかわりがあった者とはかぎらない。また、先生から多大の影響を受け、先生の活動を支援された多くの方々すべてを網羅しているわけでもない。時間と手段と能力との限界のなかで編者として最大の努力を払った結果がこの書を生んだのにすぎない。したがって、都留先生の遺された業績が現代と未来にもつ意味とその解釈とが、本書の示すところに限られるわけではもちろんない。経済研究所資料室に先生が託された多数の資料を使って先生の足跡を詳細かつ客観的に明らかにすることは、今後、新しい世代の人たちに期待される別の仕事である。なお、資料室で整理を進めている都留資料の目録等、関連情報は、http://www.ier.hit-u.ac.jp/library/Japanese/TSURU shigeto/ で公開されている。また本書編纂の過程でおこなった鶴見俊輔氏、小宮隆太郎、伊東光晴両教授へのインタビューの速記録も、資料室の都留資料（都留アーカイヴ）に収録する予定である。

古くから先生とご縁のあった勁草書房がこの書の出版を引き受けてくださったのは大きな喜びである。編纂に必須の作業費は、東京商科大学奨学財団がこれを提供してくださった。編纂作業にあたって、同書房編集部の宮本詳三さんは、いわば読者の代表として内容に立ち入って助言を述べ、また懇切丁寧に製作作業にあたってくださった。都留先生関係資料の閲覧および年譜の作成は藤井裕子さん、原稿のパソコン入力には狩野倫江さん、また索引作成のためには勁草書房編集部、豊田真規子さん、赤木誠君の手を煩わした。これらのご協力、ご支援に対して、経済研究所ならびに著者に代わって、あつくお礼を述べたい。

二〇一〇年初春

編　者

回想の都留重人　資本主義、社会主義、そして環境

目次

都留経済学の射程

経済学の実践と制度設計

都留経済学の射程

1985年、ハーヴァード大学より名誉学位授与

故都留重人日本学士院会員追悼の辞

水田　洋

都留重人会員は、一月はじめに、前立腺がんの悪化によって体調を崩され、入院闘病のかいなく、九三歳の誕生日をまえにして二〇〇六年二月五日に死去されました。その誕生日にあたる三月六日に、如水会館で開催された「偲ぶ会」には、世代と職域をとわず五〇〇をこえる参加者があり、故人の足跡の大きさを改めて印象づけました。

都留さんは、一九一二年三月六日に、東京の四谷信濃町で生まれ、幼少年期を名古屋で、大正デモクラシーの空気をすって、すごされました。

ところが、第八高等学校で反帝同盟八高班のリーダーとして活動していた都留さんは、一九三〇年一二月二日の早朝、学友三五名とともに検挙され、三か月を留置場ですごすことになりました。しかし、学校当局に対して、「息子を信じています」と断言された父君の英断によって、まさに禍を転じて福となすというべき、アメリカ留学が実現します。都留さんはこのことを、自伝で「豚箱からアメリカへ」と表現されていますが、一九三一年から開戦によって交換船で帰国するまでの一一年のアメリカ生活は、都留さんの思想形成にとって、絶好の時と場所でありました。というのは、特にこの一九三〇年代の一〇年間が、西ヨーロッパとアメリカで、ラディカルな民主主義の花がひらいた時期だったからであります。ハーヴァード大学を中心として、すぐれた師・友にめぐまれたこの時代については、自伝などにものべられていますので、ここでは師としてヨーゼフ・シュンペーター[1]、ワシリー・レオンチェフ[2]、友人としてポール・スウィージー[3]、ポール・サムエルスン[4]、ジョン・ガルブレイス[5]という三人のアメリカ人のほかにカナダのハーバート・ノーマン[6]、イギリスのエリック・ロル[7]、ドイツのハーバート・マルクーゼ[8]をあげるにとどめます。

三人のアメリカ人は、マルクス主義、近代理論、制度学派という経済学の三つの流れを代表するものと考えられますし、ノーマンはのちに、エジプト大使であったときに、戦後アメリカの反共ヒステリーの犠牲となって、いのちを断つようなことになりましたが、それにもかかわらず、このアメリカ滞在時代が都留さんにとってみのりの多い時代であったことは否定できません。自伝を読んだ私が、「都留さん、これでは羨ましいとしかいいようがないじゃありませんか」といったのに対して、「そうだね」と笑っておられたので、ご本人の実感でもあったのでしょう。

ただ、あとのことになりますが、ノーマンの死[9]について、一言ふれておきたいと思います。それはノーマンの死が都留さんのアメリカ上院での証言の結果であるかのような、日本のジャーナリズムの論調が、親友の死とともに、都留さんを深く傷つけたからであります。当時、ハーヴァードで

1970年、スウィージー夫妻と

講義中であった都留さんにも、マッカーシイズムの波が及んで、都留さんは上院に喚問されたのですが、すでに上院の委員会はノーマンをコミュニストときめてかかっていました。都留証言とノーマン自殺を短絡させた日本のマスコミは、主体性なしにマッカーシイズムに乗ったわけで、犯罪にのること自体も犯罪ではないかというのが、都留さんの批判であり、憤慨でありました。

もとにもどって、一九四二年八月に交換船で帰国してからの都留さんは、外務省職員として終戦工作[10]にも参加されましたが、敗戦後は占領軍総司令部の経済科学局と情報対策局に勤務ののち、経済安定本部で最初の『経済白書』の編集および執筆者として、注目をあびました。しかしアメリカの対日政策の転換が片山内閣を崩壊させるにおよび、都留さんは安本をしりぞいて、東京商科大学教授として学界に復帰されました。それから一九七五年三月までの二七年間、都留さんは、のちに一橋大学となったこの大学の、経済研究所教授、所長、および学長として、内外多方面の活動を展開されました。その後も死にいたるまで続いた活動は、その一端を要約することさえ、この場所では不可能なので、私の印象に残っているいくつかをあげることに、とどめさせていただきます。

研究所長および学長としての学内行政にかかわることは別にして、バート・フランクリン文庫[11]が都留さんの努力によって購入されたことは、もともと社会科学古典の宝庫とされていた一橋大学図書館の学問的地位を、不動のものとしました。また、実現はしませんでしたが、文史学部増設の提案は、今日日本の大学で人文系諸学が壊滅状態にあるのを見るとき、危機を見とおした先見の明を思わせるものでありました[12]。

日本の経済学界への警告として、現実の経済の研究に取り組むべき経済学者が、過去の経済学説の研究に終始して、経済学学者になっているという発言[13]がありましたが、その現実の研究についても、数量化されない価値の尊重を説き、生産力偏重をいましめられていました。早い時期に、社会主義社会での価値法則の妥当性[14]について、問題を提起されたことも、付言しておきたいとおもいます。

国際的には度かさなる諸外国での講義と交流、なかでも一九五二年以来の国際経済学会での活動をあげなければなりません。都留さんはその会長として、東京で大会を開催するほどでしたが[15]、ノーベル・ローリエイト、アマチャ・センのはなやかな活動についてはきわめて批判的で、「マハラノビスのようにインドにとどまって、貧困と戦っている人を尊敬するね」といわれました。

みごとに整理されて一橋大学に寄贈された書簡集によれば、外国の通信相手は五〇〇人をこえる

1957年、ポール・バラン（左）、E. H. カー（中央）、H. マルクーゼ（右）（スウィージー宅にて）

そうですから、このようなコメントはまだいくつかあるかもしれません。しかしこのことだけでも、貧困問題への都留さんの深い関心を知ることができますし、高度成長の鬼子として発生した公害が、貧困層に最大の犠牲を強いたことに対しても、都留さんは、一九六三年に公害研究委員会を結成してから死にいたるまで、関心を持ち続けてきました。

　公害問題に目をひらいたのは、中学四年のころ、河上肇の著書によってだそうですが、自伝のおわりに、マルクスのフォイアバッハ・テーゼが「一九二〇年代以来私の脳裡にきざみこまれている」とあるのは、八高時代の研究への回想にちがいありません。哲学者は世界をいろいろ解釈してきたが、大事なことはそれを変革することだという、マルクスのテーゼ[16]にしたがって、都留さんは国民生活の改善と安定のために批判的発言を続けられました。遺著となった評論集『市場には心がない—成長なくて改革をこそ』が、そのことをよく示しています。緊急入院ののちも、ときどきベッドにおきあがっては万年筆をにぎり、執筆を続けようとして、まさに倒れてのちやむの気迫だったときいています。

都留さんは一九九〇年に学士院会員に選定され、もちろんこの学士院についても、改革案をおもちでしたが、ここでは、そのなかに院内でワインが飲めるようにしたいというのがあったことを申しあげて、酒豪都留さん(17)をしのびたいと思います。

以上、お別れのことばといたします。

（二〇〇六年四月一二日　日本学士院総会において）

＊　日本学士院総会で読んだ弔辞を再録するにあたって、本文はわずかな用語の変更のほかは、当日の原文どおりとしたが、かなりくわしい注を追加した。これは当日の時間的制限にもよるだけでなく、都留重人の思想形成に不可欠であったバックグラウンドを、そのアメリカでの交友関係を通じてあきらかにしておきたいとおもったからである。

〔注〕

（1）Josef Schumpeter（1883–1950）は、オーストリア人で、ヴィーン大学出身。ケインズとならぶ経済学者として名声を確立したのちに、ボン大学からハーヴァードに招かれ、一九三二年から死に至るまで、その教授であった。『帝国主義と社会諸階級』（一九四一年）や『資本主義、社会主義、民主主義』（一九四二年）に見られる社会的視野も特徴のひとつである。

（2） Wassily Leontief（1906–99）はサンクト・ペテルブルグに生まれ、レニングラードおよびベルリンの大学で学んだのち、一九三一年にアメリカに移住、のちに帰化した。産業連関論によってノーベル経済学賞を授与された（一九七三年）が、マルクスの再生産論から着想をえたといわれる。ハーヴァードには、一九三二年にインストラクターに任命されてから、七五年に教授として退任するまでいた。都留がハーヴァードにきた一九三三年には、レオンチェフは、シュンペーターのもとで助教授になったばかりだった。

（3） Paul Sweezy（1910–2004）はニューヨーク生まれで、ハーヴァードを出たのち、ロンドン（LSE、London School of Economics and Political Science）に留学、ハーヴァードの大学院で都留の親友になった。かれ自身が書いているように、「都留を媒介者とした、一九二〇、三〇年代の日本のマルクス主義」がかれをマルクス経済学者にするのに貢献した。それまでアメリカには、社会運動あるいは歴史理論としてのマルクス主義はあったが、経済学はふくまれていなかったのである。この方向への発展については、シュンペーターとレオンチェフからも、理解があったにもかかわらず、スウィージーはテニュアをえられずに、一九四二年にハーヴァードを離れた。その理由はおそらく、人民戦線系の雑誌『サイエンス・アンド・ソサイエティ』（一九三六年以降）への積極的な参加（のちに主筆）であっただろう。のちに都留が上院に喚問されたときにつきつけられたのは、この雑誌の編集方針をラディカルに批判したかれ自身の手紙であった。スウィージーの最初の著書が『一五五〇―一八五〇年におけるイギリス石炭業の独占と競争』（一九三八年）という歴史研究であったことは、そのころノーマンが『日本における近代国家の成立』（一九四〇年）を学位論文として準備していたことを考えあわせると、マルクス主義の歴史研究のひとつの潮流がうかびあがる。

（4）Paul Samuelson（1915–2009）は、戦後の近代経済学を代表する経済学者で、シカゴ大学を出てハーヴァードの大学院に参加し、そこで都留の親友になった。スウィージーと同様にかれも、教授たちの意に反してハーヴァードに残れなかったが、かれのばあいはユダヤ系であったことによる。

（5）John Galbraith（1908–2006）はカナダ人でトロント大学からカリフォルニア大学に学び、ハーヴァードでは一九三五年からインストラクター、四六―七五年に教授であった。

（6）Herbert Norman（1909–57）は日本生まれのカナダ人外交官、歴史家。トロント大学を出て、イギリスにわたり、一九三三年一〇月から三五年春までケンブリジのトリニティに所属した。ここでノーマンは、ケンブリジ左翼の一員として、イギリス共産党に入党するのだが、その思想的プロセスについて、二人の日本人が書いた伝記（中野利子『H・ノーマン』一九九〇年、工藤美代子『悲劇の外交官』一九九一年）は、いずれもまともなとりあつかいをさけている。前者が依拠する学友ヴィクター・キアナン（キールナンでもカーナンでもない）が「ノーマンのケンブリジ」（追悼文集『E・H・ノーマン、その生涯と学問』所収）でのべたように、ノーマンの生いたちは、インドが限界であったかれらの視野をアジアにひろげるのに役だった。エリック・ホブズボームも、キアナンを通じて、ノーマンの影響をうけた。なお、ノーマンの党籍については、疑問もあるようだが、ここではキアナンの私信による確認をとる。

学友のなかでは、のちにスペイン内戦に参加して戦死するジョン・コーンフォードと特にしたしかった。というより、それはむしろケンブリジ左派のコミュニスト・リーダーとしてのコーンフォードの魅力によるものだっただろう。キアナンは、コーンフォードを知った幸運に感謝するとのべたときに、ノーマンにとってもそうだっただろうと、追記している。そのコーンフォードが、帰国するノーマンに贈ったのは、ロイ・パスカル（一九〇四―八〇年）の『ドイツ宗教改革の社会的基礎―マーティン・ルターとその時代』（一九三三年）であった。

この本もまた、ケンブリジのペンブルク・カレジのフェロウとしてドイツ語を教えていた青年コミュニストの著作である。かれが『モダン・クォータリ』の第二号（一九三八年）で、スコットランド歴史学派（アダム・スミスなど）との対比によってドイツ歴史学派（マイネケなど）を批判したことは、日本でも知られているが、一九三九年にバーミンガム大学に転じてからのドイツ思想関係の著作は、日本のゲルマニストにはあまり知られていない。かれは一九五〇年代、スターリン批判、ハンガリー事件のあとで、真実を伝えるべき地位の義務にそむいたとして離党したのだが、六〇年代の学生の反乱は、かれを早期引退においこんだ。

ノーマンにもどって、帰国後のかれは、ハーヴァード・エンチン（燕京）財団の奨学金で研究生活をおくる（一九三六―三九年）。そこで書かれた学位論文が、『日本における近代国家の成立』である。エンチン・インスティテュートというのは、日本の中国侵略に対抗する意味でつくられたアジア研究所だったとおもうので、コミュニスト・ノーマンの居場所として、違和感はなかっただろう。しかし一九三九年に語学官（日本語）としてカナダ外務省に採用されたときはどうだっただろうか。

とにかくこの時代に都留との親交が成立し、東京に赴任したノーマンは、開戦によって帰国する途中、交換船をロレンソ・マルケスでのりかえるとき、同じく帰国する都留に出あった。そのとき都留が、日本関係の本をノーマンのためにアメリカに残してきたと告げたことが、禍のもとになったのではないかと、都留は推測している。というのは、その蔵書をノーマンが取りにいったことが、機密文書の受渡しのように理解されたからである。

（7） Eric Roll（1907-2005）については、名著『経済思想史』（一九三八年、隅谷三喜男訳『経済学説史』）の著者であることと、その後の特異な経歴とのために、都留との交友と直接にかかわらない部分もふくめて、紹介しておきたい。

かれが生まれたチェルノヴィッツは、当時はオーストリア・ハンガリー帝国の領土であった。父は銀行家だというから、ユダヤ系だっただろう。エリックは一七歳でイギリスにわたり、バーミンガム大学で経済史家ウィリアム・アシュリのもとに学んだ。一七歳の年というのは一九二四年のはずで、アシュリは二五年に引退したのだから、指導を受けることができただろうし、学位論文『産業組織における初期の実験』（一九三〇年）が、一八世紀後半のバーミンガムにおける金属工業（ジェイムズ・ウォットの蒸気機関を含む）を対象としたものであったことは、その証拠といっていいだろう。これについては中川敬一郎（故人、日本学士院会員）による書評がある。ついでにいえば、シュンペーターがチェルノヴィッツ大学に着任するのは、一九二五年である。

新設ハル大学の講師・教授となったロルが、『経済思想史』を出版したのが、三一歳のときだったのにはおどろく。これは毎年のように版をかさねたし、ロルは同じ年に創刊された『モダン・クォータリ』にも「自由主義経済学の没落」を寄稿した。『経済思想史』の序文ではモーリス・ドップ（共産党員の経済学者で、ケンブリジのトリニティ所属）に感謝しているし、またどこかでロル自身が、知識社会学的方法によったと書いているので、マルクス主義への親近性はあきらかである。ところが、一九三九年にかれが、ロックフェラーのフェロウシップをえてアメリカにわたったことが、大きな方向転換をひきおこす。これが一方では都留との個人的接触の機会をつくったことはたしかだが、他方では戦中・戦後におけるアメリカの対イギリス（のちには対西ヨーロッパ）援助に、ロルを深くかかわらせることになったのである。戦後の官僚としてのかれの経歴には、ふれる必要はないだろうが、九七歳で死去したときには、イプスデンのロード・ロルであり、エスタブリッシュメントの背景をもたないエスタブリッシュド・マンとよばれた。

（8） Herbert Marcuse（1898-1979）はユダヤ系ドイツ人の哲学者。第一次大戦終了期にはベルリンで社会民主党左派に属していたが、ルクセンブルクとリープクネヒトの虐殺に抗議して離党、フライブルクでハイデガーの助手として、現象学とマルクス主義の結合をこころみ、初期マルクスに注目する。フランクフルトの社会研究所員として、研究所のジュネーヴ、ニューヨークへの亡命にしたがい、ニューヨークで『理性と革命』（一九四二年）を出版したが、戦時中は主としてアメリカ政府の対ドイツ戦略に協力した。六〇年代には新左翼の思想的指導者とされた。ロイ・パスカルを引退に追いこんだバーミンガム大学の学生たちのなかには、マルクーゼの崇拝者がいたにちがいない。もちろん、都留との交友は、アメリカ亡命中のことである。

（9） 一九五〇年に、共和党の上院議員ジョゼフ・マッカーシー（一九〇九―五七年）がアメリカ国務省には二五〇名のコミュニストがいるといいだしてから、反共ヒステリー、マッカーシイズムがはじまった。朝鮮戦争が恐怖心を煽ったということもあって、「ロシア人が来る」というデマさえひろがり、チャップリンをふくめておおくの知識人が反共ヒステリーの犠牲になった。マッカーシイズムがノーマンを死においつめていく過程は、前にあげた日本人による伝記が、かなりよく追求している。二人のやりかたにちがいがあるのは当然で、中野が、カール・ウィトフォーゲル証言からはじめているのに対して、工藤はオーウェン・ラティモア喚問のときのソープ准将の証言からはじめている。くいちがいや誤解もあるが、都留証言のまえに上院委員会が、ノーマンはコミュニストであるときめてかかっていたことはあきらかである。そこから逆に、ロレンソ・マルケスでノーマンにあった都留が、蔵書は、君のためにおいてきたと告げ、それをとりにいったノーマンが、証拠が何もないので肩書きをつかったことが、機密情報の伝達とされたということである。都留の証言は、同行した弁護士をはじめとして、友人間では評価が高かったのだが、日本では悪評が多かった。「よせばいいのに図に乗って」という声をきいた記憶がある。とくにノーマンの死が都留喚問からわずか一週間あまりだったことが、二つを直接にむすびつける傾向を生んだのである。

(10) 終戦工作といっても、それを主導したわけではなく、外交使節（クーリエ）としてモスクワの日本大使館に、文書をはこんだだけである。なんでもないようだが、こういうときには在外生活の経験がものをいう。

(11) バート・フランクリン文庫は、ニューヨーク在住の同名古書籍商があつめた社会思想の古典コレクションで、一流品だけでなく末流にまで及んでいるのが、ひとつの特徴であって、それだけに使いこなすにはかなりの腕がいる。はじめにオファーをうけた名古屋大学では、三億円を捻出することができずに断念し、一橋大学では都留学長の熱意に如水会（一橋大学同窓会）の仲介で水上達三氏（三井物産社長）がこたえて、結局、三井グループの大学への寄贈として購入された（総額三億五〇〇〇万あまりのうち、五〇〇〇万円を国が負担）。「この間、東京大学名誉教授の脇村義太郎氏……の御尽力にたいしては、……私の心から感謝しているところである」と、前学長としての経過報告に書かれている。

(12) 文史学部というのは、人文学部あるいは人文系教養学部といってもいいのだが、「文史」のうち「文」も、じつは歴史研究であることに注意されたい。それは、欧米の諸大学における歴史学の比重と、この注であげてきた知識人たちの出発点が歴史研究であったことに対応する。このあとの点にかんしては、提案者自身はあまり historically minded ではないようだったのにと、ふしぎにおもったのだが、青年時代の出発点に「日本資本主義論争」があったことに気がつけば納得できる。あの論争はたんに歴史研究にとどまるつもりのものではなかったし、論争から都留が吸収した知識は、ノーマンが依拠するほどのものだったのである。この提言は一橋大学の学長としてのものだったが、同じ大学のなかには、いわゆる社会学の学部ではない社会学部があるので、これの拡充改組として考えることができたのではないかと思う。

人文系諸学の壊滅状態というのは、理系の基礎研究についてもいわれていることで、とくに国立大学の独立法人化によって研究教育の実利指向が強まったことをさしている。非実利的教養は一つか二つの国立大学と同じく少数の私立大学でしか確保されないだろうし、一世代あとには、そういう教育を担当する教師がいなくなるだろうと思われる。

(13)「経済学学」というのは、特にマルクス経済学の訓詁学をさしたものだが、経済学史研究全体についてもあてはまると考えられ、経済学史学会の会員に衝撃をあたえた。一方では理論(現代の)にとって歴史的研究はどういう意味をもつかという問題、他方で理論史と思想史はどういう関係があるかという問題を残した。それまでに、経済学史の性格と存在理由が検討されなかったわけではなく、杉本栄一は理論経済学の立場から、経済学史を三つのタイプに分類した(杉本栄一『近代経済学史』一九五三年)。

(14)　社会主義社会と労働価値論(価値法則)についての論争には、記憶がはっきりしないが二つの立場があったように思われる。一方は、搾取がなくなった社会主義社会においてこそ、投下労働量によって決定された価値がものをいうと考え、他方は同じことから逆に、商品経済がなくなるのだから、交換価値も問題ではなくなると、考えたのである。ソヴェート経済の実態がわからず、また当のソヴェートでも、労働者の疲労度を生理学的方法で測定して、賃金(投下労働量に対応する)を決定したこともあったほどだから、あまり意味のある論争ではなかった。都留発言がソヴェートの経済学教科書(またはスターリン論文)に触発されたものだったことはおぼえているが、二つの立場のどちらからであったかは、記憶にない。

(15) センについての評価は、毀誉褒貶ということばどおりであるが、ここではとくに国際経済学会の関係で来日したセンが、学会には出ないで金になる講演をしてまわったことをさしている。

(16) マルクスのフォイアバッハ・テーゼは、かれの死後、エンゲルスの小論文『ルートヴィッヒ・フォイアバッハとドイツ古典哲学の終結』(一八八八年)の付録として公表された。昭和初期には河上肇や佐野文夫の翻訳が出まわっていて、読書会のテクストとして使用されることも多かった。ここで言及されているのは、第一一(最後)テーゼで、つぎのとおりである。

「哲学者たちは世界をさまざまに解釈してきただけであって、かんじんなのは、それを変えることなのだ。」

これはいまなお、ベルリンのフンボルト大学の入口正面の壁にきざまれている。

(17) 種類をとわず酒はすきで、学士院ではワインのかわりに缶ビールを手にしていることが多かったし、かなりまえにヒースロウでばったり出あったときも、第一声は「ビールがのみたいんだが、ポンドの手持がないんだ」というのだった。しかし、いくらのんでも泥酔したことがないという、多くの証言がある。都留とスウィージーがのんでいたとき、ウィスキーがまわるにつれて、スウィージーの英語がおかしくなり、逆に都留の英語がシャンとしてきたとは、同席した桑原武夫の言である。それほどの酒豪でありながら、酒の種類にはあまり関心がなく、常用ウィスキーはサントリーの角ビンだった。女性にはたいへん親切でありながら、フェミニズムには全く関心がなかったのと同じように、ちぐはぐな感じである。

経済学者　都留重人

伊東　光晴

一　はじめに

経済学者としての都留重人を書くことは、ある意味で容易であり、また難かしい。容易であるのは、その著作も多く、活動範囲も広かったからである。それを追えばよい。しかし、その経済理論は何であったかを考えると、それを明確にえがき出すことは難しい。

親しかったハーバードの大学院での同級生P・サムエルソンは、都留さんをマルクス経済学の理解者と見ている。(1) しかし、日本で都留重人さんをマルクス経済学者とするマルクス経済学者はいないだろう。マルクスの理論についての論文は少なく、研究書はない。たしかに若き時うけたマルクス主義の影響は大きかった。しかし経済理論についての多くの知識は、近代経済学あるいは現代経済学の理論についてであった。だが、森嶋通夫氏が私的に語っていたように、それへの寄与は見当らない。経済理論に軸足を置いて見るとき、経済学者都留重人を論ずる難しさがここにある。

他の人を寄せつけない都留さんの能力は、政策的思考であった。このことはシュンペーターがいち早く見抜いていたところでもあった。また中山伊知郎教授が、第二次物価問題懇談会や運輸政策審議会の座長を引き受けるにあたって、都留さんを委員に加えることを条件にしたのは、その理由として、その政策立案能力に期待したからでもあった。それゆえ、都留さんが亡くなられた直後に書いた私の追悼の一文（『世界』二〇〇六年六月号）は、都留さんの業績を「政策者としてその能力を発揮した経済学者としての側面」と「理性的政治批判者」との二面をあげ、前者について私の知るところを書いたのである。それゆえ、原稿時の題名は、「経済政策学者・都留重人」であった。これを「経済学者、都留重人」にしたのは編集部である。

ここでは求めに応じて、できるかぎり経済理論との関係において都留さんをふりかえってみたい。

二　都留経済学――生みの父、シュンペーター、生みの母、マルクス

都留さんに経済学者として大きな影響を与えたのはボンからハーバードに移ったJ・シュンペーターである。自伝『いくつもの岐路を回顧して』（二〇〇一年）を読めば、折にふれ、自分の研究課題、進むべき方向性について、シュンペーターに指導を仰いでいることがわかる。都留さんのハーバード大学院時代は、シュンペーターの講義とゼミナールにフルに出席し、文字どおり私淑したと

いってよい。シュンペーターの行った講義の数々の内容、自宅でのゼミナールでのエピソード等々、私は都留さんから数多くのことを教えられた。

一九三〇年代後半というハーバード経済学部大学院黄金時代に学んだ人たちの中で、都留さんとシュンペーターの関係は、人間的にもとくに濃かったのではないかと私は思っている。というのは、シュンペーターの伝記『R. A. Allen, Opening Doors, 1991』が出た時、都留さんのアメリカでの友人の一人から、これがシュンペーターの実像だと思われてはならない。著者はシュンペーターを知る人ではない。君は反論を書くべきだ、という手紙が来たと、私に語っていた。

教師としてのシュンペーターと若き都留さんとの関係は「実り多き二〇代」の学生を大切にするというシュンペーターの信条だけではない。二人の間には、ともにマルクスについての理解を共有しているという感情があったに違いない。しかも都留さんのマルクスへの視野は、その「物神性論」であり、それをもって新古典派の市場論の再解釈を試みたように、極めてドイツ的思考法であり、シュンペーターにとっては、新しさとドイツ時代を思いおこさせるものがあったにちがいない。

都留さんが、そしてとくに都留夫人がシュンペーターについて語る時、滲み出る親愛の感情を、今も私は思い出す。経済学者都留重人にとって、シュンペーターが与えた影響は大きい。一〇代の、第八高等学校時代に受けたマルクスの影響が経済学者都留重人の生みの母であるとすれば、シュンペーターは父である。

そしてその影響下、新しい時代に則して〝経済体制の構造と機能に対する技術変化の影響、経済的利害集団間の勢力関係、産業化の過程の論理、国民的目標や優先度の決定などの問題を探求する〟新しい制度学派を意図した――これが都留経済学であり、それが既存の制度化された現代経済学と異なるものをつくり出している。そしてその理論上の友は、同じ異端の経済学者ガルブレイスである。

シュンペーターから受けた影響のひとつ――私にはもっとも重要なひとつと思えるのは〝既存理論と現実との大きな乖離を経済学者は意識していなければならない〟というものである。都留さんにおいてそれはミクロ理論の前提批判から始まった。

三　新古典派のミクロ理論の否定

私の学部学生時代（一九四八～五一年）一橋大学にはミクロ理論を体系的に教える講座はなく、教師もいなかった。ゼミナールでも、私の知るかぎりマクロが中心であった。私の師杉本栄一は、マーシャル研究家でもあった。そこで、大学院時代都留さんに、アメリカでのマーシャル理解とそのミクロ理論についての良き研究書は何かをたずねたことがあった。都留さんは即時にJ・ヴァイナーの論文、〝Cost curves and supply curves〟をあげられた(2)。

マーシャルのミクロ理論の制度化をもたらし、その後のアメリカのテキストブックの基をつくった論文である。（もちろんそれがマーシャルの正しい理解であるかどうかは問題である。）またハーバード時代、不完全競争論のチェンバリンのミクロ理論を直接学んでいる。あえて言うならば、都留さんは、そのマクロ理論の理解、端的に言えば、ケインズ『一般理論』の理解にくらべ、はるかにミ

1949年、都留・ブロンフェンブレンナー共同ゼミナール講義（一橋大学経済研究所）

クロ理論への知識は深い。

にもかかわらず、その理解の現実適用には懐疑的だった。この種の理論と現実との間には乖離があるという、シュンペーター的考えである。

一九四九年、一橋大学経済研究所が行った都留・ブロンフェンブレンナー共同ゼミナール講義において、新古典派のミクロ理論の基礎前提が現実にてらして真でないことが講義された。

私の記憶では、極大分析にもとづく企業行動についてであった。イギリスでの第二次世界大戦後の調査を引用された。実証研究調査によれば、〝大企業はだいたいにおいて、長期にわたって利潤を極大化しようとし、中小企業は長期にわたって安定した所得をえようとして行動しているのである[3]〟。それは、新古典派のミクロ理論のように、短期の利潤極大化をはかる――限界収入と限界費用とが等しくなる生産量を実現する生産量を維持する――というものではない、というものであった。

今でも思い出すのは、シェパードのような犬の画を書かれ、限界分析を揶揄されたことである。価格と限界費が等しい。限界収入と限界費用を等しくする。限界効用が均等になるように消費者は支出を行う。等々、経済主体が極大行動を行うというこの種理論は、限界――つまり（シェパードの）尻尾の先が頭を動かす、というもので、常識――頭が尾を動かすの逆だ、といい、ニヤッと笑われた。

この講義は内容に多くを加え、数年後に発表されたのが「極大原理の反省」（『思想』一九五一年五月、『経済の論理と現実』一九五九年所収）である。そこでは消費者選択の理論も問題にされ、経済主体の行動の独立性への疑問と、企業が複数の生産物を作っている時、限界費用は計測できるか等が問題にされ、上記のハーグの論文とともに有名なオックスフォード調査――ホールとヒッチの論文が註記されている。

この都留さんのゼミナール講義の影響は、私には大きかった。制度化された新古典派ミクロ理論を知る前に、その批判を知り、そのための基本文献であるオックスフォード調査――ホールとヒッチもその一環を支えた――から、スウィージーの屈折需要曲線論、そして寡占論の体系化へと進んだのである。(4)

オックスフォード調査にとびついたのは、マクロ理論中心だった私は、当時のマクロ理論の中心の一人、オックスフォードのハロッドが、この調査の第二代の委員長であったことも一因であった。ハロッドの問題意識は明確である。ケンブリッジミクロ理論の前提を現実にてらして真であるかどうかを明らかにしようというものであり、それは都留さんの問題意識でもあり、また経済研究所の雑誌『経済研究』の「発刊の言葉」で都留さんが書いたことでもあった。

四　主観的にはケインズ革命の外、客観的には内に立つ

マクロ理論についてはどうであったか。

まずケインズの『一般理論』については、立ち入った言及はなかった。しばしば言及されまた書かれたのは、ケインズの非自発的失業の定義についてである。

「賃金財価格が貨幣賃金に比べて相対的にわずかばかり上昇したとき、この貨幣賃金と引き換えに働こうとする総労働供給と、その賃金の下での総労働需要とが、ともに現在の雇用量よりも大きいなら、そのとき人々は非自発的失業の状態にある。(5)」

何と経済学者は回りくどい、難かしい定義をするのだろう。働きたくても職がない労働者の存在——それで非自発的失業の定義は充分ではないか、というのが都留さんの本音であろう。しかし、私にはこの定義の理解が財市場分析と労働市場分析の相互関連を明らかにし、都留さんが訳されたサムエルソンのテキストブック『経済学』の弱点を指摘しうるカギを提供するものと考えられるのである。

私は長い間都留さんを誤解していた。ハーバードでサムエルソンなどと同じようにケインズ革命の洗礼を受けたと思っていた。だがそうではなかった。それがわかったのは『世界』二〇〇六年六

月号の追悼文で書いたように、一九九六年四月二〇日の東京での「ケインズ没後五〇年記念――二〇世紀とケインズ――」と題した公開講演会であった。

講師として登壇した都留さんは、一九三〇年代後半のハーバードでの状況を説明し、ケインズ革命なるものはハーバードでは存在しなかった、と断言した。一見、サムエルソンの書くことと逆に思える。ハーバードの主要な教授は、『一般理論』の洗礼はうけなかった。『一般理論』の意義は、経済学をマーシャルの呪縛から開放したことにあると。都留さんはケインズ革命の外に立つ――その意味で、師シュンペーターと同じである。

こうした都留さんの言葉にもかかわらず、私はケインズ理論――制度化されたアメリカのケインズ理論を都留さんは受け入れていたと考えている。投資の大きさが所得の水準を決める――投資・貯蓄、所得決定論である。その点でサムエルソンと違いはない。『一般理論』以前は投資と貯蓄が利子率を決める。それが『一般理論』によって所得水準を決めるものに転換した。都留さんはこれを受け入れている。

それだけではない。ハーバードにおけるケインズ革命の中心――ハンセンを高く評価している。それはハンセンの一生と業績を記した『現代経済学の群像』(一九五五年)の第二話「アルヴィン・ハンセン」を見れば明らかである。

都留さんはハンセンを自らの考えの中に引き入れている。ハンセンはたんにケインズ革命を受け入れただけではない。有効需要がつくりだす「雇用の質」を問題にし、市場の網ではすくいとれない「生活の質」を重視していると。かれの混合体制論は、学校、病院、公共住宅、公園、今日でいう社会的基盤の整備、等、ガルブレイスがのちに「社会的アンバランス」とよんだ公共部門のおくれを充実することをすでに主張しているのであり、資本主義の将来を考えた「骨太の混合体制論者」だったと言うのである。「ハンセンが教えた弟子たち（サムエルソンやマスグレーヴ）は近代経済学を技術的に精緻化するうえで、それぞれ大きな貢献をしているが、骨太な混合経済論を真に体系化する弟子を育てなかったのはさびしい」で終わる上記のハンセン論を読むと、それをさらに推し進めているのは自分であるという都留さんの自負が読みとれる。そこには、一九三〇年代後半のハーバード大学院でのケインズ革命を体験した都留さんが浮びあがる。ハンセンの主著 *Fiscal Policy and Business Cycle*, 1941 を都留さんが邦訳した（『財政政策と景気循環』一九五〇年——翻訳は一九四四年に完成していた）のは故なしとしないのである。

都留さんは『一般理論』でのケインズ理論を受け入れている。ハンセンと同一線上にある。ハーバード大学での『一般理論』のもたらした嵐を経験している。にもかかわらず、ケインズ革命なるものはなかったと明言している。なぜこのような言葉になるのかを考えるために、私はあらためて、都留さんのケインズ論を読みかえしてみた。「『一般理論』は実は衝撃ではなかった」（『エコノミスト』一九九六年六月十一日号）、『近代経済学の群像』第五話「ケインズ——新古典派を乗り越えた教祖——」（一九六四年）ほか、である。

四〇年以上も前に書かれたこのケインズ論は今読んでも見事である。多くのエピソードを織りまぜ人間ケインズを浮びあがらせている。その中から『一般理論』についての都留さんの記述を見ると『一般理論』を手にしたハーバードの教授たちは——その理由は多様であるが——ハンセンを除いて『一般理論』を受け入れなかった。自らを変えるところがなかった。シュンペーターはもちろん、ハーバラーも、レオンティエフも。その意味でケインズ革命は一部の大学院の学生たちのものにすぎなかった。このことは「ケインズ革命」の嵐を経験したとするサムエルソンも認めるところであろう。問題はなぜ大学院生の中で都留さんが例外的にケインズ革命の批判者の側に立つというかである。私は、都留さんがマルクス経済学の洗礼を受けていたからであると考える。非自発的失業の存在——それはマルクスの産業予備軍の理論としてすでにある。第一法則の否定——これもマルクスがすでに販路説批判として行っている。ケインズの考えは新しくない、それが都留さんの考えだったのではないか。

だが、これは都留さんの主観にすぎない。客観的には、投資が所得を決定するという理論を認める点で、またアメリカにおけるケインジアンの中心、ハンセンの主張を、そのニューディールの潮流とともに受け入れる点で、都留さんはハーバードでのケインズ革命の中にあると考えざるをえない。ケインズに対する批判——その理論の短期的性格、集計概念の限界等は、その上でのことである。「批判者の側にあった」というのはその師シュンペーターと心情を共にするあらわれとも思えるのである。

シュンペーターがケインズに対して好意を持たなかったように、都留さんも、人間ケインズに好意を持っていなかった。このことは、教えを受けた浅野栄一中央大学名誉教授も直接聞いたといわれたが、私にもひとつの経験がある。

岩波新書『ケインズ』を私が出版した直後である。私は国立駅のプラットフォームにいた。階段を上って私に近づいて来た都留さんは、「伊東君、読んだよ。よく出来ている。だがこの本の欠点は、これを読んだ人がケインズを好きになることだ。ケインズは厭な奴だったんだよ」と言われた。その時、私は、都留さんの中にシュンペーターの感情移入を思わずにはいられなかった。シャープな頭脳、明晰な論理、討論の巧さ、自信に満ちた個性、そして時に誤解を招く、都留さん描く上記の「ケインズ」は、私が知る都留さんでもある。

都留さんとケインズの大きな違いは、都留さんの一貫性に対し、ケインズの変化であろうか。ケインズの経済学上の三著作――『貨幣改革論』（一九二三年）、『貨幣論』（一九三〇年）、『一般理論』（一九三六年）は、貨幣数量説、その拡充、それからの離脱であり政策提言にしても、時代を異にすると、矛盾しあう提言をしている。これに対して、都留さんは一橋大学経済研究所のゼミナール講義（一九四九年）で展開した考えを基本的に維持し続けたと私は思っている。違いは事例の選択であった。それは、若き時、その理論が確立する数学者のようであり、その頭脳は自然科学者のようであった。

五　都留さんにおける理論の位置づけ――分析武器の道具箱

都留さんがシュンペーターから受けついだひとつの考えは、経済学者にとってもっとも大切な「経済理論と現実との乖離の自覚」ということであった。このことを大学院の学生に意識させるために、シュンペーターは、市場で売買される財に、現実離れしたシルクハットとか絹のハンカチとかを好んでとりあげたという。その極めつけは、都留さんが直接聞いた、レオンティエフの産業連関分析のハーバードでの登場のひとこまである。

ある時、シュンペーターが若い一人の教師を連れて壇上に登った。今日のこれからの講義は、ハーバードの経済学部の歴史に残るものになるでしょう、と言ったという。そして、レオンティエフの講義（産業連関分析）がはじまったという。シュンペーターは産業連関分析を高く評価した。それはワルラスの一般均衡論を高く評価したのと同じである。しかし、シュンペーターは学生たちに言ったという。〝諸君、おもちゃの鉄砲を持って実戦の塹壕にとびこんではなりませんぞ〟と。産業連関分析も一般均衡論もシュンペーターにとっては、実戦の塹壕では役立たないものと思えた。資本主義の本質をとらえていないからである。都留さんが好んで口にした言葉である。

理論と現実との乖離を意識していた都留さんにとって、経済理論はいかなるものであったのであろうか。「政策提言を行う場合の分析武器の道具箱」――これが私の解釈である。色々の理論がその箱の中に投げこまれている。その中から、役立ちそうなものを必要に応じて取り出してくるというものである。いくつかの例をあげよう。

インフレーションについては次のように教えた。クリーピング・インフレーションについては、インフレ・ギャップ、デフレ・ギャップ――つまりケインズ理論でとらえよ。第二次大戦直後の日本の激しい物価騰貴、第一次大戦後のドイツのインフレ等激しい物価騰貴には、不換紙幣の増発――つまりヒルファーディング的な考え――インフレは単なる物価騰貴ではない。財政赤字にもとづく不換紙幣の増発にもとづくもので、流通に必要な貨幣量をこえて不換紙幣が増発されると、そ

1989年、W. レオンティエフと

れに応じて物価が上がる、というものでとらえよ。

一国の賃金水準はどのようにきまるか――これに対しては、マルクスの考えが適用される。長期的、平均的には労働力の再生産費によってきまる。各国のいちじるしい賃金水準の差を説明できるのはこれであるという考えである。

私は都留さんといっしょに、電話事業の料金論を研究会で討議したことがあるが、私が命じられたのは限界費原理による価格決定の説明であった。水道事業の料金決定の場合も同様である。いずれも公益事業で収穫逓増であり、費用曲線は右下りである。その時、限界費で料金をきめ、固定費部分は税で補助しても（水道料金の場合）、別途基本料金として徴収してもよい。二部料金制である。これによって、水道の場合には、補助の限度を論理的に確立しようというものであった。

私には、この種の厚生経済学には疑問点があった。この理論は、生産者余剰と消費者余剰の合計を極大にしようというものであるが、生産者余剰つまり利潤は明確に計測し確認できるものであるのに対して、消費者余剰は客観的に確認できるものではない。一種の考え方にすぎない。しかし、都留さんは説得の手段として、また経営上の安定の手段としてこうした理論を利用した。

都留さんが日本経済の分析をはじめて行ったのは、いうまでもなく第一回経済白書である。以後の経済白書が責任者が基本的な方向をきめ、実態は共同執筆であるのに対して、第一回のこれは都留さんの直接的な筆だったという。この白書は国民所得分析の手法の適用である。戦時中英米で発展したそれを、はじめて日本で応用したのである。産業連関表よりも、経済主体の行動に則して考える国民所得分析の方が、現実の姿をとらえることができる──これが私に語った言葉であった。

国民所得分析に付け加えるならば、「国民所得の三面等価」──つまり、一年間に一国で新らたに生産された生産物の価値の合計である生産国民所得と、それがどう分配されているかという分配国民所得と、どう支出されているかという支出国民所得は、本来等しくなるべきであるから、統計上の不一致を調整するというもの──は、都留さんが最初に考えた言葉である。

「分析武器の道具箱」から、必要な武器を取り出す時、その適用上の注意を私たちに教える時には、教育者としての都留さんがあった。このことを私がもっとも強く感じたのは、適正成長率の推計の時であった。それが論争の中心になったのは昭和三〇年代の中頃、池田内閣の時であったが、都留さんが、はじめて語ったのは、一九五〇年の研究所のゼミナール講議の中で、日本経済の長期の傾向を論じた時であった。

都留さんはまずドーマーの成長率理論を説明し、国民所得（Y）の成長率$\dfrac{\Delta Y}{Y}$は平均貯蓄性向α

と投資の社会的・平均的・潜在的生産性σの二つで示される（$\frac{\Delta Y}{Y}=\alpha\sigma$）とされたのち、なぜ日本の平均貯蓄性向は高いのかを、所得分布の国際比較と平均的生活水準との関係でひきだされた。ついでσについては平均的生産性と限界的（新規投資の）生産性の違いをもたらす諸要因、さらに社会的としたのは、なぜか。技術的生産性との乖離を現実からの事例で説明し、ついで潜在的生産性の意味に入るというものであった。当時私は、ドーマーの *American Economic Review* の論文を読み、ハロッドの理論との比較を卒業論文の一部として執筆中だったので、この講義には目がひらかれた。

ついでσの推計方法を学んだのは大学院の時代である。それが、のちに下村治氏——池田首相のブレーンとして高度成長期論を基礎づけたエコノミスト——の推計の誤りを知る手掛かりとなった。このことについては『世界』の二〇〇六年六月の都留さんへの追悼文で書いたとおりである。

都留さんは、経済理論を、分析武器の道具箱に入れるさい、そのひとつひとつを検討、吟味していたのである。それゆえそれに値しないもの——例えば『平成十三年度年次経済財政報告』（『経済白書』の客観的分析を排し、時の内閣の政策をPRするものに変えた小泉内閣以後の白書。この年以後白書が読まれなくなった）が用いた集計的コブダグラス型の生産関数については直ちに批判を加えた（「経済財政白書に疑問点あり」『エコノミスト』二〇〇二年三月五日）。ソローが展開した、この種のマクロの生産関数の虚構性をこの時より四十年以前に指摘しているからである（「技術進歩と生産性」『経済研究』一九六二年四号）。英文でも発表している（"The Effects of Technology on Productivity", in E. A. G. Robinson ed., *Problem in Economic Development*, 1965）。ソローの考えの批判である。

この種のマクロの生産関数批判は一橋では早くから山田雄三教授が授業で行っていた。そこで私たちの間でソローをとりあげる者はおらず、都留さんのこの論文も重視されなかったが、東京大学系の経済学者の間では大きな力となっていたようである。

六　都留経済学とは何か

都留さんは、経済理論としてどのようなものを構想していたのであろうか。それを明らかにすることは難しい。そうした著作がないからである。私は、あまり注目を集めなかったようであるが、小冊子ながら『アメリカ経済の発展』（一九五〇年）は名著だと思っているが、経済理論の著作ではない。以下述べる都留経済学の骨格は、私が理解したかぎりでの都留経済学であり、たぶん私の考えを投影しているかもしれない。

市場経済を都留さんはまずマルクスの物神性論でとらえる。その基礎にはハーバードで大優等をとった卒業論文「経済学方法論の一課題〝商品物神崇拝的性格〟の概念について」がある。それが市場経済把握の全体像として利用される。文献的には『国民所得と再生産』（一九五一年）の「序論――〝バロメーター〟集計概念」であり、一九四九年の研究所での都留さんのゼミナール講義もこれからはじまった。

個々の経済主体は価格の動きを見て、自らの経済行動を決定する。しかし価格そのものは経済の基礎的条件（技術、制度、資源状態等々）の変化を反映しているのである。市場での商品の売買、それぞれの価格はこうした社会関係を反映していながら、経済主体にはそれを意識させない。それはちょうど神の像が人間の作ったものでありながら、人間を離れ、人々がこれに額づくと同じである。

こうしてマルクスの物神性論で市場経済を把握した都留さんは、ここに三つの視点を導入する。第一は、今日こうした基礎的条件を含め、今日の経済社会の変化をもたらすものは何かであり、第二はこうした市場メカニズムによってとらええないものへの注視であり、第三は政治経済学の視点である。

第一の視点――資本による科学・技術の包摂

第一の問に対する答えは「科学＝産業革命」と名づけられた今日の産業技術の高まりである。それは自らもその流れの中にあると考えるマルクスを含めた制度学派が――ヴェブレンにしろ、ガルブレイスにしろ経済社会の構造と技能に与える技術の変化を重視する視点であり、都留さんが現代の制度学派であることを示すものである。

都留さんが考えるかつての資本主義では、科学も科学者も、企業にとっては外部のものであった。事実産業革命期の発明を実現したのは、生産の実務にたずさわっていた実際家であり、好奇心の強い素人であった。一九三〇年代、カラーフィルムが発明されたが、それは二人の音楽家が洗面所を実験室にして発明したものであったという。だが、ほぼ同時期、デュポンは、多数の科学者を雇用し、巨額の経費をかけて、ナイロンを発明した。それは新しい科学＝産業革命の到来を象徴するものであり、戦後の生産力の大きな高まりと経済成長を推進する主因となるものであった。電子工学、新化学合成新素材、オートメーション、原子力利用、等々こうした動きは、第二次世界大戦中からはじまった企業による科学と科学者の包摂の結果である。

こうしたことが経済社会をどう変えたか。

発明の結果が特許から産業機密へ――これが第一である。特許として提出されるならば巨額の費用を投入した研究の技術内容が公示され、競争企業の研究を利する。そこで産業機密にし、それによる製品を売ることで、研究開発コストを回収し超過利潤を実現しようとする。

こうしたことは、二重、三重の同種研究の進行となり、社会的ムダを多額に発生させる。

このような技術開発を可能にするのは寡占的大企業である。それらが所有する新技術が特許となっているならば、外国にも売れる。だが産業機密化しているならば売ることはできない。したがって海外に生産拠点を移し、海外で生産することになる。資本が国境を越え、多国籍化する。

産業機密化と関連して、都留さんが注目したのは、従業員、とくに科学者の職業選択の自由という基本的権利と、企業の産業機密維持という至上命令との矛盾である。従業員、とくに科学者、技術者はその企業の産業機密にかかわっており、これを知る地位にある。もしその企業から他企業に移るならば、産業機密は容易に流出する。これをめぐるアメリカの化学会社でおこった裁判――デュポンがおこしたハーシュ事件(6)を詳しく語っておられた。

都留さんの第一の視点は「資本による科学・技術の包摂」という視点であり、それは、資本に労働力の包摂――資本主義の成立――、資本による資本の包摂――資本の集中・合併に続き、生産力の高まりが寡占的大企業を生み、市場が変質するという考えと合して、氏の現代資本主義論を構成

1963年、J. K. ガルブレイスと（於ホテル・オークラ）

している。その展開の中にガルブレイスの考えも吸収されていく。

第二の視点——外部性の重視

都留経済学の原点は、氏の父の故郷大分県の宇佐神宮近くの「広瀬井手」にあると私は思っている。水のないこの地に水を引くために私財を投げうち、苦労に苦労を重ね、家まで焼かれながら、広大な水田開発を可能にした南一郎平の物語りである。都留さんの祖父もこの事業に加わり、伯父都留喜一の『広瀬井手と南一郎平伝』（一九五五年）の執筆を都留さんは助けている。（都留さんの七〇歳のお祝いに出席された方は、「都留経済学とは何か」と題した私の話の冒頭でのスライドの広瀬井手と都留旧家の今日の姿を思い出してほしい。この本は都留さんの筆である。）

後世の人に多大の幸をもたらした無償の努力——それが市場の中で利益を求めて動く経済活動

と対比され、これが都留さんのアメリカでのニューディール期のＴＶＡ開発につながり、戦後日本でのＴＶＡ研究会になり、市場の外側で人々にプラスを与える行為の中の生きがいを強調させ、遺稿『市場には心がない』（二〇〇六年）につらなっていくのである。

逆に市場の外側にマイナスを与える行為は――公害の政治経済学として、一貫して都留さんの研究テーマとなった。それが最初に登場するのは、前述した経済研究所でのゼミナール講義であった。ピグーが『厚生経済学』であげたピッツバーグの事例と戦前の日本企業の煙害防止策からはじまる氏の講義は、日本における最初の公害の経済学の登場であった。

「公害の経済学」について付け加えるべきものは三点である。公害問題については、その現場に足をはこんだ。これが第一である。『公害研究』のメンバーを組織し、『公害研究』の発行を支援し、そのメンバーとして現地をまわったのである。これは都留さんの研究の中で例外である。第二は『公害の政治経済学』（一九七二年）を出したものの、付け加えねばならないもの、あるいは修正せねばならないものを感じていたのであろう。ほとんどの外国書を福井県立大学に移した後も、環境問題、公害問題の外国書は手元に置いた。そして死後それは福井県立大学の岡敏弘氏に贈るように、というものであった。第三は、公害についてのまとまった書『公害の政治経済学』（一九七二年）がソビエトにおける環境汚染の実例――バイカル湖の汚染からはじめられていることである。今日では存在しないが、当時、マルクス主義者の多くは、公害を資本主義の現象であるとしていた。都留さんのこの主張は、一方ではこれへの挑戦と受とられたが、都留さん自体は「ソ連の事例――バイカル湖の汚染――」「アメリカの公害例――アラモゴルド事件――」「日本の公害例――臨海工業用地の造成――」の三つを示し、経済システムの違いによる公害の現れ方を示し、政治経済学的接近方法の今後の発展に期待するとしている。この点で政治経済学は体系的には未完であった。

外部性の問題の適用は、公害問題と並んで都市問題であった。私の考えでは、都市は外部経済の利益によって発展し、外部不経済によって都市問題を引きおこす。その利益と不利益を誰が受けとるのか。これが都留さんの都市政策であった。

重要なことは、この外部経済の利益と不利益を受ける主体が異なることである。ここに氏の言う政治経済学の視点――より詳しく言えば比較経済体制論の視点と、戦後日本の政策批判の視点とが入るのである。

第一の視点は、『都留重人著作集』第6巻第一部「都市問題」を見ても書かれることがなかったように思われる。しかし、私の記憶では一九六一年アメリカから帰国された直後、私に資本主義と社会主義との違いは、経済成長率のちがいとか、景気変動とかではなく、都市発展の違いの中にあらわれるという話をされた。恐らく米国滞在中に参加されたケンブリッジの都市問題の学会（一九六〇年）での議論だったのであろう。ポーランドのワルシャワと、カナダのトロントとの比較を試みてはどうかという話があったとも話された。

私は、都市発展にともなう外部経済――これはマーシャルが当時のロンドンの拡大で見たものですが、――これが私有化されるか、公共のものになるかの差ですか、と言い、都市問題についての経済理論について話し合ったのを思い出す。

こうしたことがあったのち、都留さんとの間では、都市問題を私が追い(7)、都留さんは公害問題を追うという分業が自然に成り立っていった。一九六三年に都留さんは公害研究のグループを組織され、季刊誌『公害研究』を一九七一年七月から出されていくのであるが、公害問題を終生追い続けられたのにくらべ、都市問題は、時論を除き、『講座　現代都市政策　Ⅰ――都市政策の基礎――』に書かれた「都市科学の提唱」（一九七二年）ぐらいである。

それはそれに先だつ「国際問題談話会」の経験から、篠原一氏と私の二人が中心になり、問題ごとに人をよぶという形式で、岩波書店で開いた。それは都留さんの公害研究と並行するような形になった。この研究会を終えるにあたって公刊したのが、前記、この講座である。

第三の視点――政治経済学

第三の視点に移ろう。

注意しなければならないのは、政治経済学の視点が、時として比較経済体制論の視点と二重うつしで並べられていることである。政治経済学がアメリカの主流派経済学と異なって、資本主義ゆえの特徴を強調するところから、社会主義でのそれとの違いを連想しがちである。だが、比較経済体制論を展開するためには、社会主義経済のメカニズムについての充分な知識と理論を所持しなければならない。それは、現にある社会主義経済についての知識だけではない。それを必ずしも肯定しない都留さんにあっては、あるべき社会主義の経済を構想しなければならない。こうした分析も理論も都留さんにはない。したがって、真の意味での比較経済論的視点は、展開されていない。そこで、私は、第三の視点を「政治経済学の視点」としたのである。

政治経済学とアメリカの主流派経済学とはどのように違うのであろうか。

都留さんはオスカー・ランゲの考えを述べる。後者が与件とするものを与件とせず、その変化をとりあつかうのが、政治経済学であると。しかし都留さんはこれを必ずしも認めない。変化するのは与件だけではない。経済現象そのものも変化するのである。その変化をもたらす主因は、現代の制度学派として、第一の視点で述べた技術、生産力の変化であるが、同時にそれは、外部性を含め、経済をとらえる分析武器ないし視角に新らしいものを加えるという考えである。都留さんはそのいくつかを、独自に経済学に加えていく。以下はその主なものである。

1 「ムダの制度化」

資本主義は、すきがあるならば、そこに介入し、所得を得ようとする所得介入現象があるが、それが、本来不必要である所に所得を作りだす。その事例をアメリカにおける弁護士がつくり出す訴訟社会から、銃所持自由な社会を維持させようとする利益集団、軍需予算の拡大をめざすための組織等、ムダを制度化させている戦後経済の分析――そこから、「ムダの制度化」なる用語をつくりだした。それはヴェブレンの衒示的消費、ガルブレイスの依存効果とともに、消費の中にあるゆがみを指摘したものであり、消費者主権論への批判でもあった。

2 福祉の指標としての国民所得の否定

都留さんは、国民所得分析の利用とケインズ的な有効需要分析の手法として国民所得論は評価したが、それが福祉の大きさを示す指標たりえないことを強調しつづけた。それは、国民所得がムダの制度化を内蔵しているだけはなく、豊かさをストックの増加でとらえようとするフィッシャー流の考えを評価していたからである。資本主義は年々の生産額の拡大――つまり、フローの増加をよしとしているが、大切なのは消費をおさえ、社会と人々がストックの増加をはかるべきであるという主張であった。それは、生活のあるべき姿と、消費社会が生みだす環境悪化を引きおこす資本主義の成長主義への批判でもあった。

3　素材的把握と価値的把握

都留さんは、自らの経済の見方を素材的なものと価格で測った〝価値的な〟ものとの二方からとらえる必要を強調している。病床で最後の校正を行った『市場には心がない』の出版にさいして、既発表の論文のうちどれを収めるかの相談を受けたが、都留経済学の方法論ともいうべきこの二重視点の必要性をとりあつかったものを「付論」とすることにきめた。そして都留さんがえらんだのが「環境整備に関しての社会科学上の方法論」である。

都留さんが書かれるものは、平易な文章で多くの事例をひきわかりやすいと思われている。だが反面、その経済学の論理展開は難解なものがある。その最たるものが、この二重の視点である。今回、この一文を書くために著作集を読みなおしたが、難解で理解できないものがあった。そのひとつが、この視点である。かねて私は、私の発想の方が理解を得られると思うので、その一例を示す。

「老後保障の俗説を排す」（『世界』一九八二年六月、『経済学は現実にこたえうるか』所収）である。その第二節「素材的視点と貨幣的視点」で私は次のような主張を行った。当時のわが国の公的年金は積立制度であった。つまり働く人たちは、月々、月給の一定割合を拠出し、それを積立て、老後の年金は退職後この積立て基金から支払われる。このような積立て方式をとるならば後の年金加入者に負担を求めることがない。それゆえに、積立て方式が望ましい。このような主張がなされていた。私の主張はこれを部分的に否定することにあった。

たしかに積立方式は――財政からの補助を別とすれば――貨幣的には後年者負担にはならない。しかし素材的にはそうではない。もちろん、年金を積立てる時、将来、これらの人が必要とする財をこの資金で購入し、これを積立て、老後、これを使うというのであれば、素材的にも後年者負担にはならない。しかし、そのようなことは、現実には不可能である。素材的には、後年者が作り出す国民生産物を消費するのである。ということは、もし、老年者が使用することがないならば、その分の国民生産物は、他の用途に使うこともできるのである。この点で、後年者の負担にならないと言いきることはできず、将来の投資・貯蓄のバランスいかんで、分配関係も変化する。そこには素材面と貨幣面のズレが生ずるのである。

私はこのような考えから、ある種の政策を提起するために、素材面と貨幣面の二重視角を利用した。

だが経済政策学者の中に本領があるはずの都留さんなのに、この理論視角は政策のための理論とならず、往々にして体制論と結びつく方向で展開され、理解を難しくしている。

わかりやすいのは二点である。第一点は、素材面から規模の経済性が製造業で進み、寡占的大企業が生れ、それが価値面（価格面）に影響し、費用が下がっても価格が下らないという、都留さんが言う「寡占価格維持の法則」があらわれるという点である。私たちはこうしたものをスウィージーの屈折需要曲線論から引き出すが、都留さんはスラッファーの右下り費用曲線という技術あるいは素材面から引き出している。

第二は、技術進歩がさらに進むと、工場の生産性を決定するのは、労働者の寄与度——労働時間ではなく、科学・技術を体化した生産手段の質に依存してくる。生産過程のオートメーション化が進めば、このことはいっそう明確になる。この結果、近代経済学の言う労働の限界生産力によって賃金がきまるという応報主義も、マルクス経済学の労働量が価値の基準になるという考えも妥当しなくなる。これをマルクスの初期論文（Grundrisse der Kritik der politischen Ökonomie, 1953）の一節を好んで引用し、マルクスもこのことを認めているとする。

「大工業が発達すればするほど、素材的富の創造は、労働時間と支出労働量とに依存するよりも、むしろ労働時間中に動員される生産手段の力に依存するようになる」(8)と。

七　現代資本主義をどうとらえるか。そしてその変革の展望

都留さんの業績の中で逸することのできないのは、「資本主義は変ったか」という一九五八年の問題提起である。それは『世界』一九五八年、一、二月号に発表されるとともに岩波書店からガルブレイス他七人を加えた英文の著書となって発表されている。

ガルブレイスと都留さんの現代資本主義についての叙述は、対照的である。

都留さんが論争の相手と意識したのは、戦後のアメリカは高い経済成長率を示している。恐慌は過去のものになったかのように起っていない。所得の平準化も進んでいる。もちろん労働者の所得

水準は高まっている。資本主義は変ったのではないかという考えである。これに対して都留さんは、資本主義が変るのは当然であるが、資本主義の本質は変っていないことを強調しようとした。

これに対してガルブレイスは、アメリカ資本主義がいかに変ったかを強調した。『ゆたかな社会』（一九五八年）では古い資本主義の病にかわって新しい病が生れたことを強調し、『新産業国家』（一九六七年）では、巨大企業システムの経営の内実が、いかにそれ以前の企業経営と異なるかを示した。

私たちは都留さんの発想の中にシュンペーターを見出した。シュンペーターの問題意識である〝資本主義の本質いかん〟と同様である。積極的寄与は、いかに変ったかという、ガルブレイスの方向にあるのではないか、と思った。

だが、それから三〇年、逆に「現代資本主義は変った」。資本主義の本質が力をえて、自由な市場主義を拡大し、ガルブレイスが過去のものとした物質的貧困をアメリカにおいて出現させだした。ワーキングプアーである。現代資本主義の特徴である静かなインフレにかわって、不況が、そしてアメリカでは二度にわたって、金融機関の大きな危機が発生した。一九八〇年代末と二〇〇七年以後である。今私たちは「現代資本主義は変ったか」という問題を提起する必要にせまられている。そして、あらためて都留さんの資本主義の本質は変っていない、という洞察に敬意を表せざるをえない。

では都留さんは資本主義の本質をどうとらえたか。それが重要であるのは、都留経済学の目的である。「資本主義を変える道」にそれがつながるからである。

生産手段の私有――これが資本主義の本質であり、私有の廃止が変革への道である――これが通説である。

だが都留さんはこれと異なる考えを示す。いかなる社会にも存在する経済的余剰――これを都留さんはサープラスとよぶ――が個別企業の利潤という形をとり、経済活動の動機がこの利潤をえようとするものであり、その利潤が生産力の発展をもたらす投資に向けられることを資本主義は自らの本性としている。このことは、現代資本主義においても変っていない。これが「資本主義は変ったか」に対する都留さんの答えである。

なぜ都留さんが、資本主義の本質をこのようにとらえたか。

それは、フローの社会化を通じて資本主義を変革させせなければならないという考えと、上記の資本主義の本質理解が密接に結びついているからである。都留さんは考える。従来の社会主義者は生産手段の私有を廃し、体制変革をなしとげようとした。しかし、今日の先進国に、その可能性は乏しいと考える（例えば『体制変革の展望』二三九頁）。可能性があるのは、年々の生産物つまりフローを社会的にコントロールする道を拡大し、私的利潤のために動いている経済社会を変えてゆくことである、と。

恐らく都留さんの頭にあったひとつは、ガルブレイスが『ゆたかな社会』の中で述べた現代資本主義の病のひとつ――「社会的アンバランス」の是正である。私的資本主義のもとでは、利潤の発生する分野に資本と資源が集り、社会的に必要だが利潤を生まない社会的公共分野は立ちおくれる。その間のアンバランスが社会的アンバランスである。この是正のためには、フローの社会的コントロールを通じて、利潤主動の経済の動きを変えようというのである。

都留さんが考えるもうひとつは、労働の人間化であろう。「科学・産業革命」の進行は、すでに書いたように、生産における労働の意味を低下させ、労働の限界生産力説も労働時間も賃金決定の基準たりえなくなっているのである。成果主義賃金などは現実的基礎を持たない――それが生産の現場である。これらについて都留さんの書くところは難しい。

「生産や富の主な支柱は、人間自身が行う直接的労働でもなければ、彼が労働する時間でもなく、人間自身の一般的な生産力の自己還元、すなわち人類が社会的存在であることを通じて自らのものとしている知識と自然の支配、という意味での一般的生産力の自己還元にほかなりません。個々の人の生産性を個別比較的に云々するような工業生産の分野は、現在ますます限られる時代となっているのです」（『体制変革の展望』一五八頁）。

資本主義の経済は、賃金が製品のコストになり、働く人の生活を支え、また有効需要の大きな部分を占め、この三者がリンケージしているところにあると私は考えている。それらを切り離し、働くことをlabourからworkにするために、都留さんが提唱するフローの社会化、それによる社会ファンドが、どう機能するかを、私は都留さんに聞くことができたならばと思っている。

フローの社会化は、現実的には社会保障の充実、そのための所得にリンクするだけではない社会的ファンドの拡大――具体的には付加価値税の重視が都留さんの主張の背後にはあった。それによって、賃金と生活水準を切り離そうとしたのであろう。私には、付加価値税は革新の武器といわれながら、都留さん自身はその種のことを書くことがなかった。

最後に都留さんは人々にライフスタイルの改変を求めていたことを付け加えたい。経済も富も、カネも手段であって目的ではない。近代の技術は、効率を求めて、自分の頭と手を使い物を作るという創造の喜びを人間から奪ってしまった。たとえ効率は落ちても、こうした「労働の人間化」を求め、経済成長至上主義をやめ、自然と資源と両立可能なつつましいライフスタイルに改むべきではないか、というのである。それは、都留さんが最後まで力を注いだ外部性の重視の一環である。地球環境のための柱でもある。

〔注〕

（1）ポール・サムエルソン「青年時代の学者像」『都留重人交友抄』一九七六年所収。
（2）この論文は J. Viner, *The Long View and the Short: Studies in Economic Theory and Policy*, 1958 に収められている。
（3）これは D. C. Hague が一九四九年、*The Review of Economic Studies* に発表した「経済理論と企業行動」という調査にもとづくもので、有名なオックスフォード調査は講義ではでなかったように思う。
（4）T. Wilson and P. W. S. Andrews (eds.), *Oxford Studies in Price Mechanism*, 1951.
（5）J. M. Keynes, *The General Theory of Employment, Interest and Money*, 1936, p. 15.
（6）『都留重人著作集』第3巻、講談社、一九七五年、第一部四「現代資本主義分析のために」4新しい緊張関係。
（7）六〇年代のなかば以後、私は篠原一さんと語らって、都市問題の研究会を進めた。

（8）　例えば都留重人『体制変革の展望』新日本出版社、二〇〇三年、Ⅲ体制変革の方向、二の（五）などを参照。

都留重人とシュンペーター

塩野谷祐一

一

都留重人(一九一二―二〇〇六)は二〇歳代の十年間をハーバードで学部学生、大学院学生、助手、講師として過ごしたが、一九三二年にドイツからハーバード大学教授として着任したばかりのヨーゼフ・シュンペーター(一八八三―一九五〇)と親交を結ぶこととなった。二人の最初の出会いは教師と学生という関係であった。一九三三年九月、ウィスコンシン州のローレンス・カレッジで二年間を過ごした後、ハーバードに学部学生として移った都留は、今後の研究方針について早速シュンペーターの助言を求めた。シュンペーターは鄭重に応対し、「現在のハーバードには定年間際の碩学が二人いる。経済学のタウシグと哲学のホワイトヘッドだ。貴方が将来何を専攻とするにせよ、今年はぜひこの二人の講義を聞かれるべきだろう」と答えたという（都留 2001, 九六頁）。

一九三五年、博士課程に進学後、都留は若い研究者たちとともにハーバード経済学の黄金時代を享受すると同時に、その形成にも貢献することになった。彼はマルクス経済学の知識によって、ハーバードに独特の知的雰囲気を付加することに寄与した（都留 2001, 一二四―一二九頁）。都留は博士論文の指導をシュンペーターに求め、シュンペーターはテーマとして「景気変動の理論とその実証」を挙げ、実証の対象を日本にすることを示唆した（都留 2001, 一三二頁）。景気循環論こそは、当時シュンペーター自身が初期の著書『経済発展の理論』(Schumpeter 1912) の拡充のために、精魂をこめて取り組んでいたテーマに他ならなかった。一九四〇年、都留は博士論文『日本における資本主義の発展と景気循環：一八六八―一八九七』を完成した（Tsuru 1940）。

都留はシュンペーターを高く評価し敬愛したが、シュンペーターの思想を受け入れるということはなかった。もちろん、奇才シュンペーターが都留の知的興味を惹かなかったはずはない。都留は、シュンペーターと親しく接した数少ない日本人の一人として、シュンペーターについてのエピソードや評伝を扱ったエッセイ風の文章の類いを、日本語でいくつか残しているが、専門誌に載せるような形の論文はただ一つしか書いていない。それは「シュンペーターとマルクス――景気循環と資本主義」という英語および日本語の論文である（ただし、英文と日本文では、主題と副題とが逆になっている）(1)。以下ではこれを「都留論文」と呼ぶことにする。

都留論文はアメリカ滞在中の一九四一年に英文で書かれた。上述のように、彼の一九四〇年の博士論文は景気循環に関するものであり、またシュンペーターの『景気循環論』は一九三九年に出版

第2次大戦前のシュンペーター（都留重人筆）

されたばかりであった（Schumpeter 1939）。都留論文はこのようなタイミングを契機として書かれたのであろう。しかし、それはさし当たってどこにも発表されず、筐底に秘せられること十年、都留の日本への帰国後、一九四九年に『アメリカ経済学の旅』という彼のエッセイ集が編まれた際、初めて原文に近い形で日本語で発表された。その後一九五二年に、都留論文は一橋大学の英文機関誌に英文で発表された。その際に付けられた脚注によれば、ウィリアム・ボーモルが彼の著書『経済動学』（一九五一年）の第3章（マルクスとシュンペーターの動学）で同じ問題を扱ったが（Baumol 1951）、都留はそれには飽き足らず、みずからの十年前の論文を公表するに至ったという。

たしかに、この形で発表された都留論文は、英語圏の学界に伝達された。一九九一年になって、一九五〇―一九八八年の間に発表された主要なシュンペーター研究論文（英文）のアンソロジー全四巻が編集されたとき、都留論文はそこに収められたからである（Wood (ed.) 1991）。しかし、以上の事情だけからでは、都留が都留論文を本格的なシュンペーター論と考えていたかどうかは分からない。幸いにも、都留自身がわれわれの疑問を解いている。彼はその後、英文の著書『制度派経済学の再検討』（一九九三年）の第3章（景気循環に関するマルクス対シュンペーター）に都留論文をほとんどそのままの形で挿入し、制度派経済学研究の一つの支柱とした（Tsuru 1993）。この書物は、ボッコーニ商科大学で行われた都留のラファエーレ・マッティオーリ記念講義（一九八五年五月）をまとめたものとされており、マルクス、シュンペーター、ヴェブレン、ミュルダール、ガルブレイス、カップなどを制度派経済学者として扱っている。このように見ると、都留論文は、マルクスとシュンペーターとの比較という問題についての彼の考え方を、生涯を通じて変わらぬ形で示したものであるということができよう。

周知のように、シュンペーターにも都留にも本格的なマルクス論がある。都留とシュンペーターとの関係は、両者の間にマルクスを置くことによって、初めて経済学の学問的レベルのテーマとして成立するように思われる。シュンペーターのマルクス理解・評価と、都留のマルクス理解・評価との相違は、シュンペーターと都留の学問的ベクトルの相違そのものを反映していると考えられる。本稿の後半では、マルクスと同じような形で、都留とシュンペーターとの間にラスキンを置くことが試みられる。マルクスだけでなくラスキンに照らしてみるという複眼的な観察は、都留の学問理解にとって不可欠であるが、シュンペーターに関しては、彼の意識下に秘匿された未完のヴィジョンを呼び覚ますものであろう。このような観察方法を私は解釈学と呼ぶ。

二

以上のような成立事情のため、一九四一年に書かれた都留論文では、シュンペーターの思想への言及は『景気循環論』に限られていた。当然のことながら、都留論文は一九四二年に出版されたシュンペーターの『資本主義・社会主義・民主主義』(Schumpeter 1942)を考慮に入れていない。この著作は、『経済発展の理論』や『景気循環論』と違って、制度論的・社会学的視野から資本主義の変貌を論じたものであって、これを視野に入れていない都留論文は、マルクスとシュンペーターとの関係を論ずるものとしては大きな制約を課せられているといわざるをえない。

都留論文が基礎としているシュンペーター理解は、次のようなものである。

「なんと云っても経済学者としてのシュンペーターの真価は、企業の新機軸論を中心とした発展の理論の創始者であることのうちに見いだすべきである。彼の学者としての生命は、企業の新機軸論と運命をともにすべきものである。」(都留［1947］1949、四二頁)

この文章は、都留が『景気循環論』以後のシュンペーターの活動を伝える展望論文(「その後のシュンペーター」一九四七年)の中にあり、そこでは当然に『資本主義・社会主義・民主主義』が論評の対象となっている。もし都留が『資本主義・社会主義・民主主義』を正しく理解していたならば、この文章のような狭いシュンペーター理解は出てこないはずである。この時期の都留の著述においては、シュンペーターの資本主義変貌論はまともに取り上げられていない。

それにもかかわらず、その後、都留はマルクス的風味を帯びたシュンペーターの二つの文章を好んでたびたび引用した。

「社会経済的なことがらは、それ自身のモメンタムによって動く。そしてその結果あらわれてくる事態は、個人や個人の集団をして、彼ら自体の望むところがどうであるにせよ、ある特定の方向に行動させる。それは、彼らの選択の自由を失わせることによってではなく、選択を能動的に行う精神状態そのものを形づくり、また選択の対象となる可能性のリストを制約することによってである。」(Schumpeter 1950, pp. 129–130. 都留の翻訳による。都留 1964, 二一〇—二一一頁)

「資本制過程は、ただにそれ自身の機構的枠をみずから破壊するばかりでなく、次に来たるべき枠のための条件を創りだす。……そしてこの過程のとどのつまりは……存在も意識もますます社会主義的な生活様式に従い易いように変容を受けてゆくことになろう。」(Schumpeter 1950, p. 162. 都留の翻訳による。都留 1964, 二一一頁)

この二つの文章はともに『資本主義・社会主義・民主主義』からの引用である。この引用は上で触れた論文「その後のシュンペーター」の中にも現れるが、都留はこれを「たとえ最近のシュンペーターの経済学説に直接の関係はないとしても、彼のマルクス論に触れておくことは一般的に有意義なことである」として、引用しているにすぎない(都留［1947］1949, 三二一—三二二頁)。

要するに、都留論文は、シュンペーターの新機軸論と資本主義変貌論——いいかえれば、経済動学と経済社会学——の二つの業績のうち、前者のみを念頭に置いているにすぎない。それにもかかわらず、上述のように、都留は一九四一年に書いた都留論文を一九九三年のマッティオーリ講義録の中に挿入し、その際、都留論文の冒頭に先ほどの『資本主義・社会主義・民主主義』からの引用の第二のものを添え、あたかも制度派経済学者シュンペーターを論ずるかのように取り繕ったのである。しかし、実際には、講義は『資本主義・社会主義・民主主義』を論じていない。それは一九四一年に書かれた都留論文そのものに他ならないからである。シュンペーターの『経済発展の理論』で展開されたイノベーション論の実証研究である『景気循環論』の論評のみから、シュンペーターとマルクスとの対比を論ずることは適切ではなかろう。シュンペーターは、『資本主義・社会主義・民主主義』において初めてマルクスと比較可能な経済社会学的視野に立ったのであり、しかもそこでは五〇ページを超える絢爛たるマルクス論が展開されているからである。

シュンペーター対マルクスに関する都留論文の結論はこうである。

「要するに、シュンペーターの理論体系は、資本制社会の具体的な現象を微細に援用したものでありながら、景気循環を資本制社会と必然的に結びつけたものとしては、論理的にいかにも不十分であり、マルクスが百年も前に切り開いた先駆的な業績はいまだなお覆されてもおらず、またほとんど改善されてもいないのである。」(都留 1949, 一五四―一五五頁)

一九四一年の都留論文および一九四七年の展望論文以後、都留は一九五六年と一九六四年に二つの包括的なシュンペーター論を書いた。一九五六年の論文では、彼はイノベーションに基礎を置く経済発展論について、やはり前と同様な評価を述べている。

「つまりシュンペーターの場合は、彼が資本主義発展の理論を経済の内部論理に求めようとした意図において優れたものがあったとしても、その成果は、マルクスの場合のような一つの体系をなしたというよりは、いくつかの鋭い洞察によって特徴づけられていたというべきではあるまいか。」(都留［1956］1975, 五六六頁)(傍点は都留が付加したもの)

同じ場所で、都留はシュンペーターの資本主義衰退論に対して初めて注意を向け、イノベーション論よりは説得力があり、広い社会科学的な裏づけを持つものとして評価するようになっている。しかし、現実分析という観点から、マルクスとの対比においてそれを検討することは、重要な学問的課題であるというにとどめている。

一九六四年のもう一つのシュンペーター論において、都留はシュンペーターの学説における二つのテーマとして、新機軸の理論と資本主義衰退論とを挙げ、新機軸の理論については、「その構想は、たしかにユニークなものであり、多くの示唆にも富んでいるのだが、理論としてはかならずしも十分の説得性をもたぬ部分がある」として、詳しくは都留論文を参照せよと述べている（都留 1964, 二一二―二一三頁）。都留論文は、シュンペーターの経済発展論を批判するさいの原典となっていることが分かる。資本主義衰退論については、やはりそのユニークさは認めるものの、マルクスの資本主義崩壊論と違って、階級闘争や革命を経ずに、資本主義発展の過程そのものが自動的に社会主義を招来するという議論に首をかしげている。そして次のように述べて、シュンペーターを突き放している。「彼自身は、この資本主義衰退過程を促進しようとも阻止しようとも考えなかった。むしろ彼の趣味はといえば、封建時代の貴族お抱えの学者の生活を楽しむことであっただろう。」（都留 1964, 二一五頁）都留の他の著述によって趣旨を敷衍すれば、「マルクスとシュンペーターとの間には越えがたい溝があるのであって、それは、体制変革の論理と実践とをどのように結び付けるかとい

K. マルクス（都留重人筆）

う点での隔たりにほかならない。」(都留 1982, 二七頁)

都留によれば、シュンペーターの資本主義論は、一見したところ制度派的分析のように見えるけれども、マルクスのような本格的なものではなく、「貴族趣味のシュンペーターが好んで用いるのは逆説的表現である。」「警句と逆説はシュンペーター経済学表現形式の装飾である。しかしそれは装飾であると同時に、問題をまともに取り上げることを回避せしめる便法であり、彼の趣味でもある。」(都留［1947］1949, 二五—二六頁) また都留は、貴族趣味と結びつけて、シュンペーターが歴史の現実を解釈する上でのシニシズムを指摘している(都留［1947］1949, 二八—三〇頁)。

シュンペーターの資本主義崩壊論についての都留の批判は、このように貴族趣味・傍観主義・レトリック・シニシズムといった知識社会学的論評に終わっていることに注意すべきである。都留がシュンペーターの理論に共感を抱くことからは明確に一線を画し、『資本主義・社会主義・民主主義』における資本主義変貌論やマルクス論に立ち入ろうとしなかったのは、貴族趣味とも言うべき傍観主義に対する嫌悪感と、シニカルなレトリックに対する警戒感のためではなかっただろうか。

三

以上は私が取り上げようとする問題の輪郭である。次に、都留論文そのものに立ち入ってその議論を検討しよう。都留論文は、景気循環と資本主義とがどのように結びつけられているかをシュンペーターとマルクスについて比較検討することを目的としている。シュンペーターの『景気循環論』は、副題として「資本主義的過程の理論的・歴史的・統計的分析」というタイトルを掲げ、開巻劈頭に「景気循環の分析を行うことは、資本主義時代の経済過程を分析することに等しく、それ以上でも以下でもない」(Schumpeter 1939, Vol. I, p.v) と断言しているところから見て、それが都留にとって絶好の研究対象であったことに間違いはない。都留は、まずシュンペーターにおいて景気循環を資本主義に結びつける決定的なリンクは何かを問う。

都留が導き出した結果は、次の文章によって示すことができる。

「明らかに、シュンペーターの考えていることは、一種の反応装置としての均衡機構はそれ自体では循環を引き起こさず、企業新機軸という『力』が断続的にそこに働きかけ、均衡的反応の活動を通じて、景気循環の特徴的な現象が起生する、ということである。」(都留 1949, 一三二頁)

これはシュンペーターの議論の見事な要約である。しかし、都留は、ここに登場する均衡機構や新基軸が資本主義に特有の制度的条件と何の関係があるのかと問う。都留は、それらは資本主義の具体的現象にすぎないし、また他の経済体制にも見られるものであるとして、シュンペーターは「資本主義に特有の条件」から「景気循環理論の単純にしてかつエレガントな骨組」を十分な明瞭さをもって導き出すことに成功していないという(都留 1949, 一三四頁)。

もちろん、シュンペーターが資本主義の概念的規定に無関心であったとは思われない。彼は『エンサイクロペディア・ブリタニカ』に収録された「資本主義」という論文の中で、生産手段の私有制、企業者の利潤追求、銀行の信用創造の三つによって——とりわけ、第三のものに重点を置くことによって——資本主義を定義し、次のように述べた。

「技術や組織の改善は資本主義体制と無関係のものではなく、逆に、この体制は人間のエネルギーを経済問題に集中させ、技術発展に有利な合理的態度を作り出し、この分野での成功に高い賞金をかけることによって、それらの改善を促進する傾向を持つ。」(Schumpeter 1946, p. 193)

同様の記述は『景気循環論』の中にもあるし、『資本主義・社会主義・民主主義』においては、さらに「資本主義の文明」「資本主義社会の制度的枠組み」といった章や節を設けて、経済領域を規定する非経済的領域の叙述を展開した。しかし、これらの叙述は、都留にとっては皮相的な観察にすぎないものであったのであろう。

マルクスは『資本論』第3巻第51章において商品生産および剰余価値生産という概念によって資本制社会を特徴づけたが、都留はそれを援用する。マルクスの商品生産および剰余価値生産の概念は、生産物および企業者活動の特殊歴史的な形態を表す。方法論的にいえば、マルクスの最も特徴的な視点は、都留によれば、彼が他の場所で繰り返し愛用した「素材面(実物面)と体制面(価値面)との区別と総合」というものである(都留 1982, 一〇—一四頁)。生産力と生産関係との矛盾として定式化された史的唯物論は、素材面と体制面との関係の壮大な一例である。景気変動に関する矛盾——恐慌——については、都留は次のマルクスの言葉を引用している。

「すべての現実の恐慌の終局的原因は常に、資本主義生産の方はあたかも社会全体の絶対的消費力のみがその限界であるかのごとく生産力を発展させる傾向を持っているのに対比して、大衆が貧困であり、その消費は制約されているということのうちに見出される。」(Marx [1894] 1909, pp. 1025-1027. 都留の翻訳による。都留 1949, 一四八頁)

マルクスによれば、資本主義における恐慌の周期的爆発は、新しい社会的形態のための条件を作り出す。このような立場から、都留は「シュンペーターは資本主義的過程をある程度捨象してしまい――それはマルクスに云わせれば恐慌を説明しうる要因それ自体を捨象することであった――、その上で、循環現象の原因を制度的特質にではなく、それを超えて存在しうるような企業新機軸に帰しているのである」と批判した(都留 1949, 一五四頁)。

都留論文の脚注で、都留は執筆に当たってポール・スウィージーとオスカー・ランゲから有益な示唆を得たと記しているが、彼が果たしてこの論文に基づいて、シュンペーターと議論を交わしたかどうかは、さだかではない。

ここで、都留が一九四〇年にハーバード大学に提出した博士論文『日本における資本主義の発展と景気循環:一八六八―一八九七』を見ておくことが適当であろう。これは理論篇(一―四八頁)、歴史篇(四九―一九〇頁)、および解釈篇(一九一―二三五頁)からなる。解釈篇は一九四一年の *Review of Economic Statistics* に発表されている(Tsuru 1941)。ここでのわれわれの興味は理論篇である。そこでは景気循環と資本主義との関連を論じた代表的な学者として、マルクス、ツガンバラノフスキー、シュピートホフ、シュンペーターが論じられている。マルクスに関しては、博士論文においても都留論文におけるものとほぼ同様な叙述がなされている。シュンペーターに関しては、都留は、三種の景気波動(キチン、ジュグラー、コンドラティエフ)による実証分析には立ち入らず、もっぱら景気循環と資本主義的特徴との概念的関連を問うことに限定し、静態的経済における均衡化メカニズムがイノベーションの衝撃を吸収する過程として景気循環が生ずるという基本命題を単なる作業仮説にすぎないと批判している。都留によれば、シュンペーターのこの立場は、イノベーションが経済体系にとって内部的であるという主張に根ざすものであるが、彼はその意味に疑問を呈し、マルクスが資本主義生産様式の根底に不均衡化のメカニズムを見出したことと対比している。「いたるところで、原理的根拠の解明なしに、同じような叙述にでくわすのだ」と、溜息をつくように都留は書いた（Tsuru 1940, p. 38）。総じて、都留はシュンペーターの論証なきレトリカルな断定に違和感を表明したのである。

しかし、都留が受け入れたマルクスの「素材面と体制面」の命題も、一つの作業仮説にすぎないのではないだろうか。都留は仮説の是非の根拠について、認識論の立場からどのように考えていたのだろうか。彼は経済学史上の人物とその業績について二冊の書物を書いているが、この問いに対する答えは、学史研究の文脈において、いっそう多くの経済学者の理論を対象として検討されるべきであろう（都留 1964, 1985）。

都留の博士論文におけるシュンペーター批判は後のものに比べて、はるかに温和なものにとどまっている。それとは対照的に、博士論文完成直後にまとめられ、シュンペーターの死後やっと英文で発表された都留論文は、彼が本当に言いたかったことを率直に表現しているように思われる。

四

以上は、シュンペーターとマルクスに対して、都留がいくつかの著述において行った評価である。次にシュンペーターのマルクスに対する評価を取り上げよう。この関係については、都留はほとんど口を挟んでいない。

シュンペーターは、経済体系が歴史的時間の中で内在的に自己展開を遂げていくというマルクスのヴィジョンを高く評価した。それは「あらゆる瞬間に一つの状態が次に来る状態をそれ自身で決定するという事態を生み出しながら、自力で歴史的時間の中を進行する経済過程の理論という考え方」である（Schumpeter 1950, p. 43)。これはマルクスの分析図式の形式面である。その実体面については、シュンペーターはさらに、資本主義経済が内部から崩壊するというマルクスのヴィジョンを受け入れた。マルクスは、資本主義は景気循環を含む固有の諸矛盾を激化させたあげく、労働者階級の革命によって崩壊するというシナリオを描いた。シュンペーターは、そうではなく、資本主義はその経済的成功のゆえに、みずからに不利な社会的諸条件の変化を生み出すことによって衰退せざるをえないと考えた。両者の資本主義崩壊論の内容はまったく異なっているが、資本主義が歴史的存在であって、永久運動機械のように作用し続けるものではないという認識で両者は一致した。

マルクスは経済学史上の人物として『経済分析の歴史』にも登場する。シュンペーターは、マルクスから受け取るものと受け取らないものとを次のような文彩によって描いている。

「経済過程の内在的変化という壮大なヴィジョンは、いかに強力な批判に晒されたとしても、依然として残るものである。マルクスが経済分析家として偉大さを要求しうるのは、この事実であり、この事実のみである。そのヴィジョンとは、経済過程がある仕方で蓄積を通じて作用しながら、ある仕方で競争的資本主義の経済と社会を破壊し、ある仕方で維持不可能な社会状態を作り出し、これがある仕方で別のタイプの社会組織を生み出すというものである。」

(Schumpeter 1954, p. 441)（傍点は塩野谷が付加したもの）

ここで引用者が付した傍点部分の「ある仕方で」(somehow) という言葉は、シュンペーターがマルクスの理論の具体的な内容を拒否し、全体の構想のみを浮彫りにするというレトリックを表わしている。シュンペーターは資本主義の内生的発展と崩壊のヴィジョンをマルクスから継承しながら、理論的内容を換骨奪胎するのである。

マルクスの社会発展に関する唯物史観によれば、社会文化発展の原動力は生産力と生産関係との矛盾に求められる。シュンペーターは、都留が「素材面と体制面」という言葉で把握したこの考え方を全体として高く評価し、唯物史観を次のような命題に要約した。

「(1) 社会のあらゆる文化的表現は、究極的には社会の階級構造の関数である。」

「(2) 社会の階級構造は、究極的にかつ主として、生産関係によって支配される。」

「(3) 生産の社会的過程は内在的進化を示す。」(Schumpeter 1954, p. 439)

シュンペーターは、(1) については、上部構造と下部構造との一方的関係を否定し、(2) については、階級構造を経済以外の諸要因によって規定されるものとみなし、(3) については、階級闘争論による歴史解釈を否定した。

結局、彼がマルクスから受け継いだものといえるものは、労働価値説でも社会階級論でも利潤率低下論でも大衆窮乏化論でもなく、資本主義経済の内在的発展と崩壊という一般的なヴィジョンであって、これはもはや唯物史観というに値しないものである。このようなヴィジョンを内包したシュンペーターの経済静態論・経済動態論・経済社会学からなる三層の理論体系は、総合的社会科学の試みとして解釈されるものであろう（塩野谷1995)。彼は経済学の歴史の中で「総合的社会科学」という名誉ある名称を、マルクス、シュモラーなどのごく少数の学者に贈っているにすぎない。

五

都留はシュンペーターの助言や指導を仰ぎながら、学者として歩む道を異にしたが、両者の交差を示すもう一つの側面がある。都留のクラスメートの一人に、アーサー・シュレージンガー二世（のちにアメリカ政治史の専門家となった）がいた。都留が学位論文を用意していたころ、シュレージンガーは都留にジョン・ラスキンの資本主義批判の文章を見せた。都留は一驚し、早速シュンペーターにラスキンなる人物の経済学とはどのようなものかを尋ねた。シュンペーターはラスキンについてかなり通じていたようで、一応の解説をした上で、「君は自分の研究に専念すべきで、ラスキンなどに係る横道にそれてはいけない」と諭したという。さし当っては、都留はシュンペーターの忠告に従った（都留1998，一二七―一三一頁)。

シュンペーターが言おうとしたことは、彼の死後出版された『経済分析の歴史』に照らして言えば、次のようなことであろう。ラスキンが主流派経済学の批判者たちの間で人気を博したのは、「資本主義の罪悪に対する怒りに満ちたディレッタント的な批判」であって、彼は芸術評論の分野ではそれなりの技術や方法を真摯に学んだ上で仕事をしたのに対し、経済学の分野では、そうしたことをせず、「一知半解の観察と未消化の断片的読書に、余りあるほどの憤慨の感情を加えた」のであった（Schumpeter 1954, p. 411）。

チャールズ・エリオット・ノートンは、ラスキンより八歳年下で、ハーバードの美学教授となったアメリカの著述家であるが、彼と長く親交を結んだ。ラスキンは生涯を通じて他の誰よりも多くの手紙をノートンに送り、その書簡集はラスキンの性格を理解する上で最善の資料とみなされている。都留は上掲の『経済分析の歴史』におけるシュンペーターのラスキン評価を知った後、ラスキン書簡集の中から「わたし［ラスキン］の知性面での大きな強味は消化能力であり、私の肉体面での大きな弱味は消化不良なのだ」という文章を見つけ出し、シュンペーターへの秘かな抵抗を試みた（都留 1998, 一三〇頁）。

都留は戦後になって、環境、公害、福祉、ライフスタイルなどの実践的活動の中で、労働の人間化や生活の芸術化を含む「生活の質」の問題と取り組むようになると、資本主義の商業文明にいち早く鋭い批判を提起したラスキンに改めて思いを馳せ、その先見性にたびたび感嘆の賛辞を送った。都留は英文で書かれた短い自伝の文章に、「科学的ヒューマニズムを理想とする」という題をつけ（Tsuru 1991）、また遺著は『市場には心がない』と題する評論集であった（都留 2006）。

都留はラスキンの資本主義批判に対するシュンペーターの立場を、マルクス解釈の場合のように、傍観者的態度として批判してはいない。シュンペーターのラスキンに対する否定的見解は、経済問題の研究の仕方という初歩的姿勢についてであったからである。シュンペーター自身、「私はもちろん、彼が大衆の福祉と文明のために行った活発で不成功ではなかった実践活動のことを言っているのではない」と断っている（Schumpeter 1954, p. 411）。

この物語は、シュンペーターとラスキンとの関係について、これまで論じられたことのない問題を提起するように思われる。シュンペーターの若いころの学問的野心は総合的社会科学の構築であった。「私は若いころ、経済学、政治学、科学、芸術、愛といったものを包括した豊かな全幅的生という観念を抱いていた。」（*Harvard Crimson* 1944）それが社会科学の「社会学化」という彼の構想の基礎であった。この考えは、彼のいくつかの書物や論文の中で真面目に主張された。一方、ラスキンのモットーは、よく知られているように、「生を措いて他に富はない」（There is no wealth but life.）というものである（Ruskin［1862］1997, p. 222）。いうまでもなく、富は古典派経済学のキーワードである。ラスキンは続けてこう書いている。「生は愛と歓喜と賛美のすべての力を含む。」生＝富は、これらの人間存在の力によって定義される。そして人間から切り離された芸術、人間から切り離された経済――この二つを結びつけることが、ラスキンのヴィジョンであった。

全幅的生の学問を志向したシュンペーターが、このようなラスキンの構想を琴線に触れるものと考えなかったはずはない。シュンペーターは少なくともラスキンを「創造的な芸術解釈者」と認めざるをえなかったが、シュンペーター特有の言い方で「私はその解釈を信じないが」とつけ加えることを忘れなかった。多芸と博識を誇るシュンペーターの野心の一つは、美術評論家となることであったから、ラスキンの厖大な美術論の業績には羨望の念を持たざるをえなかったであろう。シュンペーターのラスキン批判には、こうした屈折した感情が入り混じっているようである。

もしシュンペーターが若いころの生の哲学（Lebensphilosophie）の観念を抱き続けたとするならば、彼はマルクスの経済論を否定しつつも、その社会発展のヴィジョンを強引に受け入れたと同じように、ラスキンの経済論を否定しつつも、その芸術と社会との相互関連のヴィジョンを受け入れることができたのではないか。シュンペーターのレトリックをもってすれば、それは容易なことであったろう。もっとも、そうした言説は、またまたハーバードの同僚教授たちの意表を突くことになったであろうが。事実、彼はラスキンに対する積極的な評価として次のように述べている。

「われわれにとっては、芸術の一般的社会学に対する彼の貢献――すなわち、偉大な芸術作品を生み出したり、あるいはそれを生み出すのに好都合な社会的条件を分析しようとする彼の試み――を指摘することがとりわけ重要である。」(Schumpeter 1954, p. 411)

社会科学の社会学化というシュンペーターの大きなヴィジョンに比べて、彼が実際に扱うことができたものは、経済社会学と知識社会学の二つにすぎなかった。ラスキンの芸術社会学は、シュンペーターのプロジェクトの一部に相当するものであったに違いない。

われわれはさらに一歩進んで、シュンペーターの資本主義衰退論の内容にそくして、次のように言うことができる。経済におけるイノベーションのルーティン化によって、革新を追求する人間の創意が経済分野から非経済分野に転進するというシュンペーターの推測こそは、ラスキンが声高に叫んだ「生活の質」が静かに社会的関心事とならざるをえない体制の到来を予知するものであった。

六

都留の博士論文がシュンペーターを最初に論評したものだとすれば、五十年後の京都での国際シュンペーター学会総会（一九九二年）における彼の招待講演はその最後のものであった（Tsuru 1994）。彼は「もし今日シュンペーターが生きていたならば」と題し、現代世界の諸問題の展開に照らして、シュンペーターの再評価を試みた。最後に、都留がこだわりを見せたのは、やはりシュンペーターのレトリックと傍観主義であった。都留は後者の問題について次のように述べた。

「マルクスならば『必然性への洞察を通じて自由を獲得する』と言ったであろうが、自然科学と違って、経済学における客観的法則は、それを認識し、ある目標を達成しようとする人間の意識的行動によって修正されるものである。シュンペーターはヒルファーディングに同調して、必然性を論証することはその実現を希望することではないと考えたが、政治経済学の治療機能ないし積極的改革機能を否定することはできなかったはずである。」（Tsuru 1994, p. 12）

シュンペーターには、資本主義経済が生を活力あるものにし、人間の才能を発揮させる類い稀な場であるという根本的な世界観があった。彼にとっては、マルクスやラスキンの資本主義批判の理論や実践は、資本主義擁護のケインズ革命が逆の形でそうであるように、角を矯めて牛を殺すものであった。問題は理論構造の違いであるよりも、前理論的なパースペクティブの違いに根ざすものであった。そうだとすれば，シュンペーターの立場を傍観者と呼ぶのは適切ではなかろう。人々が「角を矯めて牛を殺す」方向に向かったとしても，それは彼が述べたように「社会経済的なことがらはそれ自身のモメンタムによって動く」という大きな流れの観察に他ならないからである。

都留は，シュンペーターについての日本語のエッセイ（「その後のシュンペーター」）を，エッカーマンに語った次のようなゲーテの言葉を引いて締めくくっている。「人間は年とともに賢くなると一般には考えられているようだ。しかし実は，年をとるにつれて若い時ほどの賢明さを保つことはむつかしくなる」（一八三一年二月一七日）[2]。都留は「シュンペーター教授を直接に師の一人とした私には，教授に対してこのゲーテの言葉をあてはめようとすることは非礼でもあり，おこがましくもあると思う」と言いつつも，シュンペーターが戦後『資本主義・社会主義・民主主義』の中に，"Mundus regitur parva sapientia"（世界は何とわずかな叡智によって支配されていることか）という古人の警句を挿入し（Schumpeter 1950, p. 376），ますますシニシズムの度合いを高めているのを見て，ゲーテの言葉を思い出さざるをえなかったという。そして都留は，シュンペーターを，老いてますます若々しく実践的に活動したシドニー・ウェブと対照させたのである（都留［1947］1949，四二―四三頁）。

ゲーテを仲介とするシュンペーターとウェブ（または都留）との対比は，われわれを興味深い推論に導く。ニーチェは同じような文脈において，ゲーテ的人間とルソー的人間とを設定し，次のように述べた。「ゲーテ的人間は高次の様式における静観的人間であり」，「ルソー的人間が身を委ねたあの危険な興奮の治療薬であり鎮静剤である。」（ニーチェ 1993，二七七―二七八頁）シュンペーターは、まさにこの意味で高次元のゲーテ的人間であったと言えるのではないか。

もう一つ、都留がシュンペーターにおける傍観主義と並んでこだわりを見せたレトリックへの批判についても、別の見方が可能である。たしかに、近代科学の実証主義の下で、レトリックはエピステーメとは異なるドクサとして位置づけられてきた。しかし、実証主義の支配から解放された今日、科学にとって前理論的活動としてのヴィジョンの役割は明白である。そしてヴィジョンを伝達する方法としてのレトリックの役割は否定されるべきではない。レトリックは、都留の言うように、単なる装飾や、問題を回避する便法ではなく、生活世界から理論世界に向けて問題を提起し構想する前向きの活動である。シュンペーターはその点であまりにも抜きんでていたのである（塩野谷1998）。

もしわれわれがシュンペーターにおけるドイツ・ロマン主義の要素を確認することができるならば、彼が愛好したレトリックやパラドックスは、現実問題との取り組みを回避する狡猾な手段であるどころか、新しい形の問題設定を促す想像力に富んだ認識論的な方法というべきである。彼の業績の特徴的な内容は、新しい知の構築のための言わばロマン的イロニーの実践であって、文学的知との動態的な統合という観点から評価することができるであろう（塩野谷2009）。

七

都留は、主流派ないし数理派経済学を超えた分野において、国際的に活躍した最初の日本の経済学者と言ってよいであろう。彼は一方で、政治経済学へのマルクス的接近方法を取り、他方で、心情的に生活の質についてのラスキン的思想を内実とする「科学的ヒューマニズム」を追求した。古今東西の思想家の中で、都留が傾倒と帰依を明らかにしたのは、この二人以外にはなかった。

本稿は、都留とシュンペーターとのかかわりを問う目的で書かれたが、期せずして、両者の関心がマルクスとラスキンを介して微妙に相反することを示した。シュンペーターはマルクスに対しては意識的に共感しながらも、理論的に離れ、ラスキンに対しては理論的に反発しながらも、意識的に共感した。シュンペーター特有の逆説を基礎づける哲学的文脈においては、彼のヴィジョンは両者のそれぞれと比較可能なものであった。そうだとすれば、シュンペーターに対してアンビバレントな立場を取った都留の思想もまた、この文脈の中に置かれるべきであろう。この文脈は、主流派経済学のパラダイムに代わるものを探求する異端のヴィジョンと理論を包摂する場であって、そこでは、都留とシュンペーター、マルクスとラスキンを含むすべての異端派の多様な関係を位置づけることが課題となろう。ここでは示唆するにとどめざるをえないが、この文脈は、主流派を支えてきた科学哲学とは異なる解釈学が妥当する文脈である。都留とシュンペーターというテーマは、経済学史研究にとって解釈学の文脈が有効であることの証左を与えている。

都留の人生と学問は本稿が扱った側面に尽きるものではないが、彼のシュンペーターとの出会いは彼の学問の本質的な部分にかかわっていたと言えるのではないか。

〔注〕

（1） 都留（1949, 1952）。都留は一九五二年に発表した都留論文の英語版を、日本学術会議刊行の Economic Series No. 8, *Essays on Marxian Economics*, February 1956 において初めて印刷に付したと、繰り返し書いているが、それは思い違いである。Tsuru（1991, p. 289; 2000, p. 683）、都留（2001, 一七一―一七二頁）。

（2） エッカーマン（[1836] 1961, 三六二頁）。都留（[1947] 1949, 四二―四三頁）に引用。

〔参照文献〕

Baumol, W. J.（1951）, *Economic Dynamics: An Introduction*, New York: Macmillan.

エッカーマン（[1836] 1961）伊藤武雄訳「ゲーテとの対話抄」『ゲーテ全集』第11巻、人文書院。

Harvard Crimson（1944）, "Professor Schumpeter, Austrian Minister, Now Teaching Economic Theory Here," April 11.

Marx, Karl（[1894] 1909）, *Capital*, Vol. III, Kerr edition.

ニーチェ（[1873-76] 1993）小倉志祥訳『反時代的考察』ちくま学術文庫。

Ruskin, John（[1862] 1997）, *Unto This Last and Other Writings*, Penguin Books.

Schumpeter, J. A.（1912）, *Theorie der wirtschaftlichen Entwicklung*, Leipzig: Duncker & Humblot.

Schumpeter, J. A.（1939）, *Business Cycles: A Theoretical, Historical, and Statistical Analysis of the Capitalist Process*, 2 vols, New York: McGraw-Hill.

Schumpeter, J. A.（1942）, *Capitalism, Socialism and Democracy*, New York: Harper & Brothers.

Schumpeter, J. A.（1946）, "Capitalism," *Encyclopaedia Britannica*, Vol. IV.

Schumpeter, J. A.（1950）, *Capitalism, Socialism and Democracy*, 3rd ed., New York: Harper & Brothers.

Schumpeter, J. A.（1954）, *History of Economic Analysis*, New York: Oxford University Press.

塩野谷祐一（1995）『シュンペーター的思考――総合的社会科学の構想』東洋経済新報社。

塩野谷祐一（1998）『シュンペーターの経済観――レトリックの経済学』岩波書店。

塩野谷祐一（2009）『経済哲学原理――解釈学的接近』東京大学出版会。

Tsuru, Shigeto（1940）, *Development of Capitalism and Business Cycles in Japan 1868–1897*, Ph.D. Thesis, Harvard University, 一橋大学経済研究所所蔵。

Tsuru, Shigeto（1941）, "Economic Fluctuations in Japan, 1868–1893," *Review of Economic Statistics*, Vol. 23, No. 4, November.

都留重人（1947）「その後のシュンペーター」『世界』五月（『アメリカ経済学の旅』理想社、一九四九年に所収）。

都留重人（1949）「シュンペーターとマルクス――景気循環と資本主義」『アメリカ経済学の旅』理想社（『都留重人著作集』第2巻、講談社、一九七五年に所収）。

Tsuru, Shigeto（1952）, "Business Cycle and Capitalism: Schumpeter vs. Marx," *Annals of the Hitotsubashi Academy*, Vol. II, No. 2, April（Wood（ed.）（1991）に所収）。

都留重人（1956）「シュンペーター」岸本誠二郎・都留重人監修『講座近代経済学批判』第一巻、東洋経済新報社（『都留重人著作集』第2巻、講談社、一九七五年に所収）。

都留重人（1964）「シュンペーター――学派を越えた非凡の教師」『近代経済学の群像――人と学説』日本経済新聞社。

都留重人（1982）『マルクス』人類の知的遺産50、講談社。
都留重人（1985）『現代経済学の群像』岩波書店。
Tsuru, Shigeto（1991）, "Scientific Humanism as an Ideal," in Michael Szenberg（ed.）, *Eminent Economists: Their Life Philosophies*, Cambridge: Cambridge University Press（邦訳は『科学的ヒューマニズムを求めて』新日本出版社、一九九八年に所収）。
Tsuru, Shigeto（1993）, *Institutional Economics Revisited*, Raffaele Mattioli Lectures, Cambridge: Cambridge University Press（中村達也・永井進・渡会勝義訳『制度派経済学の再検討』岩波書店、一九九九年）。
Tsuru, Shigeto（1994）, "If Schumpeter Were Alive Today," in Yuichi Shionoya and Mark Perlman（eds.）, *Schumpeter in the History of Ideas*, Ann Arbor: University of Michigan Press.
都留重人（1998）「ビクトリア朝時代についての一経済学者の反省――ラスキンの政治経済学上の貢献について」『科学的ヒューマニズムを求めて』新日本出版社。
Tsuru, Shigeto（2000）, "Shigeto Tsuru," in Philip Arestis and Malcolm Sawyer（eds.）, *A Biographical Dictionary of Dissenting Economists*, 2nd ed., Cheltenham: Edward Elgar.
都留重人（2001）『都留重人自伝・いくつもの岐路を回顧して』岩波書店。
都留重人（2006）『市場には心がない』岩波書店。
Wood, John C.（ed.）（1991）, *Joseph A. Schumpeter: Critical Assessments*, Vol. I, London: Routledge.

国民所得再考*——なぜ、「それでもGDP系列」か

尾高煌之助

一　国民所得と経済厚生

国民所得とは、その字の表わすとおり、一国の人民が手にする年間の収入である。その値は、年間に国内であらたに付け加えられた価値総額（国内総生産（GDP、gross domestic product））に海外からの純所得を加算し、減価償却を差引いて求められる。

国民所得の源泉である国内総生産（GDP）という言葉が新聞や経済誌に登場しない日はいまや稀である。これほどの使用頻度のゆえんは、世界各国が、大も小も、きまった共通ルールに従って毎年その値を公表するので、経済の動向の指標や国民所得の代理変数として、手軽で信ずるに足ると認められているからであろう。信頼度も比較的高いと万人に認められた（信じられている）ため

ともいえよう。

単一の尺度で表わされた値は、潜在的にもまた顕在的にも順位をもつ。国民所得は、家計所得と同様、多ければ多いほど好ましいと考えられよう。逆に、その低位は、物質的貧困への接近を意味し、政府による生活支援や（事情によっては）国際援助の発動を必要と見做されるかもしれない。しかも近年は、各国の通貨を世界共通の価値単位で表わす方法があるので、[3]国民所得の源泉であるＧＤＰの値はただちに国際比較に供される。ＧＤＰの値を居住人口で除した数値は、しばしば、その国のおおよその豊かさに対応するとみなされる。それゆえ、ＧＤＰの額の大小は、国威の高低の代理変数ともなる。

こうしてＧＤＰの統計は、ごく自然に価値判断と結びつく。この事実は、マクロの経済政策が積極的に立案され実行され、しかも国際間で政策の協調がはかられる状況とも関連がある。政策変数が客観化（数値化）されていることがこの種の協議には不可欠だからである。[4]

しかし、都留先生は、以上のようなナイーヴな解釈を斥けられる。なぜなら、先生によれば、国内総生産（ＧＤＰ）を、経済分析のツールとしてならともかく、福祉の指標や国際機関の資金配分政策の手段として使うのは不適切だからである。

都留先生の批判の内容は、（１）ＧＤＰは市場取引を前提とした概念だが、現実の経済活動にはこの前提からはみ出たものが少なくない、（２）社会的には負の貢献の活動でも、市場取引を介するならすべてプラスに勘定される、しかも、（３）経済活動の実態やその社会的評価は、社会制度や慣行（都留先生の用語では「体制的性格」）に影響されるところが大きい、の三点に要約される。[5]

GDPは、市場が完全に機能しているとの前提の下で、一定期間中（通常、一年間）に一国内で生み出された商品・サービスの市場評価総額から重複計算部分を除いた残額（付加価値総額）である。(6) ところが、実際には不完全な情報を補って販売を促進するための費用（広告）、土地ころがしによって（新たな財・サービスは生まないのに）膨らんだ不動産収入、寡占や独占による価格下方硬直性が生む（完全競争下だったら実現しない）過剰な利潤などは、すべて、社会的厚生の増大とは直結しないにもかかわらずGDPを増加させる。これらは、批判（1）の例である。

次に、戦後早い時期から先生が指摘されたように、経済生活が充実すれば、ゴミや廃棄物の排出量も必然的に増加する。交換経済では、それらを処理するのに費用がかかるのは当然である。それらの不要物を除去するために使われる（いわば後向きの）財・サービスにも、プラスの値段がついてGDPに計上される。つまり、ゴミや公害が発生したことでGDPはむしろ増大する。だから、GDPの大小は、国の経済厚生の高低とは必ずしも対応しない。これが問題点（2）の典型例である。(7) 要するに、成長の成果は、付加価値から公害のマイナス分を差し引いた「ネット」の値で測らねばならないのだ。しかしこれは簡単な作業ではないから、GDPの概念は依然として広く使われ続けている。

最後にもうひとつ、ひとが働いたとき雇用労働としてならGDPに計上されるが、同じ仕事を自前で遂行したとき（たとえば主婦の家事労働）はカウントされない（この場合には、（1）や（2）とは違ってGDPが過少評価される）のは「不合理」だ、というのが批判（3）の一例である。

こういうわけで、都留先生は、GDPは、これら（1）〜（3）の諸問題が比較的軽微な経済発展のごく初期ならばともかく、[8] 経済発展が始動したあとの段階で（たとえば、二〇世紀後半の欧米諸国や日本で）これを福祉や経済厚生の指標として使うことは出来ない、と主張される。物価の国際間格差や異時点間の変動、貨幣単位の違いなどを考慮すればGDPの単純な比較にはもともと限界があるけれども、都留先生の批判は、それ以前の、GDPの基本概念に対して向けられたものである（同様の事情は、観察対象をアジア諸国に限ったときにも――一時期の中国を例外として――発見される）。ちなみに世界銀行は、独自の福祉指標を開発して、とりわけ（未だに統計制度の不備が多い）低開発諸国を対象に、実態調査にもとづく客観データの収集に努力を払っている。[9]

二　経済制度によって変わる市場価格の役割

経済価値がどう実現するかは、経済システムのありよう（体制）と深く関係している。たとえば、所有権や仕事の責任は、労働意欲の実現と深くかかわる。財産の私有が認められないところでは人はその増殖に強い意欲をもたないだろうし、仕事の企画・遂行に大幅な執行権威を任された人は、執行権のない人に比べて、報酬は同額でもよりも多くのエネルギーを仕事に投入するだろう。

都留先生はこの点に注目して、「素材面」（実質、あるいはリアル）と「価値面」（名目、あるいはノミナル）との二つの側面を区別して考えよと強調される。前者は物理的・即物的（技術的）な側面であるからそれ自体としては経済体制から独立であるのに対して、後者、すなわち市場価値（つまり価格）の形成とその役割とは、経済体制と深い関係をもつ。ところがこの両側面は、互いに関わりあうことが少なくない。たとえばマクロの生産函数は、投入要素と生産物との間の価値関係の表現であって、両者間の物的な生産関係そのものでないことは明白である。価値関係の表現である以上、それがもつ経済的意味は、価格を決定する市場、ならびに市場を取り巻く制度的条件に左右される。言い換えれば、市場の制度的条件を抜きにしては、マクロ生産函数の測定結果を正しく解釈することは出来ない。だから、技術革新のような、あたかも純粋に工学的な計測のようにみえる事象でも、経済体制と無関係ではない。科学・技術の発展は、相当額の社会的ならびに私的費用を投じた結果なのであるから、ソロー（Robert M. Solow）による[10]、技術の発展があたかも天から降ってきたかのような「中立的」技術進歩を含む生産函数の定式化は[11]、現代の資本主義社会の実態を適切に叙述していないというのが先生の批判であった。

この点に関連して、都留先生は、現代経済学には体制的な視点がないので、（とくに、集計量を扱うときには）議論が「薄っぺらで」面白くない、との不満を洩らされる。マルクス経済学なら、資本主義体制の下で資本家と労働者とはそれぞれの経済行動様式が異なることを明瞭に考慮した「重層的な」社会経済モデルが構想されるのだが、ケインズ経済学で扱われるマクロ経済集計量は、そのような数値の社会的背景への配慮をまったく欠いた、いわば「一重の」（薄っぺらな）ものにすぎない、というのだ[12]。これは、集計の狙いの差（または問題意識の差）から生ずることで、その意味では当然の結果である。

三　GDPを超えて

評価や比較には、その対象や方法いかんにかかわらず、いつでも無理が伴う。評価するとは、多種多様な要素から構成される現実を、あらかじめ決められた特定の物差しで測ることにほかならない。それは、多次元のヴェクトルを単一のスカラーに還元しようとする試みにも似て、元来、不可能に近い。それにもかかわらず敢えて評価（比較）する場合には、その限界に注意しながら謙虚にやるほかはない。GDPもその例外ではない[13]。

仮に、GDPは生活水準の概念から距離があるとして、それに代えて実質消費水準を尺度としたとしても、問題は解消しない。消費支出が増えれば福祉（生活水準）が上昇するとは必ずしもいえないからだ。たとえば、同量・同質の生活必需品に対する支出なら、額が少ない方がいい。窃盗を防ぐための出費なども、なくてすむ方がいいにきまっている[14]。

もっとも、もし経済開発とともに発生する福祉のマイナス面（social bads）の量とそれに対処するための費用（の対GDP比率）が、どの地域あるいはどの時代でもほぼ同一だと仮定してよいとするなら、（一人あたり実質）GNPをもって福祉の代理指標として使うことも許されるかもしれない。もちろんこれはきわめて大胆な仮定だし、それがおおまかにでも許されるという保証はない。

都留先生が提起された以上の「難問」に対処するには、消費支出項目のひとつひとつについて（あるいは、GDPであれば、生産品目一点一点ごとに）プラス面とマイナス面とを計上して選別・分類せねばならない。これは綿密で、しかも価値判断が必要な作業を要請する。それだけではなく、実際にはプラス面とマイナス面とが複雑に絡み合う場合もあるから、それを切り抜けて計算するためには恣意的な判断を下さねばならぬことも多かろう。

都留先生によれば、適切な生活水準指標を開発する（すなわち、GDP概念の難点に対処する）根本的解法は、アーヴィング・フィッシャー（Irving Fisher）の主張に立ち帰ることである。フィッシャーの考えによれば、生活水準が上昇するとは、一定期間中に消費または投資に使えるモノ・サービスの合計額が、有形無形の（自然環境や人的資本を含む）社会資産を減らすことなしに増加する状態をいう。いいかえれば、フローの側面だけではなく、ストックの側面に配慮しながら定義すればよい[15]。このように定義すれば、GDP概念や消費概念に存在するプラスの要素とマイナスの要素とのまぜこぜが回避出来る。いいかえれば、フィッシャーは、資産の視座を前面に押し出すことによって「生活水準」の内容を明確にとらえているのである。それゆえ、フロー概念による測定を是とし、国民所得概念を厚生指標として使う立場をとったピグー（A. C. Pigou）も、「長期にわたって、ある社会の経済的福祉の変遷を客観的に比較計量しようとする場合」には、フィッシャーの主張に理があることを認めたという（『所得と福祉』、二六一―二六二頁[16]）。

フィッシャー流に、資産を中心に生活水準を測定する方法の一例として、都留先生は、住宅サービスの質の測定を挙げておられる[17]。それによれば、住居のストックの構造的特質（建築材料および様式、延床面積、建築年、光熱設備、上・下水道、風呂・便所施設、等々）を所与としたうえで、住宅サービスの内容（すなわち、居住の快適度、自然環境条件、日用品・サービス・交通手段の供給等による居住の便宜性、医療・教育等の社会施設ならびに職場への至近性、等々）を数え上げることによってその「質」が明らかになる。もっとも、ここで数え上げられる諸要因は、それぞれが異なる次元での条件を規定するものであるから、これらを単一の尺度で総合的に表現（合算）することは（一般的に言えば）難しい。しかし、もし不動産市場が的確に機能している場合には、これらの諸条件は、当該住宅の賃貸料に反映されるはずであるから、その限りにおいて（つまり、その市場情報が信頼できるならば）貨幣価値によって表現することが出来る。それゆえ、特定の時期および地域ごとに、住宅ストックが提供する住居サービスの質に貨幣的表現を与えることによって、地域間あるいは時代間（またはその双方）の水準の異同を測定することが可能だという。

だが、そうは云っても、ストックの面を考慮して生活水準（福祉）を測定するのは、——理論的にはもちろん可能であるが——大きな困難がある。一つには、日本の国富調査は一九七〇年以来久しく実施されておらず、またこれを実施するとすれば莫大な費用がかかる。二つには、自然環境や人的資本を含めて、有形無形の資産価値をどう測るかという測定上の技術的難問がある。三つには、測定をする際には、ストックについても（フローと同様）その判定に価値判断を伴うので、数値の評価にあたって「体制的側面」から生ずる価値判断から完全に中立的ではあり得ない。異時点間や国際間の比較にも難点がある。

一九七〇年代以降の都留先生は、学術雑誌『公害研究』の創刊（一九七一年）と、それに連なる実地調査とその結果の分析と公表、および公害対策をめぐる政策提言などに努力を傾注された。[18] これは、ご自身の国民所得（GDP）の概念批判に対して、きわめて直裁に解答を得る方法でもあった。それはGDP概念の革新に直接寄与するものではもちろんなかったけれども、その後の四半世紀、政府・民間の社会意識を変えるのにおおいに貢献したと思う。

四　長期GDP系列の推計と都留先生

ところで、ここに都留先生のGDP批判をめぐって興味深い二つの事実がある。そのひとつは、先生のGDP批判の論点が、第二次大戦中に公刊された論文、「「国民所得」概念への反省」（『一橋論叢』一二巻六号、一九四三年一二月、二二一―四一頁）以降、一貫して不変だったことである。[19] [20] さきに記したGDP概念の問題点（1）、つまりGDPが市場価値を体現しない取引も含む事実に関しては、この論文は次のようにいう。すなわち、「非交換経済的分野として……近時その重要性を増してきてゐるのは政府経済乃至公経済の分野」（三六頁、著作集版一一八頁）なのだが、

「本来の政府活動は交換経済論理の補外的適用によつて捕捉され得るものではなく、交換経済そのものゝ成立・存続を支へるとか、交換経済の必然的帰結を補正するとか、之を要するに、交換経済の論理を超えてその外に存在する範疇である。」（三七頁、著作集版一一一頁）

にもかかわらず、クズネッツなどの国民経済計算では、

「……政府を一つの特定の用益を売る会社の如く考へ、各個人が払ふ税金は各個人が政府から個人として受ける用益（quo）に対する代償（quid）と考へ、各私営企業が支払ふ税金は各企業が政府から企業として享受する用益に対する代償と考へ、かゝる「交換」が各経済主任の自由

なる選択取捨に委ねられてゐないといふ批判に対しては、不満に堪へ兼ねる者は他国に籍を移すこともできると答へ、累進税のごときquid pro quo原則の背反があるではないかといふ批判に対しては、医療代の如きものにも同様の現象が見られると答へてゐる……」（三六―三七頁、著作集版一一八―一一九頁）

のは、「明らかに問題の回避であつて解決ではない。」（三七頁、著作集版一一九頁）

また問題点（2）、すなわちマイナスの使用価値でもプラスに計上される点については、

「……交換の本質は等価物の相互委譲である。……だから、阿片は有害と分かつてゐても、市場における価値といふ面から見れば、米の価値と同列に立つ。……使用価値の体系はまさに多次元のヒエラルキイとして表象されるのであるが、交換経済の枠にはめられた時には、そのヒエラルキイが一平面に投影され、単一の評価即ち単一の計測単位を与へられるのである。……計測の単位が交換経済的に規定されてはじめて「国民所得」は量的概念par excellenceとなつてゐるのである。」（二五―二六頁、著作集版一〇八―一〇九頁）

そして問題点（3）、すなわち素材面と体制面との拮抗に関しては、

「……市場における投票権を与へる規準が必ずしも有用性といふ使用価値的契機ではなくて貨幣的需要の存在といふ価値的契機であるからには、それは明らかに歴史的な又社会的な規定を受けざるを得ないのであつて、そこに所謂「所得の介入」interference of incomeといふ現象が発生するのである[21]。……例へば米国における弁護士が平穏な水面にわざわざ波を立てゝ二人のものを対立させ、かくして弁護士業への社会的需要を発生せしめるが如き場合を指してゐ

る。」（二八―二九頁、著作集版一一一頁）

あるいはまた、

「「負の効用」としてなされる労働の所産は国民所得の中に数へるが、趣味として目的的になされる労働の所産は数へないと云ふが如き区別は極めて条件的なものと云はなければならない……。」（三〇―三一頁、著作集版一一三―一一四頁）

これらの文章は、表現は難渋だが、内容的には（たとえば）『所得と福祉』での説明とまったく同じである。(22)

さて、興味深い第二の点は、都留先生が、一橋大学経済研究所における長期マクロ経済統計の推計作業のきっかけを作る張本人でもあられた事実である。先生が遺され、一橋大学経済研究所資料室に保管された書簡ファイルのなかには、サイモン・クズネッツが自らタイプライターに向かって記した一九五〇年一〇月二四日付の書簡があり（ファイルT-⑤-2／1）、そこには、一九五一年八月にパリの郊外で所得と富学会（The Association of Income and Wealth）の会議が予定されており、この会議では数ヵ国の経済成長の実績を国民所得と国富の（互いに比較可能な概念枠組みによる）推計結果を討議する予定であり、その対象国には日本も含めたい、ついては先生あるいは適当な他の日本の経済学者がこの役にあたってはくれまいかとの要請が述べられている。これに対して先生は、ご自身がこの研究のまとめ役にあたる意思があること、またその協力者は高橋長太郎、大川一司、ならびに山田勇の三教授であるとの返事を一九五〇年一二月二一日付で出され（ファイルT-⑤-2／2）、その後自らも論文執筆に参加して、最終的には都留・大川の連名で学会報告をしておら

1966年9月、大川一司（左から4人目）とS.クズネッツ（右から4人目）

れる。[23] 報告の要旨は、第二次大戦前の日本を対象として試みられた複数の国民所得推計を紹介するとともに、そこに発見される推計上の問題点をいくつか指摘して、それらの改善を施そうするところにあった。[24]

その後もしばらくは、都留・大川の連携プレイは続いた。一橋大学経済研究所が旧制の東京商科大学で担当した最後の「セミナール講義」は、その後本格的な国民所得推計に携わった同研究所員が協力して開講され、その成果は一冊の書物（『日本経済の分析』第一巻、勁草書房、一九五三年）にまとめられた。[25] この講義記録のなかで連携プレイの協力者、大川教授は、都留先生の国民所得概念批判を受容することを言明しておられる。すなわち、

「国民所得系列の変動は何といっても長い間、国民的福祉ないし厚生の指標として観察されてきた。しかし……いろいろな制限条件（分

配の不変、選択尺度の不変といったような）を附けて解釈するごく抽象的な場合に限つて、それは厚生なり福祉なりの指標になりうる……。／……われわれの問題はかなりの動態的長期にわたるものであるから、厚生の増大というような観点から実質国民所得系列を意味づけるということは断念しなければならない。……」（同上書、三四―三五頁）[26]

一方都留先生は、この書物のなかでは、GDP概念にまつわる問題点には一切触れておられない。先生は、GDPを「分析用具」として使うのは敢えて反対されず、ただこれらの概念に厚生的含意をもたせて安易に解釈する危険を強く戒められたのであった。

五 史的分析用具としてのGDP

筆者は、都留先生の国民所得概念批判を受け容れるのにやぶさかでない。だがこれは、GDP統計を無用とすることを意味しない。以下では、筆者がGDPの長期時系列推計を必要とする理由を述べよう。

現代経済学は、GDPを単なる分析用具として扱う。いいかえれば、GDPの値は、市場取引を前提とした年間の生産活動の総括（一定のきまりに従った合算値）と割り切り、福祉や経済厚生の水準と単純に結び付けない。この意味では、都留先生の批判の視座はひろく共有されていると言ってよい。

GDP測定に際しては、多くの多様な経済情報が標準的、体系的、かつ系統的に整備されるので、経済社会の全般的な（マクロの）健康診断や処方箋作成のための道具函として役立つ。経済変化の人間生活に対する影響の分析に関心がある場合には、ＧＤＰの構成要素に立ち入って、個別の産業や商品・サービスの動向（供給量、付加価値率、生産条件、生産地、流通経路と経費、単価、品質等々）や、生産要素の動向など、計測のために規則正しく集められた統計情報を観察・吟味することが出来る。

ＧＤＰとその支出別数値であるＧＤＥ（gross domestic expenditure）の時系列推計とを長期の期間にわたって実行するのは、比較経済史（または比較経済発展論）にとって貴重である（いまや不可欠と言ってもいい）[27]。その成果は、標準化された概念体系に則ってマクロの経済勘定体系を（国民経済単位で）総合し、金融取引、国際収支、投入・算出表などと連動する形でまとめられる。その主な内容には、

人口と労働力、

生産ないし付加価値額（製品、原材料、生産要素）、

支出額（消費、投資、政府支出・歳入、輸出入）、

諸物価（物価、賃金、利子、為替相場）、

金融統計（通貨残高、預金残高、国際収支）

などを含む[28]。これらのマクロ時系列の推計過程では、出来るだけ細目の生産品目や支出品目にまで降りて統計数値を収集するのが望ましい。出来るだけ生産や支出の実態に迫る情報を積み上げるのが好ましいと考えるからである。

もちろん、これらの推計の過程と結果とには問題もたくさんある。そもそも、「国民経済」単位を採用するのが適切かどうかを疑問とする向きもあるだろう。この疑問を脇におくとしても、データをマクロにまとめるためには価格表示による集計（aggregation）が必要だし、実質系列を作成するために価格指数の利用が不可欠だがその計算にはいわゆる「指数問題」が不可避であるし[29]、また計画経済圏のデータに固有の三大難点がある[30]、など。

さらに、計測を開始した後には、

（1）旧項目（商品など）が消滅し、新項目が登場する、同一項目内で品質が変化したり多様化するなど、項目の連続性が保障されない[31]、

（2）職業、産業、地域など、さまざまな分類基準に時折変更が施される、

（3）地理的境界（とくに国境）が変化することがある、

等の個別事情に適切な対応が求められる。

もし推計の前提としてこれらの難題の解決が求められるのであれば、マクロ時系列の作成は断念せざるを得ない。だが他方、データの観察なしには歴史分析は進まない。データに照らして、一定の物差しによる整理・統合を試みると同時に、利用者自身が自らの必要と判断とによってデータの再吟味や再集計を多面的に実行することこそが望ましい。敢えて言えば、一つの尺度で押し通すことによって発生するさまざまな難点や問題に注目しその理由を追及するところにも、近現代経済史や比較経済発展論の独自の課題と比較優位点とが発見される。

以上の理解のもとに、筆者は、広域アジアのGDP時系列を推計・整備することによって、それ

が経済の実態の動きを反映してくれることを期待し、ついでその動きを解釈する知的営みを介して、現在と将来をともに生きるための共有の参考資料としたい。限定条件つきではあっても、この課題に挑戦する意義は十分にある。これが、都留先生の批判を受け容れつつも、依然として「それでもＧＤＰ長期系列」にこだわる理由である。

〔注〕

＊ 都留重人先生の講義ノート、交換書簡記録等の閲覧については、藤井裕子さん（一橋大学経済研究所資料室）のお世話になった。記して謝意を表する。

（1） Gross とは、減価償却（depreciation）こみという意味である。だからＧＤＰは、厳密には、粗、国内生産と訳すのが正しい。

一九七〇年代までは、ＧＤＰではなく、ＧＤＰに海外からの純所得を加えた値、すなわち国民総生産（ＧＮＰ、gross national product）の概念を使うことが多かった。また米国の経済学教科書などでは、一年間の経済活動の成果を表現する際には、ＧＮＰよりも当年の国民所得とは直接関係のない減価償却（depreciation）引当分をＧＮＰから差引いた値、すなわち国民純生産（ＮＮＰ、net national product）を利用する方がよいと議論された。しかしその後、国際的には、概念の整合性を尊重する立場から、ＧＮＰではなくＧＤＰを使用するのが一般的になった。さらに、減価償却費の推計には精確な資料が不足したり恣意性が伴うなどの困難があるためでもあろう、最近では減価償却込みの数値（つまり、ＮＤＰではなくＧＤＰ）を利用するのが通例である。

この事情があるので、以下では、原著者がＧＮＰ（またはＮＮＰ）と述べている場合も、（直接引用する場合を除き）ＧＤＰ（またはＮＤＰ）と読み替えることにする。
（2）市場価格表示の場合。さらに間接税を差し引き補助金を加算すると、要素費用表示の国民所得になる。
（3）共通の価値単位は、その計算方法の開発者、Roy C. Geary と Salem Hanna Khamis とに敬意を表して、ＧＫドルと呼ばれる。その計算結果は、世界銀行の年次報告書に記載されている。
（4）このような状態が生まれたのも、そのもとをただせば、ケインズ（John M. Keynes）によってマクロ経済政策の有効性と必要性とが強調された思想的飛躍（ケインズ革命）に行き着く。
（5）都留重人『所得と福祉』（読売新聞社、一九七〇年）第4—6章。ＧＤＰ概念に対する都留先生の批判には、これらのほかに、第四点がある。すなわち、市場経済の下では消費者が商取引の最終決定権をもつ（「王様」だ）とされる（これを消費者主権 consumers' sovereignty という）のだが、これも正しくないというのだ。なぜなら、経済全体の貯蓄額は、最終的には投資額いかんにも依存し、消費者が意図した貯蓄は必ずしも実現しないからである。しかし、本稿での考察は、ＧＤＰの概念そのものに直接かかわる上記の三点に限ることとする。
（6）精確には、減価償却を含む粗付加価値額の総計。
（7）軍事費を（2）の一種と考えることも出来る。サイモン・クズネッツ（Simon Kuznets）が軍事費をＧＤＰに計上しないのはこのためといえよう。
（8）都留説によれば、ＧＤＰと経済的厚生とが正の関連をもつ可能性はある。そのために満たされるべき条件は、（1）外部（不）経済の欠如、（2）消費者主権の成立、そして（3）報酬制度の有効性である（『都留重人著作集』第13巻、講談社、一九七五年、七六頁）。だが、これらの条件は競争的市場が機能した時代には満たされていたかも知れぬが、「先進」工業国においてはもはや現実ではない。

1955年5月、J. ロビンソンの一橋大学での講義

たとえば、労働の報酬額を労働時間と関係づけて決める意味はどんどん薄れてきたとされる（同上、七七―七九頁）。

なお、これとは逆に、国際的な連携や情報伝播などの結果、経済成長を介することなく福祉水準が改善する場合もある。最近のケニー氏の研究によると、福祉指標のひとつとしての平均余命の値は、国の貧富いかんにかかわらず国際的に収斂しているが、これと対照的に、一人当たりGDPの値はまったく収斂していない。このケースでは、GDPと国民的福祉との関係は負の方向に変化したわけである（C. Kenny, "What's not converging? East Asia's relative performance in income, health, and education," *Asian economic policy review*, Vol.3, Issue 1 (June, 2008), pp.19-37)。

（9）たとえば、Margaret E. Grosh and Paul Glewwe, "A guide to living standards measurement, study surveys and their data sets," Living Standards Measurement Study (LSMS) working paper no. 120, Washington, D.C.: The World

Bank, 1995など。この類の努力を払うのは、開発支援の判断基準などに実務上の必要があるからであろう。

（10） Robert M. Solow, "Technical change and the aggregate production function," *The review of economics and statistics*, vol. XXXIX, no. 3（August 1957).

（11） たとえば、一九六六年度「国民所得」（大学院）講義ノート（一橋大学経済研究所資料室蔵・都留資料、ファイルT⑤-11／1）、三四—六三頁。

ちなみにこの議論は、資本財（K）の測定問題ともかかわる。同上ノートから、J・ロビンソンの議論（Joan Robinson, "The production function and the theory of capital," *Review of economic studies*, vol. 21, 1953/54）を想起させる部分を引用しよう。

「……Kの大いさとは、その大いさが分かってはじめてきまるr［資本収益率—引用者］（factor price ratioにより）により、測られるもの……。／……技術進歩があると、Kの大いさはその都度変ると云わざるをえない。技術進歩がある社会で、技術進歩にもかかわらずそれと独立にその大いさを測定しうるようなKとは、一体どのようにして計上されるものであろうか。」（四七頁）

（12） 一九六七年の学部生に対する研究所講義「再生産論」の講義ノート（一橋大学経済研究所資料室蔵・都留資料、ファイルT-⑤-11／3）によれば、「……マルクスのマクロ概念は資本主義社会に特徴的な骨組をレントゲンで透視したようなもの。そのレントゲンの透視力が「理論」を「理論」たらしめる力」（八頁）なのだが、

「これに対して、ケインズ流のマクロ概念は、すべての複雑性をそなえたままの現実を一平面に投影させた形の抽象。その平面とは：consumable sooner or laterという次元　その期間に消費者により購入されたものがC［消費—引用者］　そののこりが（どのような形のものであれ）I

［投資―引用者］」（九頁、アンダーラインを傍点に変更）

である。そこで、「マルクス的抽象との違いを一番はっきり示すのが「投資」の概念」（同ページ）であって、

「この立場からすれば次のものはいずれも同じ投資

（a）耐久生産財の生産

（b）在庫の蓄積

（c）国家財政の赤字

（d）輸出超過

このような定義の特徴

（a）highly operational　何も抜けない

（b）短期分析のため役立つ

生産力効果を無視……」（一〇頁）。

なおこの研究所講義は、故・高須賀義博一橋大学経済研究所教授との共同講義だった。

（13）現代における国民経済計算の国際的基準であるＳＮＡ（The System of National Accounts）が時折改訂に付される理由は、ひとつには、刻々変化する社会経済の要請や制度的な変更をできるだけ忠実に反映して、その時々における概念の整合性を保とうとするところにあるとみられる。しかし、そのような努力そのものが、時間を通しての数値の比較を困難にするのもまた確かである。

（14）個々の（ミクロの）家計の立場からすれば、外的環境（たとえば、空巣の頻発）を与件としたとき、それに対応するための消費支出の増加（たとえば、ドア・ロックの増設）は、その結果として居住者の安心度が増すのなら、「福祉」の増加に貢献しているという解釈もあり得よう。けれども、だ

からといって、一国全体で（すなわちマクロで）みたとき、空巣を防ぐためのドア・ロックの支出総額が多いほど好ましいとは言い難いのもまたたしかである。

（15）Irving Fisher, "What is capital?," *Economic journal*, Dec. 1896 and *ditto*, *The nature of capital and income*, New York and London: Macmillan, 1906. なお、フィッシャーのこの資本の概念は、国民経済計算でいう資本の概念（再生産可能な、生産のための耐久資本財またはそれを購入するための資金）よりはるかに広い。

（16）A. C. Pigou, *The economics of welfare*, London: Macmillan, 1932, p. 36.

（17）"In place of GNP,"『都留重人著作集』第13巻、九一―九三頁。（なお、この論文の邦文版は、都留『公害の政治経済学』（岩波書店、一九七二年）に収められている。）

（18）ご自身も、早い時期に『公害の政治経済学』（前掲）をまとめられ、それをテキストに東大経済学部で講義された年もあった。

（19）『都留重人著作集』第2巻（講談社、一九七五年）、一〇五―一二六頁に再録。

（20）都留先生は、戦時中にアメリカから帰還されてから一時期、東京商科大学付置の東亜経済研究所（現在の一橋大学経済研究所）研究員を勤められた。同研究所の『研究計画　昭和十九年一月』（謄写刷）には、一九四三年末現在における先生の「研究ノ課題及ビ予定」として、以下の記述がある。

「一．一般的課題　米国ニ於ケル政府ノ経済生活ヘノ参与、特ニ公信用ノ問題

一．本年下半期ノ研究発表

（一）「国民所得ノ概念ト財政支出」世界経済調査会別刷　六月末

（二）〔一九四二年ノ米国経済〕国際経済研究　八月号

（三）「総括的ニ見タル米国生産力ノ限界」総力戦研究所米国経済力研究第二輯

（四）「戦争経済力測定ノ一方法」経済政策学会ニテ発表　十一月
（五）「〝ニューディール〟外政々策」外交評論　十二月号
（六）「一九四三年上半期ノ米国戦時経済」世界経済調査会別刷　十二月
（七）「『国民所得』概念ヘノ反省」一橋論双　十二月号
一・研究予定
主トシテ米国ニ於ける公信用ノ歴史ニ関スル研究ヲ続ケル（一年以内ニ一応マトメ上ゲル予定）カタハラ、戦時下ノ要請ニ応ジ米国経済戦力ノ検討モ併セ行フ予定。」
ロシア革命以降、計画経済（したがってマクロ経済）に対する関心は国際的に高かったし、当時の日本政府も国力の測定には関心があったはずであるから、東亜経済研究所内部でも国民所得測定をめぐる議論が交わされ、しかもその議論が戦争後も継続していた可能性がある（注（24）をも参照）。
（21）「所得の介入」とはシュンペーター（J. A. Schumpeter）の表現で、「国家的見地からすれば無用乃至は有害と見なされ得るやうなサーヴィスに対しても貨幣的需要を」生む行為と説明されている（二九頁、著作集版一一一―一一二頁）。
（22）『一橋論叢』掲載の論攷では、以上の他に、生産と分配（あるいは支出）とは等価にならないという問題が指摘されている。たとえば、「自己所有家屋は建築され購入されたときに支払はれ一つの消費（消費財購入）を構成する。併し消費行為そのものはそれから先数十年にも亘るわけであるから、実質的に考へる場合には、最初の購入行為を投資とみなしその後毎年の消費行為を消費とみなす」（三三―三四頁、著作集第2巻版一一七頁）わけであるが、この扱いが他の耐久消費財に及ぶとは限らぬのは不整合である、と。
（23）クズネッツは、この前年にも都留先生あてに書簡を送り（一九四九年四月七日付）、同年八月末から九月初頭にかけて英国ケンブリッジで開催される所得と富学会に先生を招待して、五百ドルまでなら旅費補助が可能だと述べている。これに対し先生は、旅費捻出が困難なので出席は出来ないこと、しかし当時の経済研究所は国民所得研究にも力点を置く決定をしたこと、を伝えられた（一九四九年六月三〇日付）。

(24) Shigeto Tsuru and Kazushi Ohkawa, "Long-term changes in the national product of Japan since 1878," in International Association for Research in Income and Wealth, *Income and wealth*, series III, edited by Milton Gilbert, Cambridge, Ma.: Bowes & Bowes, 1953, pp. 19-44.

なお、この論文刊行後一世代以上を経てから、一橋大学経済研究所員らは、明治から第二次大戦開始までのGNP時系列統計全一四巻を編纂・公刊した（大川一司・篠原三代平・梅村又司監修『長期経済統計』、通称LTES、東洋経済新報社、一九六五―八八年）が、その「編集者のことば」（iii頁）を見ると、同書編纂の作業が開始されたのは一九五一年だったとある。この編纂事業のそもそものきっかけが、上に引用したクズネッツの書簡だったのは確かである（大川一司・高松信清・山本有造共著による同シリーズ1『国民所得』、一九七四年、一頁をも参照）。

(25) 国民所得推計の重要な先行業績、故・山田雄三氏（一橋大学名誉教授）の『日本国民所得推計資料』（東洋経済新報社、初版一九五一年）が（注（24）に記載の）都留・大川論文の重要な一つの礎を形成した事実は、とくに留意する必要がある。

なお、一九四四年から敗戦直後にかけて東亜経済研究所の調査員だった（したがって都留先生とも面識があったはずの）故・佐々生《ささお》信夫氏のノート（同所資料室蔵）には、一九四五年の秋から冬にかけて、日本の国民所得をめぐる研究会報告筆記（および関連する読書記録）と思しきものが含まれ、そのなかには、「11月20日　山田教授報告」との文字も見える。ただし、これが上記の山田雄三氏を指すのか、あるいは当時同研究所スタッフだった故・山田勇教授を指すものかは定かでない。

ちなみに、故・山田勇教授によれば、敗戦後、都留先生が新生の一橋大学経済研究所の所員を集め始められた際、「小生が単独で推薦したのは物価庁から大川一司氏」だったという（同氏「経済学と私」、故山田勇先生追想文集編集委員会『理論と計量に徹して、山田勇先生追想文集』（非売品）所収、論創社、一九八七年、五六頁）。

なお同書第二巻（一九五五年刊行）は、「セミナール講義」を収録したものではない。

（26）同じ趣旨は、前掲（注（24））の大川・高松・山本共著『国民所得』（四頁）にも繰り返されている。

（27）随分古くから経済集計量が語られることはあった。とくに英国では、ウィリアム・ペティ（William Petty）が政治算術の名をもって国民所得の値を計算したのはよく知られている。その後も、グレゴリー・キング（Gregory King）による仔細な計算結果があった（その数値の驚くべき正確さは、アンガス・マディソン（Angus Maddison, *Contours of the world economy, 1–2030 AD, essays in macro-economic history*, Oxford: Oxford University Press，2007）によって丁寧に吟味されている）。下って一八一五年には、P・カッフーンが一九世紀初頭英国の人口、資産、生産、所得分配、および財政支出を推計した結果が出版されている（P. Colquhoun, *Treatise on the wealth, power, and resources of the British Empire, in every quarter of the world including the East Indies: the rise and progress of the funding system explained*, London: Joseph Mawman, 1815——西沢保教授の教示による）。いずれの場合にも、なんらかの理由で国の経済力を知る必要があって、関連統計の蒐集と試算とが実行されたとみられる。
日本で初めて国民所得を試算したのは、英国におけるほど古いことではなかった。それでも、その初期の試みは、（注（24）に引用した都留・大川両氏の論稿にも示されているように）大正期にまで遡る。日本の場合にも、マクロ経済の動向を診断し、また政策立案するため数値の手がかりが必要とされたと考えられる。とりわけ一九三〇年代以降、統制経済や経済計画の必要が論ぜられるに至ったときには、マクロ集計量の値はいっそう重要な任務を帯びたのだった。（ちなみに、西川俊作『江戸時代のポリティカル・エコノミー』（日本評論社、一九七九年）で紹介された長州藩の計算を国民経済計算の系譜に連なるものとみなせば、試算が開始したのは一九世紀前半まで遡ることが出来る。）

（28）さらに、可能ならば、資本ストック系列、投入・算出（ＩＯ）表。

（29）たとえば、固定ウェイトの物価指数を利用したときには、価格変動の推定にバイアス（過大もしくは過少）が生ずるだけではなく、産業構造や商品構成の変化を無視することになる。国連統計局は、この、いわゆる指数問題（index-number problem）を回避する一手段として、ウェイトを毎回小刻みに変化させる連鎖指数（chain index）の採用を推奨している（ＳＮＡ解説書）。しかし、連鎖指数（その理想型はDivisia index）には、マトリックス推移性を満たさないという別の短所がある。

（30）①政策的意図から情報の公開が差し控えられたりその内容が改竄されたりすることがあるので、データの信頼性に問題なしとしない、②物量データが主で、しかも価額データは交換価値を反映しない、そして③サービス産業の情報がない。

（31）たとえば、工業化の初期には（ａ）「雑工業」が重要で、この分類には留意が必要、（ｂ）副業が重要で、「農業」のなかに商工業的生産活動が含まれることがある、など。

厚生経済学の実践者、都留重人

鈴村興太郎

一

一九六〇年代に一橋大学経済学部で学生時代を過ごした私は、講義に律儀に出席して学習するよりは、図書館に根をおろして書物から学ぶ時間の方が長い学生だった。ケネス・アローの *Social Choice and Individual Values* とひとりで格闘した黄金の夏も、当時の図書館に収録されていた限りで都留先生の著書をすべて読破した厳寒の冬も、この時代のことだった。学長を務められた増田四郎教授は、中世史の講義で《大学》の《大》の文字を分解して《一人で学ぶ》と読んでみせ、自由で内発的な研鑽の重要性を説かれたものだったが、生意気にも学ぶところはないと考えた講義はあっさり無視して、図書館に籠って興味が赴くままの濫読を楽しんでいた私には、増田先生という強い味方がいたことになる。

文字の上で勝手に親交を深めていた都留先生だけに、私が受験した大学院入試の面接委員のひとりが先生であることに気付いたときには、初対面とは思われない親近感を覚えたことだった。大学院生時代にも、講義であれゼミであれ、出席可能な限り都留先生の薫陶を受ける機会は逃さずに捉えたものだが、いまでも記憶に残る二つの経験がある。

第一の経験は都留先生の大学院講義である。やがて名著『公害の政治経済学』に纏められていく外部経済・不経済論、先生の師ジョゼフ・シュンペーターが導入された《所得の介入（income interference）》論、先生お得意の《無駄の制度化》論が議論の俎上に載るときは、講義の熱気は明らかに高まるのだった。この熱気のバロメーターは、議論の過程に織り込まれる卓抜な挿話だった。無駄の制度化の例示に使われたジャガイモの皮むき器の挿話――アメリカで爆発的に売れたジャガイモの皮むき器は、むかれたジャガイモの皮と同色に塗られており、皮と一緒に捨てられることによって滞りなく新規需要が創造されるように巧まれていた――などは、その絶妙な一例である。また、都留先生の名著『国民所得と再生産』から一貫して主張されているケインズ流のフローの集計概念に対する疑問は、国民所得の厚生的意義との関連で提起された。厚生経済学の創始者アーサー・ピグーが指摘したように、従来は家事労働で報酬を得ていた女性と雇傭主が結婚すれば国民所得は減少するが、結婚という幸福な出来事によって減少するような概念を国民の厚生や福祉の測度とすることに、どんな意義があるのだろうかというわけである。

都留先生の講義に接して当時私がもった感想は ambivalent なものだった。無味乾燥な多くの講義と比較して、都留先生の講義は光彩陸離たるものがあり、巧みなレトリックを縦横に駆使される先生の姿は颯爽としてみえた。だが、社会現象を通底する基本的な法則性を発見する堅実な方法論を模索し、分析のツールとして必要な数理的・論理的な手法の習得に取り組んでいた初年度の大学院生には、都留学派の――敢えて言えば面白すぎる――経済学を真剣な研究計画の内部に位置付ける道筋を発見することは、いささか荷が重かったことも事実である。

第二の経験は都留先生が主催されて、伊東光晴先生や（故）高須賀義博先生も出席されていたOBゼミナールでのことである。参加者の多くは日本各地の大学の教授・助教授であって、一橋大学の大学院生はむしろ少数派だった。都留先生の――そして多分（故）杉本栄一先生の――薫陶を受けたOBが集結して、研究報告を批判し合って切磋琢磨する会合は、学問的スピリットを共有するグループの共同研究のモデルとして、非常に魅力的なものだった。いまにして思えば、こうしたOBゼミナールを長年にわたって主催された都留先生は、現在の経済学界では求めて得がたいアトラクターとして、重要な役割を果たしておられたのである。

同じ盾の反面として、このグループには、現代経済学では精密に制度化されている disciplinary device を軽侮する雰囲気があるように思われて、当時の私には割り切れない思いの種となっていた。あるOBゼミナールでは、報告者の少壮教授が Samuelson (1965) を素材として誘発的な技術進歩の理論を論じつつ、天野明弘教授が書かれた関連論文［Amano (1967)］に触れて「どうせ猿真似でしょうが……」とサラリと切って捨てたことがある。天野論文が掲載された『季刊理論経済学』は、当時の日本では稀な完全レフェリー制度の雑誌だった。それだけに、この無責任なシニシズムは私には許しがたい暴言に聞こえた。この辺りから私の記憶は曖昧になるのだが、都留先生、伊東先生、高須賀先生などが列席される場で、新顔の大学院生が学問の規律とマナーを巡って少壮教授に食って掛かったという噂を聞いたことがある。

都留先生のグループは寛大であって、その後なんとなく都留グループから私が離れたことは全く自分側の事情によるのだが、都留先生からさらに学ぶ機会を自ら放棄したことだけは間違いなく、いまになってはいささか残念に思われる。

二

因縁話のようだが、都留先生が辿られた道と私のささやかな研究が次に交錯した機会も、ポール・サミュエルソンを触媒として訪れた。厚生経済学と社会的選択の理論の国際専門誌 *Social Choice and Welfare* は、この理論の草創期に指導的な役割を果たした経済学者をインタビューして、彼らの創業の理念や理論の現状に対するコメント、並びにこの研究分野の将来に対する個人的なパースティクティブを記録に留める試みを継続してきた。これまでにインタビューした先駆者にはケネス・アロー、アマルティア・セン、ジョン・ハルサーニ、イアン・リトルがいて、ポール・サミュエルソンへのインタビューはむしろ遅すぎた感があった。この遺漏を埋めるため、私が二日間の合計六時間を費やしてMITのサミュエルソン教授のオフィスを訪れて行ったインタビューは、Kotaro Suzumura (2005) として出版されている。事前に詳細な質問項目を書き送って開始したイ

サミュエルソン夫妻（1939年頃、結婚直後）

ンタビューだが、厚生経済学のみならず経済学のほぼ全分野にわたって先駆的な貢献をして、学識と経験の塊のようなサミュエルソン教授であるだけに、インタビューの話題は事前のシナリオを超越して多岐にわたり、深みと広がりを増したのみならず、教授が繰り出す興味津々のエピソードに彩られて、相当の編集作業を行って整理しても最終的に三〇頁に及ぶ長文のインタビュー論文が誕生したのである。

このインタビューの冒頭で、サミュエルソン教授は旧友・都留重人の近況を私にまず尋ねられたうえで、戦前のハーヴァード大学での親密な交友関係や、日本を訪ねて都留先生の通訳を得て各地で行った講演について、懐かしさを面に顕わして話し続けられた。この機会に特記したいのは、ハーヴァード大学で洋々たる前途を開拓しつつあった都留先生が、一九四一年の日米開戦によって急遽帰国を余儀なくされたときのエピソードである。

日米交換船による送還までに僅かな予告期間しか与えられず、書籍の携行も最小限度に制約されて殆どの専門書籍の処分を余儀なくされた先生は、ハーヴァードの友人たちに彼らの関心に応じた書籍を贈与されたのである。サミュエルソン教授によれば、このとき都留先生から贈られたのはアーサー・ピグーの *The Economics of Welfare* の一九三二年版だった。一九三二年版（第四版）といえば、事実上 *The Economics of Welfare* の最終版であって、その後は八つの補論を新たに追加した増補版が一九五二年に出版されているのみで、本質的な改訂はなされていない。

都留先生が帰国に先立って書籍の贈与を手配されたもうひとりの友人は、歴史学者にしてカナダ人の外交官ハーバート・ノーマンだった。お互いに博士論文を準備中に知り合ったノーマンと都留先生は、明治期の日本における近代国家の成立を巡って共通の関心と深い友情を育んでいた。それだけに、日本経済史に関する書籍を挙げてノーマンに遺すことは、都留先生にとっては自然な選択だった。その当時、ノーマンは日本でカナダの外交官としてのキャリアを積んでいたため、贈与された書籍はハーヴァードに留まって、ノーマンによる将来の継承を俟つことになった。この措置をノーマンに伝える機会は、ポルトガル領東アフリカのロレンツォ・マルケス——現在ではモザンビークのマプト——で偶然に訪れた。スウェーデン船籍の交換船、グリップスホルム号に乗りこんだ一五〇〇名の日本人乗客——そのなかには、都留先生ご夫妻の他にも数学者・角谷静夫氏、後に世界的な計量経済学者になった七歳の雨宮健氏などがいた——は、同じ時期に日本から北米に送還されて浅間丸で到着した人々とこの地で交換されたのだが、浅間丸の乗船者の中にはノーマンも含まれていた。都留先生の自伝『いくつもの岐路を回顧して』によれば、ロレンツォ・マルケスで偶然すれ違ったノーマンに都留先生はハーヴァードに遺した書籍について告げて、将来これを引き取ることを託されたのである。後にこの書籍を受け取るためにハーヴァードを訪れたノーマンが、やがて彼の悲劇的な死に繋がる事件に巻き込まれることになろうとは、当時は誰一人知る由もないことだった。

三

都留先生と厚生経済学との関わりには、これらの断片的なエピソードを越えて、さらに本質的な側面がある。この事実を浮き彫りにする例は数多いが、ここでは二つの典型的な実例を、先生の業績のなかから抜き出すことにしたい。

第一の例は、戦後の経済復興の司令塔となった経済安定本部の総合調整副委員長として、都留先生が総論の執筆にあたられた『経済実相報告書』（第一次経済白書）からとることにする。日本最初の社会党政権・片山内閣がインフレーションと縮小再生産の危機を乗り切るための経済緊急対策を発表した際に、国民に経済危機の実相を説明して、復興に向けて国民の理解と協力を訴えるために公表されたこの報告書の冒頭には、工学的メカニズムとは区別された経済メカニズムの特徴について、印象的な記述が与えられている。

こわれた自動車をなおす修繕工ははっきりと自分からはなれて存在する無心の自動車に相対す

るのであるが、病みつかれた国の経済を立てなおそうとする政府は、おのれ自身から独立した人間やものごとを相手にするのではない。対策を提案する政府も、対策の対象となる国の経済も、実はきりはなすことができないように結びあわさったものである。むしろ、もっと正確に言うならば、国の経済の主体をなす国民は対策それ自体の主人公となって、自らの選出した政府を通じ、かつそれを励ましながら、一人一人が直接自分のこととして、対策の成功をはからねばならないのである。（講談社学術文庫版、一二頁）

このように、国民に対して経済政策の積極的な担い手という立場を自覚して行動することを訴えた『報告書』は、結語において同じメッセージを別様に強調して閉じられている。

再生産の規模がだんだん狭まってゆくような事態をぬけでて、希望にみちた復興再建の途上にのりだす過程は、当然のことではあるが、まじめにはたらくものどうしがもっともっと直接につながりあって、自らの労働の成果を通じて生活を豊かにしてゆく過程、そしてそのためには一時的な耐乏も自らのものとして、自らが自らに課するところの過程でもなければならない。

（講談社学術文庫版、九四―九五頁）

国民は、経済政策の受け手であると同時にその主体的な担い手でもあることを意識すべきであり、政策過程に自覚的に参加して自らの福祉の改善に能動的に貢献すべきである――都留先生が戦後日本の経済復興の危機状況で発信されたこのメッセージは、経済政策の基礎理論を標榜する厚生経済学に対して戦後復興期という特殊状況を突き抜けた有効性を持ち、普遍的な意義を持っているというべきである。

第二の例は、『経済政策――福祉を求めて』（『都留重人著作集』第5巻）に寄せられた都留先生の《序》からとりたい。『都留重人著作集』のこの巻は、先生自ら「これが今いちばん力を入れている分野」であると書き記された福祉の経済学に関する論文集であって、非市場的な福祉要因を福祉の経済学に整合的に組み込むことを経済政策論の中心課題に位置付けた都留先生の洞察は、現代でも新鮮で特筆に値する貢献である。

> 本巻では……いくつかの具体的な個別問題にかんする論稿を収めたが、これらはいずれも、福祉を念頭においた政策論議が具体的にならざるをえないとする私の方法論的立場を応用化したものであって……福祉に関心をもてばもつほど、経済学はますますこうした応用分野での理論化にはげまざるをえないだろう。特にこれからさき経済学者に期待が寄せられていることは、非市場的福祉要因をどのようにして整合的に経済政策体系の中で評価するかという点である。
> （『都留重人著作集』第5巻、ⅴ頁）

ここでいう福祉に関する「具体的な個別問題」の例として都留先生が挙げられたのは、家庭内における主婦労働、「万人に求められることを欲する」科学的真理、自然の景観、法律的な権利であるとともに福祉上の価値要因でもある入浜権などである。

振り返ってみると、厚生経済学の始祖アーサー・ピグーは、《社会的厚生》のうちで直接・間接に貨幣の尺度と関係付けられる部分を《経済的厚生》と名付け、彼の分析の焦点を経済的厚生の決定要因に絞って『厚生経済学』の構築に乗り出したのである。これに対して都留先生は、ピグーがさしあたり分析から捨象した非市場的福祉要因の整合的な評価を福祉の経済学の中心に復位させる試みを提唱していたわけであって、厚生経済学の非厚生主義的な基礎を模索する現代の規範的経済学の潮流——鈴村（2000；2005；2007）を参照せよ——を先取りしていた点で、注意深い検討と評価に値する。

実のところ、ピグー自身も『厚生経済学』の末尾近くに到って、現在ではベーシック・ニーズと呼ばれる非市場的福祉要因の重要性を承認して、《最低生活水準》という概念を彼の厚生経済学に導入していた。ピグーによれば、最低生活水準とは主観的な最低満足ではなく、客観的な最低条件と考えるべき概念であって、そのなかには「家屋の設備、医療、教育、食物、閑暇、労働遂行の場所における衛生と安全の装置等のある一定の量と質」が含まれていた。

このようなスタンスをとったピグーの進路には、ひとつの難問が立ちはだかっていた。彼が明示的には提起せず、ましてや解決はしなかった難問とは、功利主義的な基礎に立つ【旧】厚生経済学の枠組みに、彼が承認した非厚生主義的なベーシック・ニーズの概念をいかに整合的に収納するかという問題だった。だが、ピグーがこの問題の解決に真剣に取り組んだ痕跡は全くない。想像するに、一九二〇年に誕生しつつ、既に一九三〇年代初頭にはLionel Robbins（1932）の批判によって功利主義的基礎の《科学性》を否定された【旧】厚生経済学者には、ベーシック・ニーズという非厚生主義的考え方と整合的に融和する道を模索する静寂な時間は、もはや残されていなかったのではなかろうか。

都留先生の福祉の経済学の進路にも、実のところ克服されるべき難問が立ちはだかっていた。先生が明示的には提起せず、ましてや解決はしなかった問題とは、非市場的な福祉要因を整合的に収納できる福祉の経済学の理論的基礎を構築するという大きな課題だった。だが、個別的・具体的な福祉問題を取り上げて、応用分野での理論化を積み重ねることこそ福祉経済学の進路であると措定された都留先生にとっては、福祉経済学の理論的基礎を模索する倫理学的・経済学的な研究は、風車に突進するドンキホーテの姿のように思われたのかもしれない。その点はともかくとして、都留先生は福祉経済学の理論的基礎を固める倫理学的・経済学的な研究に対しては、ついに大きな遺産を残さなかったことだけは事実である。

四

ピグーの『厚生経済学』の序文には、次のような有名なマニフェストが記載されている。

経済学者がやり遂げようと努めている複雑な分析は、単なる頭脳の鍛錬ではない。それは人間生活の改良の道具である。われわれを取り巻く悲惨と汚濁、数百万のヨーロッパ人の家庭で消えなんとする希望の炎、一部富裕家族の有害な贅沢、多数の貧困家族を覆う恐るべき不安――これらは、無視するには余りにも明白な害悪である。われわれの学問が求める知識によって、こうした害悪を制御することは可能である。暗黒から光明を！

都留先生が模索された福祉の経済学は、まさしくピグーがいう《人間生活の改良の道具》を模索する実践的な経済学だった。しかも、しばしばエレガンス・ニヒリズムと表現されるピグー以降の【新】厚生経済学とは対照的に、そして怜悧な経済理論家という先生の広く抱かれているイメージを裏切って、都留先生の福祉の経済学の実践には、泥臭い三つのこだわりが歴然としてあった。第一に、経済政策の抽象的・一般的なモデルを目指した【新】厚生経済学とは対照的に、都留先生が模索された福祉経済学は足を地につけた応用分野での個別理論を目指すものだった。経済学的・倫理学的な一般理論の建設を目指す志向は控えめにいっても稀薄であり、おそらくは無益な倫理的・論理的なエクササイズに過ぎないものと考えられていた。第二に、効用ないし厚生という情報的基礎に立脚する【新】厚生経済学とは対照的に、都留先生は非厚生主義的な情報を福祉の評価に整合的に組み入れることこそ福祉経済学の課題であると考えられていた。第三に、人間的な価値の問題――それも多数の人間の価値を社会的評価の観点から比較・秤量する問題――を経済学の守備範囲から追放して、外部から与えられた社会的な目標を制約条件の下で最適化するtechnocraticなシナリオに焦点を絞った【新】厚生経済学とは対照的に、都留先生の福祉経済学はあくまで人間的価値の評価と実現の問題から視線を逸らすことはなかったのである。

ひとを惹き付ける多くの理論がそうであるように、都留先生の福祉経済学は未完のシナリオである。このシナリオのなかに、辛抱強く研磨すれば輝く珠玉が埋めこまれているかどうかを判定する作業は、都留先生の遺産を引き継ぐ後進の責務である。実のところ、アマルティア・センの福祉と潜在能力の理論を突出した尖兵として、現代の厚生経済学と社会的選択の理論の研究者の一部は、まさに厚生経済学の非厚生主義的基礎を構想・建設する作業に脳漿を絞っているのである。この新たな理論的試みのフロンティアに、都留先生が提唱された応用分野での個別理論が的確な位置付けを得ることになるかに関しては、未だ判断を下せる段階には到っていないと言わざるを得ない。

五

都留先生が逝去された直後から、日本の全国紙から国際的な専門誌に到るまで、多くの Obituary が公刊されてきた。旧知のハインツ・クルツ（Heintz Kurz）教授が編集長を務める *European Journal of the History of Economic Thought* からの依頼に応えて、私も Kotaro Suzumura (2006) という Obituary を寄稿した。この論文を準備する過程で私が目にした日本の追悼記事の多くには、不思議な記述が共通してみられた。都留先生は日本を代表する《近代経済学者》だったという記述がそれである。これは私には非常に奇妙な表現に思われた。

振り返ってみると、都留先生は戦前日本のマルクス経済学の蓄積と、最初の黄金時代にあったハーヴァード大学の正統派経済学の双方をマスターして、いずれの学派とも先端的な水準で意見交換することができた。それだけに、戦後日本で長らく続いた近代経済学 versus マルクス経済学という対立の構図のなかで、先生はユニークなまでにドグマに捕われない柔軟性を発揮されて、二つの陣営のいずれとも実りある対話が可能な立場を維持された。だが、激しく対立する両陣営では、二つの陣地の間を自由に逍遥するひとに対してはその柔軟性に対する尊敬の念を抱くよりも、明確な拠点を選択しようとしない日和見主義者として、根強い懐疑心を抱くことが多いように思われる。都留先生の場合も例外ではなく、近代経済学者は彼をマルクス経済学者と看做すのに対して、マルクス経済学者は彼を近代経済学者と看做す傾向があったというのが、真実に近かったのではあるまいか。

とはいえ、いまでは陳腐化した近代経済学 versus マルクス経済学という対立的な構図を固定して、いまさらそのなかに都留先生の位置を定めるなどという作業には、私は全く興味がない。だが、都留先生を近代経済学者と呼ぶことには少なくとも二つの点で異論があり、都留先生ご自身にも不満が残るのではないかと思われる。第一に、ポール・サミュエルソンをはじめ、ハーヴァード時代の多くの友人たちが認めた先生の経済学への貢献は、マルクス経済学の研究蓄積が殆どなかったアメリカの経済学界に、先生のマルクス経済学の素養がもたらしたインパクトであったことは紛れもない。日本に帰国された後の先生の業績にも、いわゆる近代経済学の規矩に収まる貢献は、むしろ意外なまでに少なかったことも指摘されてよい。第二に、本稿が関心を絞った福祉の経済学が典型例であるように、都留先生の貢献の最大の魅力は、正統派の近代経済学が意識的に切り離した制度的要因を的確に復位させて、経済分析の位相をコペルニクス的に転換する手際のよさと説得のレトリックにあった。良きにつけ悪しきにつけ、このような発想の水源地は少なくとも近代経済学pure and simple のなかには見いだせないというのが、私の判断なのである。

（二〇〇七年八月稿）

〔参照文献〕

Amano, A.（1967）, “Induced Bias in Technological Progress and Economic Growth,”『季刊理論経済学』Vol. 17, pp. 1-17.

Pigou, A.（1920）, *The Economics of Welfare*, London: Macmillan, 4th ed., 1932; Reprinted with eight new Appendices, 1952.（永田清・氣賀健三訳『厚生経済学』〔全四冊〕東洋経済新報社、一九七三―七五年）

Robbins, L.（1932）, *An Essay on the Nature and Significance of Economic Science*, London: Macmillan, 2nd ed., 1935.（中山伊知郎監修、辻六兵衛訳『経済学の本質と意義』東洋経済新報社、一九五七年）

Ruskin, J.（1994）, *Unto This Last*, London: Routledge/Thoemmes. Originally published in 1862.

Samuelson, P. A.（1965）, “A Theory of Induced Innovation along Kennedy-Weizsäcker Lines,” *Review of Economics and Statistics*, Vol. 47, pp. 343-356.

Sen, A. K.（1985）, *Commodities and Capabilities*, Amsterdam: North-Holland.（鈴村興太郎訳『福祉の経済学――財と潜在能力――』岩波書店、一九八八年）

Suzumura, K.（2005）, “An Interview with Paul Samuelson: Welfare Economics, ‘Old’ and ‘New’, and Social Choice Theory,” *Social Choice and Welfare*, Vol. 25, pp. 327-356.

Suzumura, K.（2006）, “Shigeto Tsuru（1912-2006）: Life, Work and Legacy,” *European Journal of the*

History of Economic Thought, Vol. 13, pp. 613-620.

伊東光晴・尾高煌之助・高須賀義博・華山謙・宮崎勇編（1975-76）『都留重人著作集』〔全十三巻〕講談社。

経済安定本部『経済実相報告書』（第一次経済白書）、一九四七年。講談社学術文庫に『第一次経済白書』（昭和五十二年）というタイトルで収録。

鈴村興太郎（2000）「厚生経済学の情報的基礎―厚生主義的帰結主義・機会の内在的価値・手続き的衡平性」岡田章・神谷和也・黒田昌裕・伴金美編『現代経済学の潮流 2000』東洋経済新報社、三―四二頁。

鈴村興太郎（2005）「厚生経済学の系譜――ピグーの【旧】厚生経済学からセンの福祉の経済学まで――」吉田雅明【責任編集】『経済思想：経済学の現在2』日本経済評論社、三〇一―三四八頁。

鈴村興太郎（2007）「規範的経済学の非厚生主義的・非帰結主義的基礎――ピグー、ヒックス、センの連結環――」『経済研究』第五八巻、二〇〇七年四月号、九七―一〇九頁。

都留重人（1951）『国民所得と再生産』有斐閣。『都留重人著作集』第2巻に所収。

都留重人（2001）『都留重人自伝・いくつかの岐路を回顧して』岩波書店。

"No Wealth But Life"――マーシャル、ラスキン、都留重人

西沢　保

一　制度派・歴史派と都留重人

イタリアのラファエーレ・マッティオーリ講義をもとにした都留重人の『制度派経済学の再検討』は、経済学が直面している課題に対し、「より大きな意味をもつ見込みのある思想学派として」制度学派を再評価しようとするものであった（Tsuru 1993, 訳一頁)。「GNPに代えて」、混合経済を論じた章を含むこの本は、都留経済学を見事に語っていると言われたが、マルクス、シュンペーター、ヴェブレン、ミュルダール、ガルブレイス、カップ等の制度派経済学者について語りながら、都留は自らの経済学を語り、自らがそれにつらなることを意識したように思われる（伊東 2006, 一九〇頁)。

都留は、現代の制度派を論じる際にミュルダールからしばしば引用しているが、経済学の歴史における開かれた体系・閉された体系に関わる以下のようなまとめは、現代の制度派を超えてシュンペーター（あるいはさらにマーシャル）の経済社会学・進化経済学を思い起こさせる。「私［ミュルダール］は、次の十年ないし二十年の間に、現在はやっている正統派の経済学者たちの高度に抽象的な分析はすたれていくであろうと予想する。その論理的な基盤は弱い――それは、まったく非現実的かつ吟味も不十分で、そして明示的に述べられることが滅多にない前提の上に成り立っている――けれども、彼らの分析がすたれていくのは、主として、圧倒的な重さで我々の上にのしかかってくる巨大な変化の結果としてであろう」（Tsuru 1993, 訳一三二頁に引用）。抽象的な経済理論家とは対照的に、制度派経済学者は、何よりも歴史的な発展の過程で進化的な変化を遂げる主題の実証的な研究を重視するのであった。

アメリカの制度派経済学の興隆は、十九世紀末葉のドイツに端を発する歴史・倫理学派、社会改良主義が国際的に波及するなかでのことであり、いわゆる限界革命にもとづく新古典派経済学の形成・制度化に対抗する反主流派の思想運動の一環であった。十九世紀末から二十世紀にかけて限界効用理論、一般均衡理論を基礎にした新古典派経済学が形成・発展するが、その時代は同時にドイツに端を発する歴史・倫理学派が発展し、国際的に波及するなかで、経済社会学や制度派経済学が構想され、また福祉国家の礎石が敷かれる時期でもあった。ドイツ、アメリカ、そして日本のような後発資本主義国家では、この後者のアプローチがはるかに強力であった。新古典派経済学の始祖とされるマーシャルの経済思想にも、社会改良の時代における歴史・倫理学派的思考、――これはイギリスでは、T・H・グリーン、ジョン・ラスキン、A・トインビーらのオクスフォード理想主義からきていた——とかなり共通するものがあったように思われる。

ドイツ社会政策学会が形成・発展する時期は、古典派経済学の衰退とイギリス歴史学派の興隆、T・H・グリーンの理想主義哲学と新自由主義、ラスキンの理想主義と社会改良、トインビーやアシュリー（彼ら二人はともにイギリスの講壇社会主義者と呼ばれた）を中心とするオクスフォード・エコノミスト、ウェッブ夫妻らを中心とする「イギリスの社会政策学派」が興隆し、やがてLSEが設立されて「LSE制度主義者」あるいは「イギリス厚生学派」が形成される時期であった（西沢 2007, 五一八—五二〇頁参照）。ドイツ帰りの若き学徒を中心にアメリカ経済学会が創設され、やがて制度派経済学者W・ハミルトンが、制度主義経済学を定義しようとして「イギリス厚生学派」（ホブソンが中心でピグーは含まれない）に言及し、それと制度主義との結びつきを明示したのもこの時期であった。シュンペーターはこの時期の経済学の一つの側面を「社会政策と歴史的方法」（Schumpeter 1954, 第Ⅳ部第4章）と特徴づけたが、これは国際的な現象で、歴史的・倫理的経済学は社会改良の実践的解法に訴える応用科学となって国際的に波及した。ドイツ歴史学派（歴史・倫理学派）、イギリス歴史学派、オクスフォード・エコノミスト、アメリカの制度主義者、日本の社会政策学会などは、ボールディングが言うように、孤立化した現象ではなく、国際的な思想の動きの一部であり、反主流派の広範な動きの一環であった（Boulding 1957, p. 3）。都留の経済思想もこの延長上に考えられるのではないだろうか。

二　「冷静な頭脳と暖かい心情」――「市場には心がない」

あらゆる経済問題において、我々がその研究を直接の実際的目的に如何に限定しようとしても、より高次の倫理的考慮が必ず必要になってくる（Marshall 1887, p. xxv）。

ケンブリッジ大学の経済学教授就任講演（一八八五年）におけるマーシャルのメッセージはよく知られている。「強き人間の偉大な母たるケンブリッジが世界に送り出す者は、冷静な頭脳と暖かい心情をもって、自己の周囲の社会的苦悩と闘うために最善の力を捧げ、また教養ある高尚な生活のための物質的手段をすべての人に与えるのは如何なる程度まで可能であるかを明らかにするために全力を尽そうと決心する者である」（Marshall 1885, p. 174. 訳二一三頁）。「冷静な頭脳と暖かい心情」は、マーシャルにおける経済学と倫理、経済学という科学とアートの関係を示し、また政治経済学は精密科学でないことの認識を示している。ホブソンも高く評価したように、マーシャルは「倫理的な力は経済学者が考慮しなくてはならない要件」であることを強調した。マーシャルの著作を通して「倫理的考察の誇示」さえ見られるのであり、産業主義がもたらす困難と不公正に対する非難は、マーシャル及び正統的経済学において、経済理論の構造に組み込まれてはいないけれども、それを適格にする省察事項（'obiter dicta'）であった（Hobson 1929, p. xiv）。

後年サムエルソンは、『心で語る経済学』（一九八三年）で「経済学についての私の夢は、それが

J. ラスキン（***The Complete Works of John Ruskin***, Vol. XVII, Library Edition, London 1905 による）.

時とともにますます科学となりうることだ。しかし、私が願っている政治経済学は、人類の福祉を助長するような科学である」と述べた（サムエルソン、都留監訳 1984, 五頁）。さらにその「人生哲学」でいわく。「私［サムエルソン］は夢を育むことができる。マーティン・ルーサー・キングのように、私は、効率的であると同時に（ビジネスの自由ではなくても）個人の自由を尊重する人道的な経済の実現を夢見ている。そこでは、生産および消費に関する決定のかなりの部分は、市場メカニズムの活用を必要とするだろうが、市場諸力への依存の結果として生じる事態の最悪の不平等は――事前に機会の平等が存在している場合でさえ――民主主義国家の所得移転権力の行使によって和らげることができる。福祉国家による衡平原則の増進は、効率性という面で代価を払うことになるのではないか。たしかにそうだ。総産出高の増大と平等の増進との間には、ある程度の競合関係があり、安定的な保障と進歩の間にも、同じくある程度の競合関係があろう。私は、こうした結果得られる最適化の妥協を心をもつ経済学と呼んでおり、同時にまたそれを、理性をもつ経済学として維持するのが、私の夢にほかならない」（サムエルソン、都留監訳 1994、九〇頁）。

現実の世界の実態についての実証主義的分析は、経済学者としての行動すべてに命令を下し束縛するのであるが、その帰結の倫理性についての懸念が意識から遠のくことは決してないというのが、サムエルソンの人生哲学であった(同上書、八二頁)。そもそも、「市場には心がない」、「だが市場の行き過ぎを制御するレフェリーがいれば、極めて効率的な調整機能を発揮する」と言ったのは、都留の盟友サムエルソンであった(サムエルソン 2005)。

経済学は富と人間の研究——経済学の範囲

新古典派経済学の礎石となり教科書となったマーシャルの『経済学原理』は、次のような文章で始まる。「経済学は日常の実業生活を営んでいる人間に関する研究」であり、「一面において富の研究であるが、他のより重要な側面においては人間の研究の一部」である(Marshall 1961, p. 1. 訳I、二頁)。この定義には、アメリカの社会学者T・パーソンズが言うように、経済学の領域を社会学に拡張していく領土拡張的傾向が内包されている(Parsons 1932, 346)。それは「経済人」との訣別を意味し、マーシャルは経済学が本質的に功利主義と結びつくという見方を一貫して拒否し続けた(Collini 1983, pp. 316-317. 訳二七三—二七四頁)。マーシャルは、人間の性格の持続的な変化は社会・経済現象と密接に相関していると考えた。社会は、「性格と社会経済環境とが多様に相関する複雑な進化的過程」(Whitaker 1977, p. 179)であり、「富の研究」と「人間の研究」は、経済活動を通した性格形成の研究、あるいは「生活基準」の経済学のなかで結びついていた。

たしかに経済学が「独立の」専門的な科学たりうるのは、それが人間行動のうち、間接的ではあるが可測的な経済的動機を取り扱うからであった。実業生活の主要な動機は貨幣で間接的に測定でき、貨幣的尺度こそが経済学を他の分野から抜きん出た科学にすることを可能にしたのである。ピグーも、貨幣尺度に関係づけられる部分に経済的厚生を限定して、「厚生経済学」を専門化・科学化しようとした。しかし、マーシャルもピグーもその限定がもつ意味、「価格経済学」としての経済学の範囲をよく承知していた。都留重人が指摘した「市場化され価格換算可能なもの」(都留2006, 一五七頁) に経済学を限定することの問題をマーシャルはよく知っていたし、『市場には心がない』(二〇〇六年) という現代経済学の警告の含意を、「冷静な頭脳と暖かい心情」を訴えたマーシャルはよく分かっていた。人間性のたえず変動する力を扱う経済学は、物理的諸科学に匹敵するものではなく、経済学によって秩序づけられた知識を実際問題に適用しようする際には、「倫理的本能と常識」が「究極の裁定者」となるのであるとマーシャルは繰り返し述べていた。

三 「富の増大よりも生活の質の改善」——マーシャル、ラスキン、都留重人

貧困を解消し人間の能力・資質を高めるという展望をもった経済的進歩の研究は、マーシャル経済学体系の必須の部分であった。経済問題の解決は効用計算の応用でなく、人間のより高次な能力を開発するための条件であった。マーシャルの専門はもともと精神科学であった。彼は一八六七年頃、マンセルの『バンプトン講義』(H. L. Mansel, *Bampton Lectures*) を手にし、「人間自身のもつ可能性を研究することこそ、人間にとって最も重要な主題である」と考えるようになった (Keynes 1924, p. 171. 訳二二九—二三〇頁)。マーシャルが形而上学的段階にあり、イギリスで功利主義が行き

詰っていた一八六八年、原文でカントを読みたいという願望が、彼をドイツに行かせた。マーシャルは『純粋理性批判』をもってよくスイスの山を逍遥し、それを読んでますます倫理学に向かい、倫理学を通して経済学に行き着いた。彼にとって「経済学は倫理学の侍女であり、それ自身が目的ではなく、それ以上の目的に対する手段であった。それは道具でありその完成によって人間生活の条件を改善するものであった。物や組織や技術は付随的なものであり、真に重要なものは人間の資質であった」(Pigou 1924, p. 82)。

マーシャルは一八七一―七二年頃に倫理学から経済学に関心を移したが、それは、人間の「良き生」(well-being)の手段として、「富の増大よりも生活の質の改善」のために経済学研究の必要があると強く感じたからであった(Whitaker 1996, p. 285)。最初期の『経済学講義』(*Lectures to Women*)――「労働者の福祉に直接結びついた経済問題」――、および『労働者階級の将来』(ともに一八七三年)は、それを如実に表している。「進歩と理想」に関する未刊の手稿群には「経済的進歩が生活の質に及ぼす影響」と題されたものがあり、真の目的は「個人的、社会的側面、道徳的、宗教的側面、肉体的、知性的、感情的、及び芸術的側面、すべての側面における人間生活の向上」にあった。(1) これはシュンペーターの「経済学、政治学、科学、芸術、愛といったものを包括した豊かな全幅的生という観念」(塩野谷 2010, 六五頁に引用)を思い起こさせるが、マーシャルの死後に残された経済的・社会的・人間的進歩の可能性に関する手稿は、彼の経済学研究の基底にあったものをうかがわせる。(2) マーシャルによれば、進歩とは生活の質の向上を意味しており、『経済学原理』第五版の改訂で、最終章(第6編第13章)「生活基準との関連における進歩について」を付け加えた。

『経済学原理』（一八九〇年）の続刊となった『産業と商業』（一九一九年）は、「産業技術と企業組織、及びそれらが様々な階級と国民の状態に与える影響の研究」を副題とし、「産業の技術的進歩とそれが人間の生活と仕事の状態に及ぼす影響」にとくに注意が払われ、その後の巻でも、「利用可能な資源、貨幣と信用、国際貿易及び社会的努力」が「人間の生活と仕事の状態に及ぼす影響」の問題を取り上げるとしている（Marshall 1919, p.v. 訳I、五頁。傍点は引用者）。一群の著作の三番目の書『貨幣、信用及び貿易』（一九二三年）では、これらの著作の主要な論点は、「世界の諸国民が資源に対する支配力を高め、彼らの高級な能力を発展させる方法の改善可能性」を探求することだとされ（Marshall 1923, p.v. 訳I、一頁）、「仕事と生活において進歩がもつ質と、それにとって望ましい経済的条件を取り扱う次の巻」（ibid., p.191. 訳I、二五九頁）が約束された。

物的富と人間の生活・仕事・能力、経済的進歩と生活の質の向上についてのマーシャルのこのような思想は、「生活［生］こそが富である」（'There is no wealth but life.'）と説いた同時代のオクスフォード理想主義者ラスキンの思想に近い。これは、都留重人が好んだ一節であるが、都留が彼の経済学研究の「一里程標」となった「〝国民所得〟概念への反省」（一九四三年）以降に展開する福祉の思想もそれに連なるものであろう。ラスキンは「富」（wealth）にならないものを「害物」（'illth'）と呼んだが、ある物の経済的有用性は、物だけでなくそれを使用する人間の能力や志向に依存していた。それ故、「富の科学である経済学は、人間の能力と志向に関する学問でなければならず」、富の蓄積は、「物質と同様に能力の蓄積」を意味すべきであった。生活（生）と富、人間と富（経済）、人間から切り離された経済――この二つを結びつけることがラスキンのヴィジョンで

ウィリアム・モリス、1887

あった（塩野谷 2010, 六五頁）。このことは若き日にラスキンの強い影響を受けたウィリアム・モリスについても言えるであろう。モリスは都留が注目したヴィクトリア期のもう一人の偉大な賢人であるが、労働が仕事になる「労働の人間化」を求め、芸術性のある手仕事を重視して「生活の芸術化」を説いて、「クオリティ・オブ・ライフ」（生活（生き方）の質）の向上を希求した（都留 1998、一三〇―一三一、一四五―一四九頁）。

ラスキンは、リカードやミルの生産費に基づく価値論（交換価値）を批判し、それは人間的価値は何かという価値についての最も根本的な考慮を無視していると断言する。ある物の経済的有用性は、物自身の性質によるだけでなく、それを使用する買い手の能力や気質に依存していた。「物質的効用はすべて、それと相対的な人間の能力に依存し」、「ある物の快適さ如何は、それと相対する人間の志向如何」にあった。それ故、「富の科学である経済学は、人間の能力と志向に関する学問でなければならない」（Ruskin 1860, pp. 112-14. 訳一一八頁）。ラスキンは、物の価値は、その生命を与える性質、つまりその生命を維持する力に依存するという「本有的価値」を唱え、商品を有用にするのは人間の「受容能力」――ある物を持ち主に有用にするような能力や気質――に依存するとした。つまり、所有というのは、単にその物の量や性質に依存するだけでなく、所有する人にとってそれが適切かどうか、及びそれを使用する人間の生命の力に依存するのであった。だから富の蓄積は、「物質と同様に能力の蓄積」を意味すべきであった（ibid., pp. 123, 125. 訳一二四、一二六頁。五島 1971, 二八―二九頁）。

ラスキンの経済学批判は『芸術経済論』（*The Political Economy of Art*, 後に *Joy for Ever* に改題）に始まるが、『この最後の者にも――政治経済学の基本原理に関する四論文――』では、物の価値は「生に対して役に立つ」ことにあることが強調される。「ヴァロレム（Valorem）＝価値」は、人間なら「生に対して強い」こと、物ならば「生のために強い」、すなわち貴重であるという語から来ている。「貴重である」ということは、「生に対して役に立つ」ということで、その全効力をもって生に通じるものであった（Ruskin 1860, p. 118. 訳一二二頁）。ラスキンは『この最後の者にも』の結論部分で、「生活［生］こそが富である」という主張を強調する。「生活［生］以外に富は存在しない。生というのは、その中に愛の力、歓喜の力、賛美の力すべてを包含するものである。最も富裕な国というのは最大多数の高潔にして幸福な人間を養う国、最も富裕な人というのは自分自身の生の機能を極限まで完成させ、その人格と所有物の両方によって、他人の生の上にも最も広く役立つ影響力をもっている人をいう。」高潔は人数と両立するだけでなく、その必要条件であり、「最大限の生は最大限の徳によってのみ成就される」のであった（ibid., p. 156. 訳一四四頁）。

ラスキンの強い影響を受けて「ラスキン的厚生経済学」を展開しようとした代表的な経済学者はホブソンであった。ホブソンは『仕事と富―人間的評価』（一九一四年）（ピグーの『富と厚生』への応答だと見られてきた）の冒頭で「価値の人間的基準」（human standard）について論じる。「産業の人間的評価」は、費用と効用を人間の努力と満足で表現し、「富の貨幣的標準を人間的well-being の標準に代える。」旧来の政治経済学を批判し、こういう'vital value'の主張を最も効果的にしたのはラスキンであり、「生活［生］こそ富である」というラスキンの公理は、富や所得がその生産の'vital cost'とその消費の'vital utility'との関係で評価されねばならないという主張とともに、産業の人間的評価の立場を明瞭に示していた（Hobson 1914, pp. 9-10）。

ホブソンによれば、いかなる富の増大も福祉を増大させるという想定は、一定条件のもとでのみ容認され、人間的福祉の基準が貨幣的基準と同じように同質的、安定的で一般に受容できるとは考えられなかった。貨幣所得を福祉の尺度として用いることの問題は、ホブソンに限らずマーシャルもよく気づいていた。ホブソンは、ラスキンに近く留まり、社会的福祉は有機的・質的なものであると考え、貨幣的富が福祉の尺度として用いられるという考えを糾弾した。「ラスキン的厚生経済学」を展開しようとしたのは、ホブソンだけでなく、ウィリアム・スマートやジョサイア・スタンプ、R・H・トーニー、ヘンリー・クレイなどの「イギリス厚生学派」もそうであった。またオクスフォード理想主義の流れを汲むホブソンの思想には、やはりオクスフォード理想主義と接点をもつマーシャルと共通のものがあったように思われる（西沢 2007, 四五七─四五八頁）。

ラスキン的厚生経済学を構築しようとするホブソンの議論を考察する時、都留の親友であった上田辰之助の指摘は有益であろう。厚生経済の要素としての富（wealth）を問題にする時、よき生活に対する財の手段性が明らかにされねばならない。トマス・アキナスの財物観は財即ち善の形式において表現される。財善一致説の意味は、財は善の手段として役立つ限り、財の本領を発揮するものであって、然らざる場合には悪（illth）となる。この思想からトマスが発展させているのは、生活の理論であり、生存権の積極的主張であった。トマスと同様の提唱をしたのはラスキンである。「ラスキンは熱情家であるから……『熱』なるが故に、幾多の歳若き思想家を感激せしめた。感激せしむると共に、彼らを通じてその熱を後世に伝道せしめた。」その代表的な後学者はマーシャルとホブソンの二人であった。この両者は「英国厚生経済学の建設に殊勲を樹てた人々」である。彼らの研究方法はラスキンよりもはるかに精緻であり科学的であるが、厚生経済の「熱」に至りては、明らかに彼に負う所甚大であった。ホブソンの諸著作は「ほとんどすべて厚生経済的立場から書かれたものといってもよいくらい、そしてラスキンの思想を常にその足溜りとしているように見える」（上田 1935, 九―一二頁。都留重人 1998, 一三六頁に引用。『上田辰之助著作集』6、二一九―二二〇頁も参照）。

四　ピグーと都留重人

ピグーによれば、経済的厚生は貨幣で表現されるものを通じて、具体的に言えば国民所得の増大・安定を通じて把握される。「厚生経済学」を専門的な科学として確立する必要上、ピグーは経済的厚生に限定して、貨幣で表現されるものを対象とし、計測可能な価格の尺度を用い、集計としての国民所得概念を用いた。その結果、well-being のように計測できないもの、成長のなかで失われる道徳、人間的価値、マーシャルやラスキンが評価した「生活の質」、非経済的厚生は、ピグーが気づいていたにもかかわらず後景に退くことになった。後年、都留重人がラスキンに惹かれ、また「〝国民所得〟概念への反省」、〝In Place of GNP〟等々で展開しようとしたことは、ピグーが気づいていたけれども、「厚生経済学」のなかでは展開できなかった側面、科学として専門化し発展したために、見失われた側面に関わるのではないだろうか。都留によれば、「経済的福祉」は「福祉」と同じではなく、国民所得という概念を「福祉」の指標とすることは、経済学者としてはどうしてもできないのであった（都留 1970, 二五四頁）。

厚生経済学の創設者ピグーは、社会的厚生のうち直接・間接に貨幣尺度と関係づけられる部分を経済的厚生と名づけ、経済的厚生の決定要因に絞って「厚生経済学」の構築に乗り出した。これに対して都留は、「ピグーがさしあたり分析から捨象した非市場的福祉要因の整合的な評価を福祉の経済学の中心に復位させる試みを提唱していたわけであって、厚生経済学の非厚生主義的な基礎を模索する現代の規範的経済学の潮流を先取りしていたという点で高い評価に値する」のであった。ピグーも実際は「ナショナル・ミニマム」を唱え、非市場的福祉要因の重要性をよく知っていた。ピグーにとっての難問――彼が明示的には提起せず、ましてや解決しなかった難問――は、彼の功利主義的な厚生経済学に非厚生主義的な概念をいかに整合的に収納するかという問題であった。これに対して、都留にとって解かれるべき問題は、「非市場的福祉要因を整合的に収納すべき福祉の経済学の理論的基礎を構築するという課題であった」（鈴村 2010, 一〇七–一〇八頁）。

〝In Place of GNP〟（一九七一年）で都留は、二百年前に「騎士の時代は終わって、詭弁家、経済学者、そして計算機の時代になった」と言ったエドモンド・バークをパラフレーズして、「計算機の時代は終わって、ヒューマニストの時代になっている」と述べた（Tsuru 1971, pp. 73-74）。GNPのような数値尺度は、経済厚生の大きさ・程度のもつ意味を自動的に表現するものではない。これまで当然と見なしてきた量的尺度や指標の意味に疑問を呈する必要があり、福祉・厚生の指標として国民所得概念を使うことに問題があることは、常識となってきた。都留はすでに第二次大戦前に「〝国民所得〟概念への反省」（一九四三年）で、「国民所得」という概念が交換経済妥当のものであるために、福祉の指標として偏りをもたざるをえないことを指摘していた。

都留は、一九三五年にマルクスの物神性に関する卒業論文を書いて大学院に進み、シュンペーターのもとで経済学の研究を始めた。一九三六年初めにケインズの『一般理論』が出版されるが、シュンペーターは都留に、「国民所得」とか「総利潤」とかいう集計概念による分析にどれほど理論的意味があるのか、マルクスの集計概念との比較で検討することを提案した。マルクスの再生産論に関心を抱いていた都留は、「集計概念の方法論的検討」にしばし没頭した。その成果が『都留重人著作集』第2巻『国民所得と再生産』の主要部分となった。国民所得なり国民総生産なりの概念が、フローとしての経済活動の総量をあらわすものとして、一つの便利な指標の役を果たすことは確かだが、それが純計数値であるために、分析道具としての制約をもっていることや、それが交換経済妥当の概念であるために、福祉指標として不完全であることは、今では広く一般に認められている（『著作集』第2巻、II—III）。都留は一九四三年七月から一年足らず東亜経済研究所に勤務したが、その間に、「自分の専門分野での一里程標となった論文」「〝国民所得〟概念への反省」（『一橋論叢』一二巻六号）を書き上げた。「国民所得」という概念が市場次元のものであり、交換経済妥当のものであるために、福祉指標としては特殊の偏りをもたざるをえないことを指摘し、後年の"In Place of GNP"も、(『公害の政治経済学』の第5章「GNP指標と公害問題」も、『制度派経済学の再検討』の第6章「制度派経済学の未来(1)―GNPに代えて」も)、この戦前の論文を発展させたものであった(都留 2001, 一九三頁)。

都留によれば、「国民所得」概念の主要な契機は二つあり、一つは交換経済妥当の概念ということ、もう一つは、それが何らかの意味における純計を示す概念だということであった。交換経済の本質は等価物の相互移譲で、等価物が等価であるのは、交換当事者の主観的評価の一致というよりも、社会的な基準に応じて客観的に等価が成立するからである。使用価値は具体的・特殊的であり、社会全体の立場から言えば、使用価値の体系はまさに多次元のヒエラルキーとして表象されるのであるが、交換経済の枠にはめられた時には、そのヒエラルキーが一平面に投影され、単一の評価単位を与えられる。「国民所得」概念が、包括的でかつ単一の量的次元をもちうるのは、その経済の中ではすべての生産物がquid(一般的等価物あるいは金)に対するquo(商品)として存在し、必ず市場という登録所を経由するからである。すなわち、計測の単位が交換経済的に規定されてはじめて「国民所得」は量的概念となるのであった(都留 1943, 二五―二六頁)。

アダム・スミスは『国富論』で「価値」には二つの意味があり、一つは「使用価値」で、もう一つは「交換価値」だと述べた。水は人間生活に不可欠なほど使用価値は高いが、交換価値はゼロに近いのに対して、ダイヤモンドは使用価値はきわめて限られているのに、交換価値は絶大である。スミスによるこの区別は非常に重要で、やや一般化して言えば、「使用価値」とは「人間欲求の対象として、それ自体において価値を有するもの」であり、「交換価値」は「市場化されて価格換算可能なもの」と言えよう。スミスを起点としたこの区別を、都留は政治経済学における方法論上の重要な概念として、「使用価値」を「素材面」、「交換価値」を「体制面」という用語を使って役立ててきた。「素材面」と「体制面」との両者を区別することが大事であるだけでなく、両者の間の矛盾、一方による他方の分断、そして両者総合の必要などがあることから、公害や環境問題の分析において、この二元論がとくに役立つというのである（都留 2006, 一五七—一五八頁）。

スミスが言う「交換価値」にならない「使用価値」は、「nonappropriable な資源」と呼ばれ、体制に規定された「内部」の論理では、価格付けがされず、かつ専有化されにくく、それ自体の本来的な価値は十分に評価されない傾向が、従来の経済学にはあった。自然景勝や科学者による基礎的研究業績、あるいは野生動物種や歴史的文化遺産が、その種の例をなしてきた。素材面と体制面を区別する立場に立つと、こうした価値損失の重要性が認識されうるし、同時に体制面の論理に優位性を認めてきた事態についての反省を促すことになる（同一六五—一六六頁）。

国民所得概念に代えて福祉の経済学を追求するなかで、都留はアーヴィング・フィッシャーの「資本」と「所得」の概念に着目していた。フィッシャーは、資本を「ストック」と見、所得を「フロー」と見る考え方を徹底させた。「ストック」としての資本は、ある時点における富の合計で、そこには、有用なサービスを生むすべてのものが、人間も含めて計上される。フィッシャー流に解釈されたこの資本こそが「国民の富」で、それを増加させるのが生産である。フィッシャーが注目したのは「国民の資産」で、これを彼は「資本」と呼んだが、そこには過去からの蓄積である機械設備や道路・港湾や住宅の他に、地下に埋蔵されている自然資源、海中の漁業資源、あるいは観光やレクリエーションの対象となる自然の美しさが含まれ、さらには人的資源や科学技術の蓄積もはいる。フィッシャーにとって、生活を豊かにするのは、国民的富であるこの「資本」の大いさに他ならず、「所得」というのは「資本」が提供するサービスに他ならない。「資本」が大きければ「所得」は大きいし、「資本」が減れば「所得」も減るのであった（都留 1970, 二五八頁）。

五　おわりに

かつて、小泉信三はピグーの『厚生経済学』を、「社会政策の原理― Pigou, *The Economics of Welfare* を読む―」（『三田学会雑誌』一七巻一〇号、一九二三年一〇月）としてかなり詳細に紹介した後、それを次のように結んでいる。「評者の疑いなきを得ないのは、Pigou が経済的福祉の標準を貨幣尺度に求めたことである。個々人の経済的福祉でなくて、社会全体のそれを目中におく時に、物と物（貨幣なる）との交換比率は果してその尺度となすに足るべきものであろうか。……Pigou の立論の方法はまだ Proudhon のいわゆる使用価値と交換価値との二律背反《アンチノミー》を解決していない。Pigou の論ずるところよりも更に数歩を進めて福祉経済学を大成しようとするものは貨幣と物との交換比率よりも更に一層普遍的な、人対自然の関係において常に成立する福祉の標準をまず求めなければなるまい」と（小泉 1923, 五四―五五頁）。

同じ頃、小泉の師でもある福田徳三は、「価格経済学と厚生経済学」「価格闘争より厚生闘争へ」

を論じて、ピグーの厚生経済学を批判し、「ラスキン的厚生経済学」を提唱するホブソンに共感していた。福田の教えを受けた山田雄三も、マーシャルやピグーの価値中心の厚生経済学に不満を感じ、師である福田の厚生（生活）中心の厚生経済研究に共感していた。都留重人は福田と接点はないが、価値・価格を超えて「生活の質」（quality of life）を問題にし、"No Wealth But Life"を信条としたオクスフォードの理想主義者ラスキンに深く傾倒していた。

〔注〕

（1） Marshall 5/3/1, Marshall Archives, Cambridge.

（2） 西沢 2007, 五〇七頁および五〇八頁注21を参照。

〔参考文献〕

Boulding, Kenneth (1957), "A New Look at Institutionalism," *American Economic Review*, Vol. 47, No. 2.

Collini, S., Winch, D. and Burrow, J. (1983), *That Noble Science of Politics. A Study in Nineteenth-Century Intellectual History*, Cambridge University Press. 永井義雄・他訳『かの高貴なる政治の科学―19世紀知性史研究』ミネルヴァ書房、二〇〇五年。

Hamilton, W. (1919), "The Institutional Approach to Economic Theory", *American Economic Review*, Vol. 9, No. 1, Supplement, pp. 309-318.

Hobson, J. A. (1914), *Work and Wealth. A Human Valuation*, with a new introduction by Peter Cain,

London: Routledge/Thoemmes Press, 1992.
Hobson, J. A.（1929）, *Wealth and Life. A Study in Values*, London: Macmillan.
Keynes, J. M.（1924）, "Alfred Marshall, 1842-1924," in *The Collected Writings of J. M. Keynes*, Vol. X, London: Macmillan, 1972. 大野忠男訳「アルフレッド・マーシャル」『ケインズ全集』第10巻、東洋経済新報社、一九八〇年。
Marshall, Alfred（1873）, "The Future of the Working Classes," in Pigou ed.（1925）. 永澤越郎訳「労働階級の将来」、同訳『マーシャル経済論文集』岩波ブックサービスセンター、一九九一年。
Marshall, Alfred（1885）, *The Present Position of Economics*, London: Macmillan, in Pigou ed.（1925）. 板垣與一訳「経済学の現状」、杉本栄一編『マーシャル経済学選集』日本評論社、一九四〇年。
Marshall, Alfred（1887）, "Preface" to L. L. Price, *Industrial Peace. Its Advantages, Methods and Difficulties*,（A Report of an Inquiry made for the Toynbee Trustees）, London: Macmillan.
Marshall, Alfred（1961）, *Principles of Economics*（1890）; 9th（variorum）ed., by C. W. Guillebaud, Vol. I Text, London: Macmillan, 1961. 馬場啓之助訳『経済学原理』I—IV、東洋経済新報社、一九六五—六七年。
Parsons, T.（1932）, "Economics and Sociology: Marshall in Relation to the Thought of His Time", *The Quarterly Journal of Economics*, 46-2, pp. 316-347.
Pigou, A. C.（1920）, *The Economics of Welfare*, London: Macmillan. 氣賀健三・千種義人・他訳『厚生経済学』I—IV、東洋経済新報社、一九五三—五五年。
Pigou, A. C.（1924）, "In Memoriam: Alfred Marshall",（A lecture delivered in Cambridge on Oct. 24, 1924）, in Pigou ed.（1925）.

Pigou, A. C. ed.（1925）, *Memorials of Alfred Marshall*, London: Macmillan.

Raffaelli, T., Biagini, E., and Tullberg, R. M. eds.（1995）, *Alfred Marshall's Lectures to Women. Some Economic Questions directly connected to the Welfare of the Labourer*, Aldershot, UK: Edward Elgar.

Ruskin, John（1860）, *Unto this Last: Four Essays on the First Principles of Political Economy*, London: Routledge/Thoemmes Press, 1994. 飯塚一郎訳『この最後の者にも』、『世界の名著』41「ラスキン、モリス」中央公論社、一九七一年。

サムエルソン、ポール（1983）都留重人監訳『心で語る経済学』ダイヤモンド社、一九八四年。

サムエルソン、ポール（1994）「私の人生哲学—政策信条とその運用方法」、M・シェンバーグ編・都留重人監訳『現代経済学の巨星—自らが語る人生哲学（下）』岩波書店、一九九四年。

サムエルソン、ポール（2005）「市場過信の政策に懸念」『日本経済新聞』八月三日。

Schumpeter, J. A.（1954）, *History of Economic Analysis*, New York: Oxford University Press. 東畑精一・福岡正夫訳『経済分析の歴史』上中下、岩波書店、二〇〇五—六年。

Tsuru, Shigeto（1971）, "In Place of GNP", originally presented at the Symposium on Political Economy of Environment, Paris July 5-8, 1971.『都留重人著作集』第13巻、講談社、一九七六年。

Tsuru, Shigeto（1993）, *Institutional Economics Revisited*, Cambridge University Press. 中村達也・他訳『制度派経済学の再検討』岩波書店、一九九九年。

Whitaker, John K.（1977）, "Some Neglected Aspects of Alfred Marshall's Economic and Scial Thought," *History of Political Economy*, Vol. 19, No. 2.

Whitaker, John K. ed.（1996）, *The Correspondence of Alfred Marshall, Economist*, Cambridge: Cambridge University Press (Vol. II At the Summit, 1891-1902).

伊東光晴（2006）「経済学者、都留重人」『世界』No. 753、六月。

上田辰之助（1935）「トマスとラスキン―厚生経済先覚者としてのかれ等」『一橋新聞』二〇三号、一九三五年二月一一日。『上田辰之助著作集』6、みすず書房、一九九六年。

小泉信三（1923）「社会政策の原理―Pigou, *The Economics of Welfare* を読む―」『三田学会雑誌』一七巻一〇号。

五島茂（1971）「ラスキンとモリス」『世界の名著』41「ラスキン、モリス」中央公論社。

塩野谷祐一（1995）『シュンペーター的思考―総合的社会科学の構想』東洋経済新報社。

塩野谷祐一（2010）「都留重人とシュンペーター」本書所収。

鈴村興太郎（2010）「厚生経済学の実践者、都留重人」本書所収。

都留重人（1943）「〝国民所得〟概念への反省」『一橋論叢』一二巻六号。

都留重人（1970）『所得と福祉』読売新聞社。

都留重人（1998）『科学的ヒューマニズムを求めて』新日本出版社。

都留重人（2001）『都留重人自伝・いくつもの岐路を回顧して』岩波書店。

都留重人（2006）『市場には心がない―成長なくて改革をこそ』岩波書店。

西沢保（2007）『マーシャルと歴史学派の経済思想』岩波書店。

福田徳三著・山田雄三編（1980）『厚生経済』講談社学術文庫。

経済学の実践と制度設計

1953年8月

都留重人先生と附置研究所問題

西村　可明

私が一橋大学の経済学研究科博士課程を終え、経済研究所に専任講師として採用されたとき、都留先生はすでに学長になられていたから、研究所ではいわばすれ違いであった。しかし先生の研究室はまだ残されており、そこにご挨拶にうかがったことを覚えている。私が、都留先生による野々村一雄先生の採用に始まった、研究所のソ連経済・社会主義経済研究の末裔であったということも幸いしたのであろうか、先生には学内で折に触れて、声をかけて頂いた。しかし専門分野も異なる私が、先生を一番身近な存在に感じたのは、ずっと後のことであり、私が研究所長の時であったように思う。それは、一つには、都留先生の蔵書や資料を寄贈していただき、研究所資料室に都留メモリアルコーナを設置する準備を始めたために、その後、先生とお会いし、時には会食する機会を持つことが出来たからである。それは、このことで相談にのって頂いていた石川滋先生や、資料室長の西沢保教授とご一緒のこともあった。四、五年前の七月、ある雨の日であったが、西沢教授の案内で、先生の寄贈図書や資料の所蔵状況をお見せした後、国立の小さなフレンチ・レストランで遅い昼食をご一緒させて頂いたことがある。先生はその小さいレストランを気に入って下さり、ワインを軽くのみながら、話が弾み、大変楽しい充実した一時を過ごせたことが、忘れられない。

もう一つ、都留先生が私に非常に身近に感じられた事情がある。それは、私の研究所長時代、最大の問題は国立大学法人化に伴う附置研究所の存続についてであったが、都留先生は私にとってその良き道案内人であったという点にある。というのは、先生は附置研究所問題を自ら体験され、その解決に努力された先駆者であったからである。本稿では、この点について、少し述べさせて頂きたい。

実は、今年（二〇〇九年）の春も、全国の国立大学付置研究所にとっては、試練の季節であった。国立大学法人化に伴う「附置研究所」の見直しに続く、二度目の研究所審査が行われたのである。それは、附置研究所が共同利用・共同研究拠点としての内実を持っているか否か、文部科学省から認定されるための審査であり、その合否は研究所の将来を左右する可能性があったからである。一橋大学経済研究所（以下経済研究所と略す）も、この問題に直面していたことはいうまでもない。

だが、全国の国立大学に多数の「附置研究所」があり、経済研究所もその一つであるということは、世間では、あまり知られていないように思われる。大学の中に研究所が存在し、我が国の学術研究を担っていることは知られていても、それが「附置研究所」であるということが分かりにくいのである。「附置研究所」は、大学名が付されており、しかも学部・研究科に並ぶ組織として学内で位置づけられ、その長は大学の評議会や部局長会議など大学の重要会議のメンバーでもあるから、それは大学が附置した大学の組織と思われても不思議ではない。当該研究所の所員は別として、国立大学の教員の間で、「附置」ということの意味が正確に理解されているかも、疑わしいのではないであろうか。実は、「附置研究所」は文部科学省が大学に「附置」している研究所なのである。

この点が世間で看過されがちであるのには、それなりの理由がある。何よりもまず、前述のように、それが大学の中にあって、学部・研究科に並ぶ基本組織だという点が影響している。国立大学の外から「附置研究所」を見れば、それは当該大学の組織としか見えてこないのである。しかし、国立大学の内部でも、それは大学の組織だという思いこみが、時々浮上してくることがある。それが大学の基本組織として大学の日常運営に参加しているのだから、そう思われてもやむを得ないかもしれない。しかし、この意識は、多くの附置研究所の生い立ちにもよることが、都留先生によって明らかにされている。

先生の著書『都留重人自伝・いくつもの岐路を回顧して』(岩波書店、二〇〇一年)には、「附置研究所」問題を論じた箇所がある。それはその第14章「学界に復帰する」の、「『附置』研究所での改革」という一節である(同書二四六—二五三頁)。その冒頭で、都留先生が一九四八年に経済研究所教授に就任された際に、一橋大学出身でないために風当たりが強く、「東京商大への教授としての採用が研究所への就任ならば認めてもよいと言われた」ことに言及されている。先生にとっては、意外にも、「経済研究所は東京商科大学の、プロ野球で言えば二軍集団」として映ったのである。

それが都留先生にとって意外であったのは、奥様の御尊父が、戦前からの附置研究所であった東大航空研究所の所長をされていたことから、「附置研究所」の仕組みをすでにご存知であったからである。これは、先生ご自身が「附置研究所問題」を体験された最初であった。

先生によると、「附置研究所として戦前からあったのは、東大に伝染病研究所、天文台、航空研究所、地震研究所、東北大に金属材料研究所、京大に化学研究所などであって、」その他の附置研究所は、「教官の定員増をねらった各国立大学が同じ附置研究所の名を使っての予算要求を、特に一九四〇年以降、競って文部省に持ち込み、大蔵省もその大部分を認めたため」に出来たものであった。その結果、一九四五年の終戦当時には、附置研究所の総数は四七を数えるに至ったという。したがって、その頃の附置研究所には、戦前からの「国家的施設としての附置研究所」と当該大学の「第二軍的性格を持ったものとして乱立された附置研究所」とが、混在していたわけである。前者は、「勅令に基づく独立官制を布き、所長は何々帝国大学教授をもって充てるが、所員は単に帝国大学教授をもって充てると規定されていた。これは、その研究所は特定の大学の管理下に置くが、一面においては国家的施設であり、従ってその所員たるものは、必ずしもその置かれた大学の教授のみで充たすことなく、広く全国の帝大の適格な教授をもって構成するという考えに発したものであった。」それ故、都留先生にとっては、「東京商大への教授としての採用が研究所への就任」の条件と言われた点が「意外」なことと映ったのである。

後者は、当該大学の教官定員増のための手段として設置された面が強く、「その性格も一様に、設置された大学との関係がむしろ拘束的なものとなって全国的な研究所としての取柄は、ほとんど

1949 年、一橋大学経済研究所のメンバーと共に

見られなくなった」のである。経済研究所の前身、「一九四二年に官制化された東京商大東亜経済研究所も、その意味での附置研究所の一つだった」し、戦後の経済研究所もそうした状況にあったのである。このような学内の雰囲気の中で、戦後の初代研究所長となられた都留先生は、全国的意味を持つ研究所作りの一環として、一橋出身でない研究者の研究所員採用に尽力されたのであった。

また都留先生が所長になられた頃には、この二種類の附置研究所の整理が課題となっていた。文部省レベルで、附置研究所の見直し問題が提起され、これを検討する「研究所協議会」という諮問委員会が組織された。先生もその委員として活躍され、全国二〇ほどの附置研究所を訪問・調査され、報告書をお書きになられている。

上述のように、都留先生が強調されたのは、「附置研究所」が全国的意義を持つ研究所でなければならないという点にある。換言すれば、全国的意義を持つが故に、文部科学省が附置し、その改廃を決定すべき研究所を「附置研究所」と呼ぶのである。この全国的意義の具体的内容は時代とともに変化するであろうが、全国的意義という基本的性格は、附置研究所存続の不変の必須条件なのだという論理を、本節から学んでいたことは、私が研究所長として附置研究所の存続問題に対処するにあたって、大変有益だったのである。

だが、附置研究所の運営にあたる者としてこの節から学ぶべきことは、この点に限られるわけではない。もう一つ重要な点は、附置研究所の学内的位置づけ、大学の中でのその存在意義についてである。そこでは、研究所長就任にあたって、『一橋新聞』一九四九年一〇月一五日号に寄稿された所信表明が引用されており、次のように述べられている。すなわち、「一般的にいって、大学の中での研究所の存在意義は二つの面から考えられる。一つは、共同作業を通じて成果をあげうるような研究を行うことであり、いま一つは、講義の仕事と並行して行くには適しないような研究を行う場合である」というのがそれである。この点は、『座談会　一橋大学経済研究所の歴史』（一九七九年）の中でも、都留先生によって「共同的な研究作業」と「講義などの負担がなく、特定の研究を貫くことによって成果をあげうる研究」として、再度言及されている。その趣旨は、学部や研究科とは異なる存在意義を附置研究所は主張できなければならないという点にあり、その具体的内容として、共同研究作業の必要性を提起されているのである。

都留先生のこの二つの論点、すなわち「附置研究所」の本来的有り様としての全国的意義と、大学における研究所の存在意義としての共同研究の推進とを重ね合わせるならば、そこには、附置研究所の本来的姿として、全国的共同研究・共同利用の拠点としての附置研究所という考え方が浮かび上がって来ることは、明らかであろう。都留先生は、同族意識から離れた、そのような共同研究作業の大事業の成果として、大川一司教授の指導の下に推進された『長期経済統計』（全一四巻、東洋経済新報社刊）を例示されている（同書三二五頁）。これは、日本だけでなく世界の経済学界に日本の長期経済統計に関する公共財を提供したものであり、研究所の全国的・国際的存在意義を示すものであったといえる。また上記座談会では、人文科学分野での共同利用研究という発想から、当時の日本経済統計文献センターが研究所に設置された経緯も述べられている。さらにまた、都留先生が所長就任の方針として掲げられた、研究発表のための機関誌『経済研究』の発行は、近年では我が国経済学界の「公器」の提供の意義を持っており、本研究所の全国的役割の向上に著しく貢献していると言えよう。

この共同研究重視の路線はその後も踏襲され、例えば、『経済研究』第三一巻第三号（一九八〇年七月）に掲載された「シンポジウム『経済研究』：回顧と展望」の「討論」においては、さらに踏み込んで「国内のみならず外国との共同研究」をオーガナイズする役割の評価の重要性が指摘されている（溝口敏行教授による、二一四頁）。また『長期経済統計』の編纂の伝統は、一九九五年以来、尾高煌之助教授、斎藤修教授、深尾京司教授をリーダとし、多数の学外研究者の協力を得て取り組まれてきた『アジア長期経済統計』の作成に引き継がれている。さらに、近年研究所を中心に、大規模な国際的共同研究が数多く組織されていることも周知の通りである。このように本研究所の場合、全国的共同研究重視の路線が戦後一貫して継承されてきたのである。

だが、岡野澄氏の論文「戦後学術行政回顧録」（第二回、『学術月報』一九九四年一一月、二四—二五頁）で明らかにされているように、全国的意義を一層明確にした上で、附置研究所として新たな全国共同利用研究所が設置されたり、全国大学共同利用機関が設立されることになった結果、戦後の附置研究所は、その全国的性格が制度的には曖昧になったまま取り残されてきたのである。

実はこの点が、二〇〇四年度からの国立大学法人化に際して、改めて問われることとなった。歴史は繰り返されるようである。すなわち、国立大学を国家機関から独立の法人に転換する際に、附置研究所の存続が争点の一つとなったのである。国立大学が法人として一つの経営体となるにもかかわらず、その中に、附置研究所という文部科学省が大学に附置し責任を負う研究機関が組み込まれているというのは首尾一貫しない、という批判が広まったのである。その根拠は、法人化後の学内諸組織の運営は、その改廃も含めて、大学自身の判断に委ねられるべきだという点にあった。二〇〇二年から二〇〇三年にかけて、国立大学法人法案の策定の過程では、こうした見解も強く、附置研究所の存在は風前の灯火かという心配が、我々の間で広まった。

しかし、全国付置研所長・センター長会議が、我が国の学術研究の担い手として附置研究所が果たしている役割を強く訴え、またこの点を重視する文部科学省の努力の甲斐もあって、結局、国立大学法人法に「附置研究所」の規定が残され、とりあえず法律上は附置研究所が存続することになった。しかしながらこれは、個別附置研究所の存続を保障するわけでは全くなかった。というのは、この議論の中で、「附置研究所」の意義が一層厳密に考えられるようになり、新たな考え方に基づいて、個別研究所の見直しが図られたからである。

当時研究所長であった私は、全国附置研所長・センター長会議の副会長としても、国立大学法人化に伴う附置研究所の存続問題に取り組むことになり、文部科学省における議論にも参加した。その際指摘されたことは、社会科学系の研究所、とくに経済学分野の研究所は、研究所員が個人研究をしているに止まり、大学院大学の研究科教員との違いも明らかでなく、そもそも研究所としの存在意義が明確でないし、全国的意義を持つ附置研究所としての存在意義はさらに不分明だという点であった。

これに対して、私は、上述のような、都留所長以来の附置研究所の理解と、経済研究所の発展の実績を踏まえつつ、次のように主張することが出来た。すなわちそれは、経済研究所は正式の全国共同利用機関にはなっていないが、実際にはそれに劣らず、全国的共同研究・共同利用の実を持つ研究所であって、我々はこれが附置研究所の本来の姿であると考えるし、こうした研究所は、学術研究の発展のために、一大学の観点からだけではなく全国的観点からも、文部科学省が責任を持って支えるべきではないかというものであった。

二〇〇三年一月に発表された、科学技術・学術審議会学術分科会の中間報告「新たな国立大学法人制度における附置研究所及び研究施設のあり方について」において、附置研究所の典型例として全国共同利用の研究所を挙げながらも、「全国共同利用の研究所という明確な位置づけはないが、実質、全国共同利用的な機能を有する附置研究所もある」と述べた箇所を読んだ時には、私は胸を撫で下ろす心境となった。四月のその最終報告では、全国共同利用機関ではない研究所を附置研究所と位置づけることが相応しいか否かを判断する基準として、「全国的に意味のある研究活動を行っていることが必要」（傍点—引用者）と指摘され、「全国的に意味がある」という点の内実として、共同研究や国際共同研究の実施、情報データの蓄積及び提供他が例示されていた。そして、各研究所の具体的な見直しが行われ、経済研究所は国立大学法人化後も、附置研究所として存続することになったのである。

だが法人化後、附置研究所であることの制度的意味合いは、相変わらず曖昧のままであったといえよう。経済研究所の活動が実質的に附置研究所としての位置づけに相応しい内容を保持していることはいうまでもないが、国立大学の運営費交付金が毎年一%ずつ削減される条件の下で、学内では教育関連経費の水準維持を優先せざるを得ず、研究所の予算が実質的に削られる結果となったからである。このような危機的状況の中で、文部科学省は二〇一〇年度からの第二期中期目標・中期計画においては、当該研究所が全国的共同研究・共同利用の実質を持っているか否かを判定した上で、概算要求において新設する「共同利用・共同研究拠点枠」を通じて、附置研究所の財政支援を行うことを決定し、そしてその拠点申請の募集が、この春に行われたのである。附置研究所が共同利用・共同研究拠点として認定されなかった場合、来年の申請の可能性も残されており、直ちに附置研究所としての認定を取り消される訳ではなさそうであるが、文部科学省が附置研究所のコンセプトを明確にし、それを全国的共同研究・共同利用の実を持つ研究所に限定する道を歩み始めたことは確かである。

経済研究所は、これまでの実績に基づいて、大規模データ・アーカイブの整備と統計分析手法の開発を基礎に、日本と世界経済に関わる高度実証分析の国際的な共同利用・共同研究拠点を構築し、また理論と実証分析に基づいて政策・制度評価を行う産学官の連携拠点を構築することをアッピールして、これに応募したが、その際研究所は、日本経済学会を始めとする研究者コミュニティからの数多くの要望書が示すように、その強い支持を得ることが出来たのである。この事実自体も、経済研究所が附置研究所としての実体を持っていることの証左であろう。そして六月には、科学技術・学術審議会学術分科会研究環境基盤部会によって、一〇六件の申請の内七三件が共同利用・共同研究拠点として認定された。経済研究所がこれに含まれていたことはいうまでもない。それは、いくつもの重要な研究所がその認定から漏れる中での快挙であった。

この制度は、「大学に附置される研究施設のうち、全国の関連研究者が共同で利用することにより、我が国の学術の発展に特に資する施設を、文部科学大臣が拠点として認定し、国全体の学術の発展を図ることを目的として」おり、「今回、認定される拠点は、当該分野の中核的施設」として支援を継続的に行う必要があると認めたものである（平成二一年六月二五日「共同利用・共同研究拠点に関する審議について」科学技術・学術審議会学術分科会研究環境基盤部会共同利用・共同研究拠点に関する作業部会）。

今回、経済研究所が共同利用・共同研究拠点として認定されることが出来たのは、いうまでもなく、研究所現執行部の尽力のお陰である。しかしふり返ってみれば、戦後まもなく、都留先生が新制研究所の初代所長になられて、研究所の附置研究所としての発展の路線を布かれ、その後研究所員がこれに沿って営々と励んできた努力の賜だと思われてくる。都留先生によって蒔かれた種が大きく育ったのである。都留先生は、附置研究所としての経済研究所の運営者としても優れた指導者であったし、附置研究所問題の先駆者でもあったといえよう。

（注）都留先生が「『附置』研究所での改革」という一節をお書きになるにあたっては、岡野澄氏の論文「戦後学術行政回顧録」（第一回〜第四回、『学術月報』一九九四年一〇月〜一九九五年一月）を参考にされたものと思われる。経済研究所資料室所蔵都留重人寄贈資料集の中から、同資料室藤井裕子氏に発見していただいたこの論文のコピーには、先生が傍線を引かれており、読まれた形跡がある。

平和と安心・安全——経済政策で一番大事なこと

宮崎　勇

一　都留先生との出会い

私が都留先生に最初に接したのは——といっても会話をするでなし、ただ顔・姿をみて、聴衆の一人として話しを聞いただけなのだが——終戦の翌年、一九四六年にある講演会で「平和と民主主義」に関する話しをされた時である。先生が亡くなられるまで持ちつづけられた〝平和と民主主義〟という信条に強い感銘を受けた。その後の私が、折に触れ勇気づけられた言葉であった。

その翌年の一九四七年には政府の「経済実相報告書」が発表されたが、まさにその年に私は経済安定本部（のちの経済審議庁、そして経済企画庁）に入った。その時から私の〝経済政策の形成〟に関わる仕事が始まったことになる。

経済安定本部はそのとき旧内務省ビルの中にあったが、入庁試験のときの五階の受験者控室の隣りにおよそ二〇坪ぐらいの部屋があり、そこで窓を背に机の椅子に端然と坐っておられたのが「経済安定本部総合調整委員会副委員長」の肩書を持っておられた都留先生であった。受験生そしてほどなく新入生になる私が親しく話しかけられるような状況ではなかったが、先生を身近に感ずるようになる始まりであった。

先生は日本政府と占領軍総司令部との連絡の最高責任者であると同時に、戦後の復興をデザインする責任者であり、また広く国民に日本経済の実相を知らせる地位におられた。いわば経済政策形成の中枢におられたといってよい。

いま、私がこの原稿を書いている机の上に、紙紐でとじた一〇〇頁ほどの、ガリ版ずりの褐色化したかなり痛んだ文書である。昭和二十二年七月三日の日付けがついた「経済実相報告書」がある。いわゆる第一回の経済白書である。

二　経済政策形成の基本

この文書は形式的には正式の政府文書であって個人の文書ではない。後に巷間「都留白書」としばしば呼ばれるようになったが、都留先生御自身それを「都留白書」と言われることがなかったように、安定本部の組織としてまとめたものであった。

ではあるけれども、この報告書の主文は先生御自身の考え方に基づいて、先生御自身があの明快

1947年、経済安定本部、前列右端に都留重人

で簡潔な文章を直接書かれたものである。

ところで、私が都留先生から教えていただいたのは経済学そのものよりも経済政策に関わることであった。それは私の仕事柄（経済官庁の業務）当然であったが、先生御自身が〝現実的理想主義者〟といわれるように、ややもすれば経済学学といわれる純経済理論追求でなくて、現実に取組み現実を変革する経済学者であったから余計学ぶことが経済政策に関わることに集中した。

この経済実相報告書（以下第一回経済白書とよぶ）は、終戦直後の日本経済が「家計も企業も国も赤字」の破滅的状況にあり、その中で失業者が増え、物質の欠乏もあってインフレーションが進行しており、国を挙げて国難克服に当らなければならないと訴えている。

しかし、ここではこの白書の内容ではなくて、そこから読みとれる経済政策形成の要諦とか本質といった点をとりあげたい。

第一は、経済政策は誰のためのもので、誰がその中心の担い手であるかという点である。白書は「日本経済は日本国民のものであり、日本国民が主体的に行動しなければならない」という。「もっと正確にいうならば、国の経済の主体をなす国民は、対策それ自体の主人公となって、自らの選出した政府を通じ、且つそれを励ましながら、一人一人が直接自分のこととして対策の成功をはからなければならないのである」(「総説」傍点筆者) という。

そして白書は最後に「希望にみちた復興再建の途上に乗り出す過程は、当然のことではあるが、まじめにはたらくものどうしがもっともっと直接につながりあって、自らの成果を通じて生活を豊かにしてゆく過程である。」と結んでいる (結語)。当り前のことが当り前に書かれているだけだと片付けるむきもあろうが、今でも当事者 (経済諮問会議、財務省、経産省はじめ経済政策に関わる人びと) や国民一般の中にもこの点を十分理解していない人が多い。

この白書は、経済対策を講ずるに当って二つのことを強調している。「一つは経済の動きを動的につかむということであり、いま一つは、経済の分析を総合的に行うということである」(総説)

これまた当然のことではないかと読むむきもあろうが、案外現実には軽視ないし無視されていることが多い。復興段階を終えたあとの高度成長論争があったときに、都留先生が著名な論敵を名指ししながら「どうしてあの人は歴史を大事にしないのだろう」と嘆かれた言葉が私の印象に残っている。第一回白書は「大多数の国民の意思に反して無茶ないくさを敢えてした結果が、どんな事態をもたらしたかについては、われわれはその及ぼしたところの影響を、いまだ十分には意識し得ていないくらいである」とのべている。この白書が書かれたあと六〇年後の今なお活きている教訓である。

第二の「経済の分析を総合的に行うべき」という点も、当然といえば当然のことだけれども、実際の経済政策形成の段階になると、専門のエコノミストでもこの点を軽んじてしまう。第一回の白書では、当時の状況を踏まえて消費者心理と財政の関係を〝手近な例〟としてひいている。「財政の点だけに努力を集中すれば、それはかなりの程度まで成功するかもしれない。しかしその結果として企業は破産するかも知れないし、消費者も税負担に苦しむことになるだろう。」しかし、「そうだからといって、逆に企業や家計の収支さえあえば、財政の収支はどうなってもよい、などと考えるならば、なおさら間違っている。部屋の掃除をいいつけられたものが、ほこりをすべて机の下にはきこんだのでは、一寸見た目にはきれいになったように見えても、実は本当に掃除したことにはならないように国の経済についても、経済全体として見きわめることが大事である。」（総説）と説いている。消費税をめぐる論議にみられるように現在の経済政策の形成の動きをみるとき、あらためて認識させられるところである。

復興段階が終って日本経済が高度成長期に入り、やがてバブルの発生とその崩壊を経験するようになる。そして光の部分と裏腹に陰の部分も現れるようになると、この総合的にということの範囲は拡大する。とくに〝豊かさを追求する〟とか〝影の部分を小さくする〟といった課題が大きくなると、経済政策もそのカバーする領域が拡大する。

都留先生は経済問題の対象領域が拡大するとともに隣接科学との協調を重視され、それを率先して実践されたことは、従来の経済学と経済学者に大いなる刺激を与えた。元々都留先生は経済学者が特定分野に閉じこもってしまいがちなことに危惧の念を持っておられた。もちろん専門分野を持ちそれに精通することは、それはそれで必要なことである。しかし「小さな塹壕の中から鉄砲で撃つようではいけない」と戒められていた。

三　生活の質の向上を

さて、日本経済が復興段階を終え、高度成長期を迎えると、都留先生の経済政策論の焦点も大きく変化してきた。「発展の展望を先取り」して、新たな政策目標を設定するとともに、とるべき政策について議論かつ政策提言されることが多くなってきた。

政策目標という点では成長、所得増大、貿易拡大といった経済の量的拡大から生活の質の向上という目標をシフトさせる。復興段階と高度成長の中で雇用はほぼ完全雇用となり、人々の物的消費水準も向上、国際競争力も技術革新でそれなりについてきた。これからは成長至上主義を否定し、生活の質を高めて真の豊かさを追求する時代だというわけである。

都留先生が生活の質の向上を強く主張されるようになったのは、前述のような歴史的発展段階の認識に基づくものであるが、現象的には六〇年代に高度成長が本格化するようになって公害問題が発生したり、消費者主権が侵害されたり、いわば高度成長の質の部分が顕在化するようになったからである。

この点は多くの学者、エコノミストも次第に認識するようになってきたのであるが、都留先生は彼らよりずっと早くから、経済学の窮局の追及目標は〝豊かさ〟の追求であるとの認識を持っておられた。

都留先生はそのハーバード大留学時代、友人のアーサー・シュレジンガー二世（アメリカ政治学史専門）からジョン・ラスキン（一八一九―一九〇〇年）の研究をすすめられた。都留先生の指導教官であったジョゼフ・シュンペーターはラスキンを経済学者として評価していなかったので、都留先生のラスキン研究には賛意を表さなかった。しかし都留先生は「一九二〇年代というアメリカ経済繁栄の時代に顕著だった商業主義の悪弊を、その百年近くも前に英国で、きたるべきものを見透かすかのような先見性をもった人物として興味をもち、評価された。ラスキンの所論はここでは紹介しないが、その神髄は「There is no wealth but life」という言葉にある。都留先生はこれを「生命こそこの世の宝」と訳されている。生命とか人生は、つまりは生活であってその生活を質的に豊かにすることが、政治や経済政策の追求すべき核心というのである（都留先生のラスキン文庫での一九九六年一〇月一二日の講演）。

ところで、生活の質とか豊かさとは具体的に何をいい、何を以って表現するのか。ある程度数量化できるものでないと目標を政策化できない。従来の経済政策ではマクロ的には国民総生産とかその構成項目あるいは消費者物価指数とか雇用統計が使われてきた。

都留先生は一時期「質」の需要とみなされる公害被害額等を控除し、逆に家事労働力などを評価加算し、GNP修正値などを使われたことがある。さらに進んでGNPとは全く別箇に国民生活に関わる個別指標を選んで福祉指標を作るとか、あるいは篠原三代平教授が発表された国民総福祉指標（GNW・Gross National Welfare）などの試算値なども使われた。これらのマクロ指標は生活に関連する個別指標――例えば健康分野では平均寿命、感染症発生率、医師数など、教育分野では学校数、進学率、図書館数など、住宅分野では戸数、床面積など、……を積みあげて作られた。こうした試みはOECDや国際機関でも行われている。いずれも野心的で興味深いが、問題も多い。どんな個別指標を選ぶか、人びとの価値観が異なり、地域的に風土・文化が異なる中で共通の価値基準はないのではないか、といった問題をはじめ、技術的にどう計測するのかといったことから政策の裏付けデータとしてどこまで使えるのか、といった問題など恐らく処理不能な事柄が多い。にもかかわらず多角的な意味を持つ豊かさの程度を示す有力な参考資料にはなりうる。この分野での都留先生の功績は大きい。

生活の質といい、豊かさといい一般国民にそれでも抽象的で、具体的イメージが画きにくいかも知れない。もっと身近な表現でいえば「安全で、安心してくらせる生活」といってもよい。

インフレーションや雇用は家計に関する不安であり、空気や水の汚染は健康に関わる不安であり、年金や保険は将来生活に関する不安であり、安心・安全の問題は広汎な分野に及ぶ。アマルティア・セン教授や緒方貞子さんのいう「人間の安全保障」は、そういう一連の不安からフリーになることを保障するシステムということができよう。

私が経企庁時代、この安心・安全の関連で特に都留教授に御指導をいただいたのは、一つは消費者物価問題（インフレーション問題）と公害問題（現在の環境問題）であった。

前者についていえば、終戦直後のインフレについていえば、それが実質的生活水準の引下げになることは生活感覚からいっても明快で、経済対策の最重点課題になっていたことについては特段の説明は不要であろう。しかし、高度成長期の消費者物価の上昇については比較的寛容なむきがあった。私自身も高度成長期の消費者物価の上昇は、失業が解消する過程での低所得者の賃金上昇が主因の、いわば「人間の価値の上昇」とみて、許容される範囲の上昇と考えた。都留教授はこうした見方をきびしくしりぞけ、消費者物価とくに公共料金の上昇は一般庶民の「生活の質」を悪化させる「不安要因」であるとして、その抑制運動の先頭に立たれた。ついでにいえば、私が企画庁時代最後にお仕えした河本敏夫長官は基本的には積極的経済運営をする成長論者であったが、しばしば「消費者物価が上昇するから積極対策が採れない。インフレはいけない。」と嘆かれた。インフレは万人にとって不安の種である。

都留教授が近年人びとの安心・安全に関して積極的に行動されていたのは環境問題であった。高度成長の時期はこの問題は大気汚染、水質汚濁、騒音などが中心で、どちらかといえば地域的な問題として公害問題といわれた。それが今日は同じ大気汚染でも地球温暖化と関して国際的規模の問題となり、その他の公害も地域的な広がりの中で生じ、その原因も工場排水、家庭排水を含めて複雑な原因によって生じている。都留教授の環境問題に関する発言も広域的国際的な視点に立つものとなっていた。

高度成長当時の環境問題に対する各界の動きについて二点のべておきたい。

第一点は、高度成長の始まった六〇年代前半から後半にかけ、経済界や経済官庁の一部は環境対策に金をかけると国際競争力が弱まるといい、官庁は中央も地方も予算が苦しいと極めて消極的であった。経企庁の一部でも、環境対策は経済対策になじまない、人手もないしと腰がひけていたし、学界でも統計もないし分析ができないとの声があった。そうした中で都留教授は、財界・官界・一般国民と万遍なく環境の危機を訴えつづけられた。外部経済とか経済の内（外）部化とか〝質の所得〟とか新しい言葉を使って啓蒙活動を行われた。一経済学者というより啓蒙運動家と呼ばれる状況であった。

そのことは、さきに第一回の白書の所でのべた〝総合化〟が一層重要になってきたことを意味する。復興から高度成長段階までの〝総合化〟とは同じ経済分野の中での法律、財政・金融、産業、経営といった分野での総合的という意味であった。今日ではその総合化の範囲がさらに拡がり科学、技術、教育、医療・医学、地方自治といった異った領域との協力が求められている。残念ながら日本にはまだ縦割主義、独善主義が強く、総合的見地に立って総合的な対策を形成することは容易ではない。都留教授はその点でも強い組織化力、動員力を発揮された。環境問題は人びとの人権、貧富、教育などに関係なく、社会全体の安心と安全に関わる問題だけに情熱と行動が求められる。都留教授は幅広く、奥行の深い経済知識の上に立って経済政策形成の多くの面で大きな貢献をされた。

経済政策は、平和の下で安心・安全な質の高い高い生活を国民に均しく与えることを目標にすべきである。都留教授は経済学者を超えた啓蒙家であった。

あらためて教授及び教授のかけがえのない協力者であった正子夫人の御冥福をお祈りします。

（二〇〇七年一〇月）

第二次物価問題懇談会と都留先生

丸山　英人

私が都留先生から直接に指導を受けたのは、経済企画庁物価政策課長として大蔵省から出向中、先生が昭和四一年一月発足の第二次物価問題懇談会の委員に就任された時から、翌四二年六月に私が大蔵省にもどるまでの間である。

昭和三〇年代前半の経済の高度成長（神武景気、岩戸景気など）に伴って、三〇年代半ばから、卸売物価は安定しているのに、消費者物価が著しく上昇し始めた。三五年七月に発足した池田内閣が政策に所得倍増計画を掲げたこともあり、成長経済下での消費者物価政策は、大きな政治課題となった。政府は三五年九月末に「消費者物価対策について」を閣議了解し、以来いろいろと対策を講じてきたが効果が現れず、三八年七月広い視野から物価問題を総合的に検討するため、経済企画庁長官の私的諮問機関として、物価問題懇談会を設けることになった。物価問題懇談会は、中山伊知郎経済企画庁参与を座長に、有沢広巳、東畑精一両氏など十一人の委員が精力的に討議し、同年一二月に報告書を宮澤喜一長官に提出した。報告書は、物価動向・最近の物価上昇の要因・物価現状に対する評価と判断・物価安定対策の四章から成り、問題を総合的、体系的に検討した一万七千字に及ぶ長文の報告である。この報告を受けて政府は、翌三九年一月に、「当面行うべき物価安定のための具体策について」を閣議了解している。このなかで、「政府は、本年中、公共料金の引き上げを行わないものとする」ことが決まった。

三九年一一月、池田総理の病気辞任により佐藤内閣に変わったが、物価対策は引続き政府の大きな問題であった。殊に、東京オリンピックの三九年一〇月をピークに鉱工業生産が下降に転じ、いわゆる「四〇年不況」となり、四〇年度補正予算で税収不足のため、財政特例法を制定して戦後初の赤字国債を発行することを余儀なくされた。しかし消費者物価の騰勢はむしろ大きくなり、不況下の物価高が改めて政治問題となるに至った。そこで、物価問題懇談会を再度開催して政府の方策を打ち出し、国民にも協力を求めることになった。しかし先の物価問題懇談会は解散しているので、新たに懇談会を立上げねばならないことになる。

そこで、先の物価問題懇談会の座長の中山先生にお願いに行ったところ、先生に断られてしまった。先の懇談会の報告書で問題への回答は尽くされており、あとは政府が実行するだけということであった。しかし、改めて物価問題懇談会を開催すること自体が求められている情勢なので、日をおいて再度お願いに行った。先生は、消費者物価上昇の根底にある、高度成長下で培われた「制度・慣行」について討議する必要がある、と言われて懇談会の開催に賛成し、座長を引き受けて下

中山伊知郎

東畑精一

有沢広巳（中央）と

さった。その際、「都留君に委員になってもらって下さい」と言われた。このことは、中山先生が懇談会に賛成し、座長を引き受けることの条件であった。

　ところで都留先生に物価問題懇談会の委員を委嘱することには、二つの問題があった。一つは企画庁内部の問題である。先生は、戦後直ぐの二二年六月に企画庁の前身の経済安定本部の総合調整委員会副委員長となり、同年七月に経済白書第一号といわれる経済実相報告書を執筆しているので、企画庁とは縁の深い人である。しかし翌二十三年四月に安本を退職後は、企画庁と殆ど関係がなかった。そこで企画庁内部の反応が懸念されたが、それは内輪の問題なので何とかなる。大きな問題は、非米委員会からの喚問歴などがある都留先生を委員に据えることが、政治的に通るかどうかであった。物価問題懇談会は、経済企画庁長官の私的諮問機関で、その人事は内閣の人事案件ではないが、第一次物価問題懇談会以来政府内部で極めて重視されてきた存在である。そこで、率直に長官の意見を聞くことにした。当時の長官は、四〇年六月の内閣改造で、かの藤山愛一郎氏に変わっていた。説明を聞いた藤山長官は、即座に「都留先生、結構じゃないですか。是非お頼みしてください。佐藤総理には私から話しておきますから。」と言われた。早速、赤坂の都留邸を訪ね、懇談会の趣旨を話して委員就任をお願いし、ご快諾を得た。その時に先生が「ほお、経済企画庁がね」と言われたのが、耳朶に残っている。

第二次物価問題懇談会は両先生のほか、有沢広巳、馬場啓之助の両先生、中央三紙の論説委員など学識経験者一一名、経済界代表三名、労働組合代表一名、農業代表二名、消費者代表三名、計二〇人の多彩な顔触れの委員で発足した。なお途中で、伊東光晴東京外語大教授、宮崎義一横浜国立大教授、武山泰雄日経論説委員の三人が、委員に加わった。

第二次部物価問題懇談会を開催することは、四〇年一二月一〇日の閣議に報告され、同日、臨時物価対策閣僚協議会の設置が閣議決定され、また、物価問題懇談会において討議された事項のうち特に重要な問題については、臨時物価対策閣僚協議会に付議して検討を行うことが閣議了解された。

第二次物価問題懇談会の第一回総会は、四一年一月一〇日に開かれた。その開会挨拶で藤山長官は「当懇談会に対しましては、差し当たって通常の形式での諮問を行うことは考えておりません。むしろ委員の皆様方におかれましては、当懇談会を皆様方ご自身の懇談会とお考えいただきまして、皆様方から積極的に討議すべき問題をご提起いただき、広くかつ自由にご討議頂きたいと存じます。ご討議頂きました事項については、随時臨時物価対策閣僚協議会に付議し、速やかに政府の施策に反映せしめていきたい」と述べた。この方針によって、第二次物価問題懇談会の運営は、従来の政府関係の諮問委員会などの運営とは大きく変わったものとなった。

懇談会は、代表的な消費財及びサービスについて、生産・流通・消費の実態に即して価格上昇の原因を明らかにし、対策を検討することになり、総会の下に三つの専門委員会が設けられた。都留先生は、運輸、水道、その他のサービスの料金を扱う第三専門委員会の主査を務めることになった。第三専門委員会が討議しまとめた提案は、次の三件である。なお水道料金については、討議をしたが時日の関係で、提案としてまとめられなかった。

（一）公営交通事業について（三月二五日提案）

第一次物価問題懇談会の報告を受けて、政府が公共料金値上げ抑制策をとっているなかで、横浜と大阪の市営電車及びバスの料金値上げが懸案となっていたので、懇談会での基本問題の検討の前に、差し当たり政府のとるべき措置について述べたものである。

（二）都市交通について（五月三一日提案）

交通料金の継続的上昇の要因として、労働集約性が強い交通事業では、労働生産性の上昇が困難なため、料金が所得水準の上昇に伴って上昇する傾向があるほか、次の二点をあげる。

（1）地下鉄、国鉄、大都市近郊私鉄のように、膨大な投資に伴う資本費の急増

（2）都市バスのように、交通混雑からくる運転効率の低下に伴うコスト上昇要因

対策として、構想を新たにした一段と強力な都市政策を確立することのほか、次の二つの措置を提案する。

（1）各種交通機関の投資に伴い、沿線地価の上昇という形で現れている開発利益を交通事業など公共的投資主体に還元させるため、①土地の販売制度について検討し、②税制または受益者

負担制度などの改善をはかる。
（2）交通料金は原価主義を原則とするが、原価主義の運賃が長期的にみて、合理的な交通体系と運賃体系とを実現させる保証はない。交通事業が自らの責任で生じたものではないコスト要因（ラッシュ時の片通輸送や都市中心部の交通混雑という「外部不経済」）を吸収せざるを得ないからである。よって、①私的輸送機関に対するバスの優先通行の確保、②都市中心部を運転する一般乗用車に対し特別の課税をしたりする措置、などを検討する。

この提案は、関係機関からのヒヤリングと、専門委員会での討議とに基づき、都留主査が自ら執筆したものである。

この提案には、忘れ得ないことがある。専門委員会の案について、総会に付議する前に長官に説明した席でのことである。大蔵省から出向中の官房長が、都市中心部を運転する一般乗用車に対し特別の課税をするとの案に対し、そんなことをすれば、これから我が国の輸出産業の中心となるべき自動車産業の発展の芽を摘むことになりかねない、と反対意見を述べた。すると藤山長官が、「私は専門委員会の提案に賛成です。慶應大学の駐車場は学生の通学の自動車で一杯で、訪問客の車も入れない。こんな状況は行き過ぎですよ」と言われ、専門委員会の案どおりとなった。

かくしてこの提案は、滔々たるマイカー熱のなかで、混雑税と公共交通優先主義という今日の課題でもある考え方を、早々と提起するものになった。

（三）貨物運賃について（六月三〇日提案）

価格形成過程で相当の比重を占める物的流通経費のうち、貨物運賃の問題について提案したもので、四つの問題から成る。
(1) 鉄道貨物駅と荷主との間の輸送を担当する通運事業の企業体制の改革、鉄道と通運との関係の改善、さらに進んで、諸外国で既に例がある鉄道と通運とを一体とする輸送体制を採用すること、を提案する。
(2) 鉄道貨物輸送とトラック輸送の間で、適正な競争関係と合理的な輸送分担関係が成立することは、物的流通経費節減の一眼目である。
国鉄の貨物輸送の強化合理化に必要な投資額と、トラック輸送の拡大及び円滑化のために必要な道路その他の施設に対する投資額とを考慮にいれ、国民経済全体としての観点から両者のコストを比較すると、トラック輸送は国鉄輸送より、さらに高いものになると予想される。よって基本的な提案として、①現在国鉄が貨物輸送合理化について行っている努力は、大いに支援すべきものである。②現に進められている大規模な幹線自動車道路建設計画については、その先行投資的性格、地域開発等に貢献する側面、予想される利用態様など、その経済性と受益者負担の在りかたについて綿密な検討を行ったうえで具体化する、との二点を述べる。
(3) 内航海運のもつ比重はむしろ増大することが見通されるとして、関連する諸施策について提案する。
(4) 荷造梱包費用は物的流通経費中かなりの比重を占めるとして、コンテナリゼーション、パレチゼーションなどの普及と、関連技術の開発について、提案する。
この提案も、関係機関からのヒャリングと専門委員会の討議に基づき、都留主査が自ら執筆したものである。注目されるのは、当時における鉄道貨物輸送時代遅れ論と、各界にわたる自動車高速道路建設熱とのなかで、鉄道貨物輸送の見直しと、その改善及び支援を提案したことである。それは、長距離トラック輸送が今日惹起している様々な問題と、旧道路公団が残した膨大な債務の問題(都留著『市場には心がない』第一部第一章の「道路公団の民営化」参照)とを、正しく先取りしたものとなっている。

懇談会は九月から、物価対策と財政金融政策、大企業における競争阻害要因、地価問題の三つのテーマにつき、それぞれの専門委員会を設けて討議することになり、都留先生は、地価問題専門委員会の主査を務め、他の二つの専門委員会にも委員として参画することになった。なお地価問題専門委員会には、江戸英雄三井不動産社長と櫛田光男日本不動産研究所長が特別委員に加わった。

地価問題専門委員会は、建設省の説明、英独仏伊の地価問題に関する専門家の説明の後、都留主査と伊東委員が起草した素案を台に数次にわたる討議を重ね、一一月末に「地価問題について」の提案をまとめた。提案は、一二月一三日の第二次物価問題懇談会最後の総会で審議、決定され提出された。

(四) 地価問題について(一二月提案)

提案は一万三千字に及ぶ長文のもので、地価高騰の実態、地価高騰がひきおこしている諸矛盾、地価問題についての基本的な考え方、具体的提案、の四章から成る。前二章は省略し、後の二章について簡単に説明する。

地価問題についての基本的考え方の第一として、土地の公共性について述べる。憲法二九条の「財産権」につき、「個人の労力と資本とで自由な競争を経て獲得し、蓄積した財産」との学説を引用したうえ、「公共投資等の外部経済的活動によって増価した地価部分が、その土地の私有者に帰属するのを当然とみなすことはできない」との、注目すべき見解を述べる。

基本的考え方の第二は、地価そのものに対する対策に重点を置くことである。地価形成要因として、①裸地の機会費用、②交通・通信・ガス・下水道等の開発費、③外部経済的利益の創出、④投機要因を挙げ、④はできるだけ排除し、②は起業者に還流させるべきもの、③は譲渡差益税又は土地増価税の対象とすべきことを説く。そして、宅地需給のアンバランスが云々されているが、前記の地価形成要因中の②③④を吸収する措置を講じないで、公的機関や民間宅地造成業者が土地購入を急ぐことは、地価安定よりは地価引上げを招来する可能性が強いと警告する。

基本的考え方の第三として、土地利用計画の確立が、すべての基本的前提と説く。

具体的提案として、「国土の公共性、社会性の認識を新しく打ち立て、不労期待利益を容認してきた従来の態度を打破することが基本前提となる」と述べたうえ、次の施策を提案する。

第一は、土地行政の一元化と土地利用計画の確立についてである。

第二は、都市地域における土地の公的保有の推進について述べる。

第三は、開発利益の吸収還元と地価の公示制についてである。公的機関による土地の買収又は収用価格は、事業計画時の価格を基準とする制度を確立すること、譲渡所得税制の改善、その他について述べる。

第四は、宅地の大量供給についてである。現在の売手市場的心理を払拭させるためには、将来の宅地供給には事欠かないという事態を、現実にしかも一挙に造りだすことが有効であるとして、関係省庁及び地方公共団体に対し、各種の施策を提案する。

第五は、土地流通機構の改革整備である。

そして、以上に述べた具体的提案は、殆どいずれもが、政府の審議会、閣僚協議会、衆議院決議などで、一度はその考え方が提起されたものである、と述べたうえ、「地価高騰が経済効率化の大きな障害となっていることをあらためて確認し、政府の不退転の決意をもつて、必要な施策の実行に踏み切ることを本懇談会は期待する。」と結ぶ。


懇談会は、都留主査の専門委員会が扱った前記四件の提案のほか、他の二つの専門委員会が扱った、①米価問題について、②生鮮魚介の価格安定について、③医薬品、化粧品、石けん、洗剤等の家庭用品について、④加工食品（食パン・しょう油・とうふ）について、⑤物価政策と財政政策及び金融政策について、⑥大企業における競争阻害要因について、⑦牛乳及び乳製品について、の七つの提案を総会で審議決定し、長官に提出している。

第二次物価問題懇談会のこれらの一一件の提案はいずれも皆、国民が大きな関心を抱いている当面の問題に対して、具体的にずばり斬り込んでいったので、すべての提案が殆どの新聞の第一面で大きく取り上げられ、大きな反響を呼ぶことになった。また、現状に対しきびしい検討に基づく提案は、関係官庁と関係業界に大きな緊張感を与えるものとなった。それだけに、関係官庁や関係業界から、相当な抵抗があったのも事実であり、時として、嫌がらせに類することを経験したこともある。

第二次物価問題懇談会がこのような成果をあげることができたのは、まず、消費者物価を押し上げているメカニズムの根底にある「制度・慣行」に斬り込むという、懇談会発足当初からの中山座長の方針にすべての委員が共鳴し、協力した結果である。

さらに、都留先生の経済理論と政策理論が、懇談会全体の雰囲気に与えた影響というようなものを、事務局の立場にあった私には感じられてならない。都留先生の発言は常に、斬新な角度から問題の核心に整然と迫るものであった。またこんなことも思い出す。先生が今のアメリカでは、生産者が消費者の需要を造り出すため、例えば野菜や果物ナイフのメーカーがナイフの柄をわざと緑色にして、使うひとが野菜などに紛れてナイフを捨ててしまうように仕向けている、という話をされ、消費者代表の婦人委員などが笑いながら最新の経済学理論の一端にふれたものである。懇談会の会議は、屡々都留経済学教室の観を呈したものである。なお懇談会は一年の間に総会が一七回、都留先生が主査の専門委員会が十数回と、極めて多忙な日程であったが、都留先生が欠席された記憶は殆どない。都留先生が委員として参画した専門委員会にも、屡々出席されていた。

最後に、藤山長官が物価問題懇談会を信頼し、その討議を尊重してすべてを懇談会にまかせ、懇談会の運営には一切容喙しないで、その提案を尊重していたことである。藤山長官が都留委員の実現に積極的であったことは、冒頭で述べた。藤山長官が、時流に抗する都留提案を支持したことも、都市交通についての提案に関連して述べた。藤山長官は、四一年一二月一日の自民党大会における党総裁選挙に立候補するため、一一月始めに佐藤内閣の閣僚である経済企画庁長官を辞任したが、懇談会の提案の大部分は藤山長官の時代に提出されており、藤山長官辞任後も懇談会の気風が変わることはなかった。藤山愛一郎氏は、五一年八月刊行の経済企画庁三〇年史の元長官回想文のなかで、「非公式の物価問題懇談会を設け、座長に中山伊知郎先生をお願いし、経済学者の都留教授を始め、労働組合、婦人消費者運動の代表者等幅広に就任を願い、総理に意見具申をすることにした。各委員は熱心に討議され良き意見をまとめられたが、各省庁の関係もあり、充分な実施の成果を挙げえなかった。」と書いている。

第二次物価問題懇談会は臨時に設けられたものであるから、四一年一二月一三日の総会でその任務をおえて解散した。しかし、その後も物価対策の重要性はかわらないので、四二年二月「物価安定推進会議」が設けられ、第二次物価問題懇談会の委員のほか、新たな委員も加わり、第二次物価問題懇談会の提案の実施状況、その他新たな問題を検討していくこととなった。

公害・環境問題研究のパイオニアとしての都留先生

永井　進・寺西俊一

一　はじめに

都留重人先生の生い立ちや研究業績について、ここで改めて紹介することはほとんど意味のないことかもしれない。先生の主たる研究業績については、すでに『都留重人著作集』（全一三巻、一九七五年〜一九七六年）が講談社から出版されている。また国際的にも、〝二〇世紀の経済学者〟シリーズの一巻である *The Selected Essays of Shigeto Tsuru*（二分冊、一九九四年）が Edward Elgar 社から出版されている。さらには、『いくつもの岐路を回顧して』（岩波書店、二〇〇一年）という詳細な自伝も著わされている。

これらの膨大な出版物を参照すると、都留先生はつねに完璧主義ともいうべき生活スタイルを貫いてこられたように思われる。先生は、時々〝凡都人〟というペンネームを使っておられたが、この凡という字の意味について、一橋大学の経済研究所に残されている記念ライブラリーには「一点の凡も許さない」学問を形成したという説明がされており、なるほどと感心させられる思いである。ありし日の先生の講義や講演は、そのまま論文になる類のものであり、完璧主義の合理的な生活スタイルは先生の研究スタイルに直結していたといえる。

都留先生は、一九一二年三月に東京に生まれ、愛知県熱田中学から旧制第八高等学校に進学された。しかし治安維持法「改正」による大検挙で八高を除名となり、その後、ドイツ留学も考えられたようだが、東邦ガスに勤めていた父親の勧めもあって、結局、一九三一年、米国ウィスコンシン州のアップルトンにあるローレンスカレッジに留学された。日本の旧制高校にあたる同カレッジでは、彼は言語学、論理学等に興味を示し、ニューヨークタイムズを購読するなど、普通のアメリカの高校生とは多少異なった生活を送られた。陸上競技部にも所属し、長距離ランナーとして活躍もされた。一九三三年にハーバード大学に進み、シュンペーターと出会い、同教授の下で経済学を専門的に研究するようになる。周知のように、当時のハーバード大学経済学部の大学院は「黄金時代」といわれたように、先生の大学院生仲間は、トリファン、サムエルソン、ガルブレイス、トービン、マスグレーブ、スウィージー兄弟、バーグソンなど、錚々たる研究者が群れをなしていた。その中で都留先生は、戦前の日本で研究が盛んであったマルクス経済学に通暁する貴重で稀有な日本人研究者として異彩を放っていた。

その後、一二年間にわたる滞米生活も太平洋戦争の勃発によって終止符を打たれ、一九四二年、

1931年2月、ローレンス・カレッジの長距離ランナー・チーム（右から2番目に都留重人）

戦時下の交換船で帰国。陸軍二等兵として三ヶ月間入隊したが、国際感覚をかわれて外務省に勤めるなどした後、経済安定本部で敗戦後の日本の復興に向けて力を尽くされ、第一回の『経済白書』を執筆された。そして、一九四八年に一橋大学の経済研究所に勤務されることになったが、その後も、研究所の仕事をこなされながら、国際的な研究・交流活動はとどまることを知らず、研究所教授会では、先生の出張承認が毎回のように提起されたという逸話も残っている。

都留先生の経済学は、マルクス経済学とハーバード大学経済学部・大学院の「黄金時代」に身につけた近代経済学、とりわけケインズ経済学という二つの経済学の流れに立脚しつつ、国際的な幅広い見地から制度派経済学をはじめとする現代の経済学を幅広く論じ、日本においては、いわゆる「経済学の学」ではなく、現実の課題に応えうる「経済の学」のあり方を求めるものであった。そして、その延長線上において、今日の公害・環境問題の研究にもいち早く着手され、まさにパイオニアとしての役割を果たしてこられた。(1)

二　都留先生が切り拓かれた公害・環境問題の学際的研究への途

では、公害・環境問題研究のパイオニアとして、都留先生はどのような足跡を残してこられたのか。以下、この点について簡単に振り返っておこう。

まず、一九六三年七月九日、当時、いよいよ深刻化しつつあった公害問題に関する学際的研究グループ(「公害研究委員会」)を日本で初めて発足させている。その事務局が置かれた(財)統計研究会には、この「公害研究委員会」の発足に関する「会議報告」の記録文書(現物はガリ版刷り三枚)が残されているが、その一枚目には次のように記されている。

「会議名　公害研究委員会(第一回)」「出席者名(五十音順)委員長　都留重人、委員　小森武、柴田徳衛、庄司光、野口雄一郎、宮本憲一、幹事　今正一、渡辺精一」(なお同議事録では「法学関係者から更に一名追加の予定」とある。この一名は戒能通孝である)。

また二枚目には、この会議の「実質的審議事項」の「(2)『公害』の概念を規定すること」として、以下のように記述されている。

「『公害』(public nuisance)とは、本来法律用語である。具体的には従来、大気汚染、水質汚濁、騒音・振動に限られていたようである。しかし、私企業がかもしだす外部不経済という経済学的視点、並びに公害発生の間接的原因としてあげ得る行政作用の不手際という観点などを考慮すると、公害の概念を従来のものよりもある程度拡大して把握する必要がある。それは当然『外部不経済』の概念よりは狭くなるだろうけれど、たとえば地盤沈下、交通事故などをその具体的はんちゅうに加える必要がないだろうか。大要以上のような意見交換が行われたが、その結果、公害の概念は、委員会の進行に伴い徐々に明確化されていくであろうけれど、委員会発足の当初において、一応の概念規定を行って見解を統一しておくことも必要であろうということになり、とりあえず都留委員長が原案を作成することとした」。

かくして日本では、いわゆる「都留委員会」とも称されたユニークな学際的研究グループが本格的な活動を開始することになったのであった。これは、その後、一九六七年八月になってようやく制定されることになった政府の「公害対策基本法（旧）」に先だつこと、四年も前のことである。(2)

この学際的研究グループは、発足後ただちに、「公害に関する社会科学的・生態学的研究」「公害による損失評価とその補償および対策に関する研究」「公害対策についての責任と費用の分担に関する研究」「日本における公害と地域開発に関する研究」など、現場を重視した精力的な調査研究を推進し、その最初の成果として、都留重人編『現代資本主義と公害』（岩波書店、一九六八年）を出版している。同書は、公害問題に関する基本的な理論構成（実態論＞原因論＞責任論＞対策論＞費用論＞主体（運動）論）を先駆的に提示したものとして注目される。そこで示された理論構成は、その後、ますます多様化している今日の公害・環境問題に関する学際的研究において、そのまま踏襲されるべきものになっているといえる[3]。

さらに、このグループが中心となって、一九七〇年三月には国際社会科学評議会主催による「環境破壊に関する国際シンポジウム」を実施している[4]。このシンポジウムには、K・W・カップ、W・レオンチェフ、M・ゴールドマン、J・サックス、A・クネーゼなど、当時の名だたる研究者たちが参加した。そこでは「環境権」の確立の重要性がいち早く提唱された。このシンポジムは、一九七二年六月にストックホルムで開催された「国連人間環境会議」にも無視できない影響を与えるものであった[5]。また、このシンポジウムの成果を受けて、一九七〇年七月には、岩波書店から『公害研究』(一九九二年九月より、今日の『環境と公害』に改題)という同人誌が創刊され、今日まで約四〇年にわたって刊行が続いている。さらには、都留先生を筆頭する同誌の編集委員会メンバーが中核となって、一九七九年六月には「日本環境会議」(Japan Environmental Council: JEC)という、広く市民にも開かれた研究者・専門家によるユニークな学際的研究ネットワーク組織を発足させている。この「日本環境会議」も、今日まで実に三〇年を超える息の長い活動を続けており、国内外の環境政策のあり方に少なからぬ影響を与えている(二〇〇九年一〇月現在、四五〇名の会員組織に発展[6])。

以上にみるように、まさに都留先生は、日本の公害・環境問題の学際的研究への途を草分け的に切り拓き、そのなかで指導的な役割を果たしてこられたパイオニアであったといえる。

三　都留先生の公害・環境問題研究にみる特徴と意義

次に、都留先生自身による公害・環境問題研究の特徴と意義について述べておこう。この点では、とくに一九七二年に出版された古典的名著というべき『公害の政治経済学』（岩波書店）をとりあげておく必要がある。同書は、経済学における「外部経済」論や「外部不経済」論にもとづきながらも、その枠内にとどまることなく、具体的な公害被害をめぐる現実に焦点を当てて、そこに社会科学的な「公害の政治経済学」の体系を独自に展開したものとなっている。

まず先生は、当時の公害問題を、①発生源、②現象形態、③被害状況という三段階で捉えるべきだと主張した。いうまでもなく、発生源とは、大気や河川・海域などへの汚染物質の排出源を意味するが、排出それ自体は少なからず環境汚染をもたらすものの、深刻な公害被害をもたらすとは限らず、発生源が増加し、量が質に転化するに及んで各種の公害被害を生み出すことになる。仮に発生源で汚染物質を自然環境にそのまま放出しないで回収するなどの対策をとることが技術的に可能であったとしても、費用を極力削減しようとする企業などは、故意あるいは無意識に、その対策費用を回避する傾向がある。また、こうした企業が「規模の経済」を求めて大量生産を行い、あるいは、「外部経済」を求めて地域的に集積すると、汚染現象が拡大し、環境条件や立地条件にも規定されて、被害の面でも量が質に転化し、そこに深刻な各種の公害被害がもたらされることになる。こうした都留先生の「公害論」の特徴の一つは、一方での「外部経済」を求めての企業活動の地域的集中やそれに伴う都市化現象などが、他方において、深刻な「外部不経済」を発生させるという経済的な因果関係を明らかにしている点にある。

また、都留先生の「公害の政治経済学」にみる、より重要な特徴は、素材面と体制面の区別と総合という、いわゆる「都留経済学」に独自な方法論が踏まえられていることである。[7] 先生によれば、たとえば経済学でいう「外部経済」や「外部不経済」（合わせて「外部効果」という）とは、素材面では内部、外部の区別なく相互連関的に現出する事象のうち、体制面である「市場の網」からはみ出てしまう部分を指すのであって、その意味で、「外部経済」や「外部不経済」の現れ方は特定の体制に依存したものとなる。この点は、たとえば人間福祉とＧＮＰ指標との関係などを考えるうえで、とくに重要である。

都留先生は、一九七一年にパリで開かれた「環境の政治経済学」に関するシンポジウムで、"In Place of GNP"という優れた論文を発表され、ＧＮＰ指標の体制的性格を批判しておられる。そこでは、人間福祉の向上とはまったく無縁なＧＮＰの拡大事象として、①本来無くして済ませたい消費支出、具体的には、防犯費用、交通費用などの経費的消費、②本来無くても済むようなサービスが現実に不可欠となるような制度的な仕組みができあがっている場合に生じる所得介入の現象、たとえば連邦破産法による会社更生で必要となる多大な弁護士費用等の支出、③消費者がいやおうなしに強いられる無駄な支出、たとえば耐久消費財における計画的な陳腐化や軍事費のような必要悪としての支出などの「無駄の制度化」、④再生不可能な資源を消費することによってＧＮＰを拡大することができるが、その分、将来世代の福祉を減少させるという社会的富の減耗、⑤社会のダイナミックな変化に対して市場経済の対応が近視眼的でアトミスティックであるために生じる動学的調整における非効率性、以上の五つの事象が挙げられている。

都留先生は、各種の公害被害や環境破壊をめぐる問題を、④の「将来世代の福祉を減少させる社会的富の減耗」としてとらえるという重要な視点を提示しておられた。改めていうまでもなく、大気、河川、湖沼、土壌、森林、さらには建築物を含む歴史的・文化的な景観などは、いずれも人間福祉の源泉となる貴重な共有資源である。これらの共有資源をむやみに劣化させ破壊することは、「将来世代の福祉を減少させる社会的富の減耗」にほかならないというのが、先生のとらえ方であった。その際、都留先生は、かつてI・フィッシャーが『資本と所得の本質』(一九〇六年)[8]のなかで提示した「資本」と「所得」の概念に注意を喚起しておられる。フィッシャーは、人間福祉の源泉となる全ての社会的富を「資本」と呼び、その「資本」を増加させる行動を「生産」、逆にそれを減少させる行動を「消費」、その「資本」がそれぞれの性質に応じて提供するところのサービスを「所得」と呼んだ。これは、「所得フロー」の拡大よりも「資本ストック」の質的充実を重視するという考え方につながっている。

さらに、都留先生の「公害の政治経済学」における第三の特徴として挙げられるのは、各種の公害被害に対する「責任と費用負担」のあり方を具体的に論じていることである。[9]先生は、公害による各種の被害を、市場で成立する価格にもとづいて計算しうるものだけに限定するという傾向が強いピグー流の「外部不経済」としてだけではなく、そもそも市場を通してはそのマイナスの程度が評価しえない人間福祉そのものの損失としても捉えていた。先生は、こうした公害による各種の損失を、①福祉そのものの滅失で、相対的比較を許さぬ絶対的なもの、②福祉そのものの滅失であるが、復元が可能で、復元費用を推定しうるもの、③福祉手段の滅失で、その損失を貨幣価値で表わしうるもの、に分けている。そして、こうした公害による人間福祉の損失に対する責任のあり方を重要視した。その際、各種の損失にかかわる因果関係論とは区別して責任をめぐる議論を展開し、汚染発生者が主たる責任を持つべきなのは当然としても、現象形態たる汚染被害を適切に観測し、しかるべき環境基準を設定して個々の発生源に排出基準を遵守させるべき国や地方自治体などの行政責任も重大であることを指摘した。さらに、費用負担論に関しては、「公害関係費用」として、①防除費用、②ダメージ救済費用、③ストック公害費用、④監視測定・技術開発・公害行政などの間接費用という分類を示したうえで、①と②については、その第一次的な費用負担者は汚染発生者であるべきだとするPPP（Polluter Pays Principle）の原則をいち早く主張した。また、③についても、主に汚染発生者が負担すべきであるが、たとえば海浜におけるヘドロの堆積のように汚染物質が蓄積されるに至った具体的事情によってはケースバイケースで判断すべきだとし、さらに④については、行政が負担すべきであるという主張を行っている。

続いて、都留先生の「公害の政治経済学」における第四の特徴は、問題の解決を担う主体としての住民や市民による運動の重要性を踏まえたものになっていることである。すでに触れたように、一九七〇年三月に開催した「環境破壊に関する国際シンポジウム」では、都留先生自ら起草された「東京宣言」が採択されているが、そこでは、「ミシガン州環境保護法」の制定に関与したJ・サックス教授が提唱された「環境権」の思想と「公共信託財産」の考え方が盛り込まれている。[10]これ

1974年7月、四日市市磯津西町の平松様宅
(左から、新沢嘉芽統、庄司光、都留重人、清水誠、宮本憲一、一人おいて、磯津漁協・平松氏)

は、かつては誰のものでもないとされていた共有的な環境資源について、それにかかわりを持つ市民(将来の世代を含む)がその管理を「公共信託財産」として政府に委託しているものとみなす考え方である。この考え方に立つならば、市民の側が「公共信託財産」としての管理のあり方に不備を見出した場合、そのことに異議申し立てを行い、また、司法を通じて訴えを起こすという道も開けるようになる。都留先生の「公害の政治経済学」では、こうした「環境権」と「公共信託財産」の考え方にもとづいて、問題の解決を担う主体としての住民や市民による運動の重要性が位置づけられている。

なお、この点では、都留先生自身が一九七七年の大阪国際空港公害訴訟において自ら証言台に立たれたことにも言及しておく必要がある(11)。そのときの証言では、環境を「公共信託財産」とみなす考え方を説明され、騒音と振動からなる航空機公害の発生源対策として、空港の広さを十分にとるべきこと、騒音・振動の防止技術の改善、飛行時間の制限および発着機数の制限などの必要性について詳細な主張を展開されている。その際、ロンドンの第三空港建設に関するロスキル委員会にも触れ、複数四案の費用便益評価が行われ、徹底した住民との対話を通じて最終的な候補地としてフォルネスが決定されたプロセスを紹介している。また、アメリカ合衆国のダラス・フォートワース空港の設置やケネディー空港の拡張のケースでも、十分な時間をかけて幅広い住民や専門家からの意見聴取が行われた経緯についても紹介している。

最後に、都留先生の「公害の政治経済学」における第五の特徴として挙げておく必要があるのは、問題の歴史と教訓が非常に重視されていることである。[12] 実際、『公害の政治経済学』では、日米における公害の歴史が詳細に描かれている。とくに日本に関しては、足尾鉱山の事例を念頭に置きつつ、別子鉱山と日立鉱山によって引き起こされた公害問題とその対策の歴史が詳述されている。また、アメリカに関しても、ピッツバーグでの大気汚染とその対策の歴史やニュージャージー州のレアリタン河の汚染と対策の歴史などが取り上げられ、こうした歴史から学ぶべき教訓が示されている。

以上、概略的に述べたように、都留先生による公害・環境問題研究にみる幾つかの特徴はいずれも、今日の公害・環境問題研究においてわれわれが積極的に引き継いでいくべき意義をもっているといってよい。

四　おわりに

一九八五年六月、都留先生は母校のハーバード大学から名誉学位を授与された。授与式の行進にはエスコートがつくという慣わしがあったようで、そのときは、フランスのソルボンヌ大学のアカデミック・ガウンをまとったのがJ・K・ガルブレイス教授であったという。ボック総長が授与式で述べた短い表彰文には「都留重人氏は、日本の環境問題における市民運動の先駆者である」という一節があったということが、冒頭で触れた自伝『いくつもの岐路を回顧して』のなかで記されている。この一節こそ、まさに戦後日本の公害・環境問題研究において指導的なパイオニアの役割を果たしてこられた都留先生に対する、まことに適切な賛辞であったといえるだろう。

〔注〕

(1)　永井進「公害の政治経済学の創立者―都留重人―」『環境と公害』第三九巻第一号（岩波書店）、二〇〇九年七月、参照。

(2)　宮本憲一「都留重人先生と環境研究―『公害研究委員会』の創設と活動を中心に―」『学際』第一九号、二〇〇六年一一月、参照。

(3)　寺西俊一「環境被害論の新たな展開に向けて」『環境と公害』第三六巻第三号（岩波書店）、二〇〇七年一月、および、寺西俊一「特集②：公害研究のパイオニアたち＝1　本特集にあたって―ユニークな学際的研究グループの足跡に学ぶ―」『環境と公害』第三九巻第一号（岩波書店）、二〇〇九年七月、参照。

（4） Shigeto Tsuru, ed., *Proceedings of International Symposium on Environmental Disruption,* Tokyo: Asahi Evening News, 1970 参照。

（5） 都留重人・宮本憲一・寺西俊一ほか「〈特別座談会〉公害研究20余年の実績と新たな発展をめざして（上）（下）」『環境と公害』第二二巻第一号、一九九二年九月、同第二二巻第二号、一九九二年一一月、参照。

（6） この「日本環境会議」（ＪＥＣ）の最近の活動については、そのホームページ：http://www.einap.org/jec/ 参照。

（7） この点について、より詳しくは、華山謙「解説・都留教授の政治経済学」『都留重人著作集』第6巻、講談社、一九七五年、および、寺西俊一「経済体制論アプローチ」植田和弘・落合仁司・北畠佳房共著『環境経済学』有斐閣、一九九一年、参照。

（8） Irving Fisher, *Nature of Capital and Income*, N. Y. and London: Macmillan, 1906 参照。

（9） こうした公害・環境問題研究における「責任と費用負担」をめぐる議論の意義については、寺西俊一「環境問題への社会的費用論アプローチ」佐和隆光・植田和弘編『環境の経済理論』岩波書店、二〇〇二年九月、参照。

（10） Joseph L. Sax, *Defending the Environment: A Strategy for Citizen Action*, N. Y. Knopf, 1971（山川洋一郎・高橋一修訳『環境の保護』岩波書店、一九七四年）、参照。なお、このサックス教授は、「環境権」の提唱および「公共信託財産」論の功績によって、旭硝子財団による「ブループラネット賞」（二〇〇八年度）を受賞している。

（11） 都留重人「大阪空港判決の『公共性』」淡路剛久・寺西俊一編『公害環境法理論の新たな展開』

日本評論社、一九九七年、参照。

(12) 都留先生が晩年に英語文献としてまとめられたShigeto Tsuru, *The Political Economy of the Environment: The Case of Japan*, London: The Athlone Press, 1999においても、全九章のうち、「Historical Analysis」に三章分が当てられている。

公害の政治経済学を他の方法から分かつものは何か
――都留理論を現代に生かす道

岡　敏弘

一　はじめに

都留重人は、いち早く公害問題に注目し、これを経済学がどう捉えるべきか、また、その問題に対処するために経済学をどう変えていかなければならないかをめぐって苦闘した経済学者である。都留の環境経済学は、「政治経済学」であるとされ、単なる「経済学」とは違うと指摘される。また都留の方法は「経済体制論アプローチ」と呼ばれ、「外部負経済論アプローチ」や「物質代謝論アプローチ」と区別される（植田他 1991）。しかし、都留経済学をそのように性格づけることの意味は、実はあまりはっきりしていない。

都留経済学のそのような性格が、単なる経済学との、また、他のアプローチとの、どのような分析上のまた政策上の違いを生み出すのかが明らかになっていないからである。実際、都留自身「外部負経済」という概念に最も早くから注目した経済学者であったし（都留 1950）、都留経済学の特徴を説明する例として取り上げられるものが、他のアプローチと変わらないという印象を与えることが多いのである。また、都留自身の説明も、曖昧さを残しているように思われる。

本論文は、都留の環境経済学を他のアプローチから真に分かつものは何かを明らかにする。それは、都留の経済学全体の中に環境へのアプローチを位置づけることによって初めて達成できる。その上で、都留の方法を現代の問題にどう生かすかを考えよう。

二　都留環境経済学の特徴と言われていること

都留重人は、公害問題への自らの接近方法を「政治経済学的」と呼んだ。すなわち、一般に「経済学的」と呼ばれる接近方法と区別された「政治経済学的」な接近方法を問題にする意味は、どのような点にあるのであろうか。一つの答は、たとえ生産技術や都市化の段階が同じでも、経済体制が違うと、公害の発生やそれに対する対応策の効果が、体制的な理由により異なりうるとみなす立場が「政治経済学的」であるとするものである。

と（都留 1972, 一頁）。また、

一口で言えば、経済現象の素材面と体制面とを区別しながら両者の統一的把握をはかるという要請が、ここにはあるのであり、政治経済学的接近とはこの意味にほかならない。
と（同三四頁）。

素材面と体制面とを区別しながら統一するというのは、古典派を源流とし、マルクスによって体系化された、歴史と社会についての基本的な見方である。素材面とは、マルクスの言葉で言えば、使用価値の面であり、体制面とは価値の面である。また、生産力は素材面であり、生産関係は体制面である。

ここで素材面と体制面とを区別しながら統一する方法と対比されているのは、公害の原因を専ら素材面に求める方法である。これは、資本主義体制の下でも社会主義体制の下でも公害が発生したという事実を基に、公害は、体制に関係なく工業化そのものを原因として発生すると見る立場を指す。都留の立場は、これに対して、公害現象発生のメカニズムに体制の違いがあるとするものである。

その現れとして、都留は、素材面で関連していることが体制面で分断されるということを挙げ、その例として、牛乳の生産から消費の過程を挙げている（都留1972，七二頁）。素材面では、その過程は、（a）牛乳生産、（b）容器生産、（c）流通過程、（d）消費者による購入、（e）容器処理という五つの段階からなっており、それらは不可分で相互に連関している。したがって、素材面からはこの五つの段階を統一的に管理する必要があるが、資本主義社会では、これらがそれぞれ自主自責的な行動原理によって果たされる。そこで例えば、（c）の流通過程で、流通費を節約すべくポリエチレン容器が利用され、また、（d）でできるだけ安いものが選ばれることがそのような容器選択を促すが、そのことは、（e）の容器処理の費用を増加させることになる。ところが、この費用は、地方公共団体によって負担され、生産・流通・消費の経済計算には入らない。また、容器製造に伴って排出される汚染物質のもたらす被害は費用として計算すらできず、放置される（同七二―七三頁）。このことは、財（goods）と一緒に生産される負の財（bads）が、体制面では分断されるために、負の財の費用（またはその防止費用）を含めない安い値段で財が供給される事態と捉えられている（同七三頁）。

確かにこれは、素材面の関連性が体制面で分断される事態である。しかし、これは主流派経済学が外部負経済と捉えるものと変わらない。実際、ピグーによる「外部経済・外部不経済の分析」が、そのような分断によって経済合理性の要請が十分には貫かれないことを指摘したものとして紹介されている（同四九頁）。そうしてみると、政治経済学的接近法とは、結局のところ外部負経済論と変わらないのだろうか。

外部負経済論と政治経済学的接近法との違いについて、都留自身は次のように述べている。すなわち、

それ「外部経済・外部不経済」は「市場の欠落」を示すものと言われることがあるが、市場がその本来の機能を十全に発揮していないから外部効果が問題になるのではなく、市場が自由な市場としての機能を貫けば貫くほど、素材面での事情しだいでは、外部効果が無視できないものとして発生するのである。しかし、外部効果というとらえ方は、市場経済的把握を本論とし、いわばその補論として、市場の網からこぼれる事象をすくいあげるようなもので、方法論的に

は、村上泰亮氏が指摘した「近代経済学の力学的接近法」の制約内にあるものと言うべきだろう。

と（都留 1972, 四九頁）。しかしながら、市場がその機能を貫けば貫くほど外部効果が発生することは、外部負経済論も認めるし、本論か補論かは程度の問題である。外部効果を重視する環境経済学であれば、本論として扱っているとも言えるだろう。また、政治経済学的接近法の方も、素材と体制との様々な矛盾のうちの一つとして公害を捉えるのである以上、他の矛盾に比べて、公害が補論的な扱いをされていると言えるかもしれないのである。

他方では、政治経済学的接近法が、素材と体制との区別と統一である限り、それは、マルクス経済学の接近法と同じではないかと思われる。実際、都留の環境経済学を、宮本憲一のそれとともに「経済体制論アプローチ」に含める見方がある（植田他 1991, 一〇六頁）。都留の政治経済学的接近法は、マルクス経済学のアプローチと変わらないのだろうか。

実は都留は、自らの方法が、伝統的なマルクス経済学のそれと違うことを強く意識していた。実際、都留の方法は、ケインズ革命を経た戦後資本主義の現実から、既存のマルクス経済学の変革を目指したものだった。それが公害の政治経済学にどう現れるかは、以下の記述全体を通して明らかにしていく。当面は、外部負経済論と都留経済学との真の違いがどこにあるかを、都留の他の分野の著作を通して追究していこう。

三　素材と価値とを区別しないとはどういうことか

都留重人は、その著書『制度派経済学の再検討』を「マルクス政治経済学の再評価」から始めている（Tsuru 1993）。そこで都留は、「政治経済学におけるマルクスの方法論でもっとも特徴的なことは、社会的生産過程の実物的な側面と価値的な側面とを区別し、かつ総合することの重要性を強調した点である」と述べた（*Ibid.*, p.3, 邦訳六頁）。言うまでもなく、実物的な側面とは素材面であり、価値的な側面とは体制面であるが、この書では、実物の面と価値の面とを区別しない経済学がどのようなものであるかが述べられている。そこから逆に両者を区別することの意味がはっきりする。

両者を区別しない経済学の適用例として都留が取り上げているのは、コブ・ダグラス型生産関数を用いて、経済成長への労働と資本と技術進歩との寄与割合を計測するという手法である。この手法に対して、都留は、生産への諸要素の寄与度という素材面の量を、資本主義的生産様式に特徴的な分配変数という価値面の量を用いて計測しようとするところに、基本的な混乱があると批判している（*Ibid.*, p.11）。とりわけ、コブ・ダグラス型生産関数の変数である資本の測定単位の選択に困難があるという。資本として一台の機械を考えてみると、第一に、それが労働と対比しうる生産要素である限り、計測すべきは、その機械が年々生み出す物的サービスのフローである。それは、機械の使用期間中あまり変化しないが、利潤計算に関係する「資本」の大きさは、当然年々減価する。第二に、労働と同じく機械のサービスの質も、技術進歩とともに改善するが、これはコブ・ダグラス型生産関数の「資本」には反映されない。第三に、賃金が異なれば、相対価格が変わる（そのとき利潤率も変わっているだろう）ので、同じ機械であってもその価値は変わり、したがって、その機械の「資本」としての大きさが変わる。第四に、現実世界の資本は、一種類ではなく多種の機械からなっている。さらに、現実の資本は固定資本だけではなく、流動資本からもなっており、そして、マルクスを含めて多くの経済学者が、賃金をも資本に含めている。要するに、資本は価値の側の概念である。そうである限り、その大きさは利潤率や賃金率によって影響されることを免れない（*Ibid.*, pp. 12–13）。生産の物的側面は、抽象的な関数に還元してしまうことはできないのだ。他方、価値は、すべてを同じ物差しで集計するが、それがどう決まるかは、体制によって規定される。

ここで指摘されている問題は、いわゆる「資本論争」で争われた「資本」概念の曖昧さと同じものである。資本論争では、コブ・ダグラス型生産関数を含む集計的生産関数を使って、諸要素の成長への寄与度を計測することを擁護するソローらの新古典派と、それが前提とする諸概念の矛盾をつくパシネッティらのポスト・ケインズ派との間で論争がなされた（Harcourt 1972, 岡 1987）。資本論争は、理論的には、分配変数が変化するときに、価値で集計された資本と、労働との投入比率が、規則的な変化をするかどうか――すなわち、利潤率が上昇するときに、資本労働比率が低下するかどうか――という点に集約され、この規則的な変化が否定されることによって理論上の決着を見た。しかし、そもそも、価値である資本の、実物生産への寄与度（限界生産物）という概念の矛盾という都留の指摘は問題の中心を射ている。

経済全体の集計的生産関数が存在するための条件がきわめて厳しいものであることは繰り返し指

摘されている(Fisher 1969)し、もっと根本的には、生産の技術的関係を示すと思われているコブ・ダグラス型生産関数が、実は価値の面である分配関係を表す恒等式で分配率を一定としたときに必然的に出てくる関係式に過ぎないということも明らかにされている(Arrow, Chenery, Minhas and Solow 1961; Shaikh 1980)。にもかかわらず、この関数は成長会計分析に用いられ、それを使って技術進歩の大きさが論じられたりしている(Hayashi and Prescott 2002)。この分配の恒等式に生産関数の性質が付与されるのは、分配率一定という仮定に加えて、分配の限界生産力説――賃金率は労働の限界生産力に等しく利潤率は資本の限界生産力に等しいという説――が現実に成り立っていると仮定した場合だけである。このような仮定の上に立つ成長会計分析こそ、素材と価値とを区別しない経済学の典型である。

分配の限界生産力説は、新古典派経済学の分配理論であり、成長会計分析は、新古典派成長理論と呼ばれるものの応用である。してみると、素材と価値とを混合するというのは新古典派経済学に特徴的な性質と見てよさそうである。実際、その性質は新古典派のあらゆる分析に現れる。環境経済学の分野でそれが顕著に表れているのが、実は外部負経済論なのである。

外部負経済論の特徴は、私的経済主体によって負担されない外部費用の存在に着目することである。外部費用という言葉からただちに想像されるように、それは一般の費用と同質の概念であり、生産費などと同様に貨幣によって計測できるものと見なされている。公害が外部負経済と見なされる限り、公害は貨幣額で計測できる費用として捉えられているのである。

環境経済学の中で「環境評価」と呼ばれる分野で追究されているのは、環境の価値をいかに貨幣額として測るかということであり、そのようにして計測された環境価値は、環境保全の費用と対比されて、保全政策の効率性判定に使われることになる。最大効率は、環境の質向上の限界便益がその限界費用に等しくなるところ、すなわち、保全の便益からその費用を差し引いた純便益が最大になるところで達成される。

これに対して、素材と価値とを区別する政治経済学アプローチでは、公害の被害や環境の価値が、貨幣額として計測されることはあり得ない。素材と価値との区別は使用価値と価値との区別であり、古典派以来、価値は使用価値とは関係ないと見なされてきたからである。そして、価値の実体は労働であるから、労働生産物でなければ価値をもたない。したがって、労働生産物でない環境には価値がないのである。

政治経済学的接近法は、環境も環境劣化の被害も専ら素材視点で捉える。それは、環境保全政策を、保全の便益マイナス費用が最大になるところを目指して決定したりはしない。環境保全の効果を素材視点で捉え、人間にとって必要な水準まで環境の質の向上を図るのみである。このアプローチは環境被害を専ら素材で捉える。では価値の面は無視されるかといえば、そうではない。価値の面は、先に見たように、被害を起こすメカニズムを捉える際に着目されるのである。これに対して、新古典派の外部負経済アプローチは、使用価値と価値とは関連していると捉え、したがって、被害を捉えるときも、被害発生のメカニズムを見るときも、素材と価値とを混ぜて見ている。ここに、外部負経済アプローチと政治経済学アプローチとの真に本質的な違いがあるのではなかろうか。

このような方法の違いは政策の違いに反映される。それがよく表れるのは政策手法としての環境税の解釈においてである。そこには、都留経済学とマルクス経済学との違いは何かというもう一つの疑問への解も隠されている。

四　環境税とフローの社会化

都留は、環境政策の一つの手法として公害税を提唱した。環境政策手段としての課税はピグー以来の外部負経済論の伝統の中にあるから、都留の公害税も、一見、外部負経済論に基づくものであるかのような印象を与える。しかし、それはピグー的課税政策とは全く異なるものである。都留は、公害税を、「フローの社会化」の一手法と位置づけている（都留 1972, 一八四—一八七頁）。フローの社会化とは、「資本主義は変わったか」という問題を追求する中から都留が導き出した、体制移行のための政策手段である。都留は、戦後のアメリカ経済で、急速な技術革新が生じたとか、完全雇用維持政策が採られるようになったとか、労働者の貧困が解消されたとかといった変化があり、それによって、恐慌が生じなくなったということを理由に、資本主義が変わったのではないかという議論を吟味し、資本主義が変わったかどうかは、その体制を区分けする本質的な部分が変わったかどうかによって答えられるべきだと主張した。都留が、体制を区分けする本質的な要素と見なしたものは、第一に、サープラス（剰余生産物）がどういう形態をとるかであり、第二に、それを支配するものは誰かということである（都留 1959a, 三五頁）。そして、資本主義とは、第一に、サープラスが利潤の形態をとり、第二に、それが私的資本によって支配される体制であると特徴づけられた(同三六―三七頁)。

この特徴は、第二次大戦後も明らかに変わっていない。このことから、資本主義では次のことが不可避となる。すなわち、利潤追求が経済活動推進の動機となり、利潤は私的資本の支配下にあるが、私的資本は他の資本との競争の中にあるから、競争に打ち勝つために、利潤の大部分は投資に向けられなければならない。すなわち、資本は増殖する。しかし、資本の増殖は生産力を増加させる。増加した生産力の下で、設備と労働の完全利用を維持しようとすれば、需要が増加しなければならないが、所得のかなりの割合が利潤で、したがって消費に向かわず、貯蓄されるとすれば、さらに投資が拡大しなければ、増加する貯蓄を吸収する需要は不足する。需要が不足すれば、不況になる。そこで、不況を克服するのに大きな役割を果たすのが政府による需要創出である。しかし、不況克服の対策が利潤稼得の対象となる分野をおかしたり、利潤そのものへの割り込みであったりすれば、そのような対策への抵抗は強い。そこで、国防のような生産力効果をもたない貯蓄吸収策の魅力は棄てがたいものとなる。武器のような「死の道具」から「生の道具」へと公共支出が転換することが望ましいが、例えば住宅建設のような生の道具は私的資本の利潤機会と衝突するので、それへの抵抗は大きい。かくして、資本主義の本性は変わらず、ある条件の下で一定期間高原景気が続いても、やがて大きな不況を招かざるを得ない、と都留は論じたのである(都留 1959a, 五〇頁)。

ここには、ケインズ革命と、ハロッドやドーマーによるケインズ革命の動学化とを経た後の、資本主義の矛盾の新たなとらえ方が表明されていると見てよいだろう。このようにして、資本主義の本性は変わっていないと結論づけた後で、都留は、資本主義は変わったかではなく、資本主義は変えうるかを問う（都留 1959a, 五〇頁）。資本主義を変えるとは、社会主義への移行を指すが、都留は、当時のソ連を中心とする既存社会主義陣営への参加を社会主義への移行とは見なさない。アメリカやイギリスや日本といった国での現実の資本主義の矛盾をいかに打開するかを移行論の中心課題とし、「どんな小さなところにも社会改良の手がかりを求め、その努力に対する抵抗の所在をつきとめ、抵抗克服のための手段を選んでいかなければならない」と述べるのである（同五一頁）。

そのような社会改良の手がかりとして都留が着目したのが、フローの社会化である。サープラスが利潤の形態をとることが資本主義の本質であるという命題に、移行論の手がかりを求めようというわけである。つまり、私的資本の支配下にあった利潤の一部を公有とし、その処分を社会的制御の下におくことが、社会主義への漸進的移行の手段と位置づけられるのである。そのような移行論は、生産手段というストックの公有が社会主義の要件であるとする伝統的マルクス主義の立場と異なる。また、当時のイギリス労働党のストラテジーとも異なる（都留 1959a, 二九二頁）。この思想は、生産手段の所有形態によって資本主義と社会主義とを区別する旧来の思想と矛盾しないが、フローの社会化という漸進的な経路による方が、資本主義の矛盾が必然的に移行を促すという面を利用しやすいと都留は言う。すなわち、不況の兆しが現れ、対策をとる毎に、サープラスが利潤の形態をとることから生じる抵抗が示され、「完全雇用という国民的利益の課題と特定個別資本の利益との矛盾」が明るみへ出るというわけである（同五三頁）。かくして、「資本主義は不況を克服しうるか。しかり、それは自らを弱め、自らの長所をうばい、ついには自らの死を招くことによって。」と結論づけるのである（同五四頁）。

公害税はこのフローの社会化の一手法と位置づけられている。例として、都留は、首都高速道路の料金に公害税としての性格を持たせ、様々な社会的費用や混雑費用も考慮に入れた料金を課して、その収入を道路建設費の償還だけでなく、都市醜悪化の償いや公共交通機関の整備に使ってもよいと主張した（都留 1972, 一八六頁）。空港の着陸料金を騒音対策の原資にすることとか、公共機関が開発行為で生み出した金銭的外部経済を吸収することも、同じ根拠で正当化される。

公害税をフローの社会化と見なすことは、税という価格信号の導入によって、外部負経済を内部化し、市場の効率性を回復させようというピグー的な外部負経済論の立場とは違う。そもそも環境の被害を素材面で捉える政治経済学では、被害額によって税率を決めるというピグー的課税政策はとれない。むしろそこでは、税の形でサープラスを公共部門に移転させ、これを公的管理の下に支出するという面が注目されている。環境税をこの面から見るということは、外部負経済論による根拠づけよりも、環境税を社会に受け入れやすくするだろう。実際、道路使用料や、ガソリン税やその他の自動車関連税を、公共交通機関整備のための補助金として使うことは、検討に値する現代の課題である。この提案の根拠づけとしてフローの社会化概念は有効である。

五　経済成長と環境

このように、フローの社会化としての環境税の提案には、外部負経済論との違いばかりでなく、伝統的マルクス経済学との違いが表れている。これは、フローの制御しがたい変動が、フローの支

1966年9月6日、日本経済研究センターにおける「成長コンファレンス」にて（左より、H. ロソフスキー、堀江保蔵、都留重人、中川敬一郎）

配をめぐる経済構造からいかに生じるかについてのケインズによる解明を体制移行論に取り入れたものである。都留の環境経済学は、資本主義についてのそのようなビジョンの適用として見なければならない。

都留の経済成長論もまた一貫してそのビジョンの中にあった。だから、高度成長か安定成長かをめぐる論争で安定成長を主張した都留の議論は、ハロッド・ドーマーのケインズ的成長理論に依拠していたのである（都留 1959b）。そこでは、経済成長は、完全雇用維持のための手段にすぎない。短期の完全雇用のためには十分な投資が必要だが、投資は資本を増殖させ生産力を高めるから、増えた資本とそれに見合った労働を完全利用するためには、さらに投資が増えなければならず、これが経済成長を必然化するのである。

この循環を断ち切る手段として、軍事支出という「死の道具」の重要さが浮かび上がる。死の道具は供給力を高めず、純粋に有効需要として働くからである。そこに、資本主義の矛盾があり、「生の道具」への支出を行うには、フローの社会的制御が必要になるのであった。

二一世紀に入って、伊東光晴は、供給力を増さない「生の道具」への投資として、福祉、教育、学問、文化、芸術等を挙げた（伊東 2005）。また、投資の必要そのものを減らす貯蓄率低下をもたらす手段としての高福祉社会化を提唱した（同）。二一世紀に入った現在、なぜそれが求められているかといえば、今後の環境問題の中心になると予想される温暖化への対策が、低成長さらには負の成長を必要とするかもしれないからである。

経済を成長させながら、地球温暖化の原因となる二酸化炭素の排出を減らすことに、我々の社会は成功していない。経済成長の意味は何であり、これをいかに制御できるかという問題はいよいよ重要になってくるだろう。資本主義がどこへ向かうのか、資本主義をどう変えるべきかについてのビジョンの中で環境問題と環境政策と環境経済学を構想した都留重人の経済学を振り返る意義は、ここにある。

〔参考文献〕

Arrow, K. J., Chenery, H. B., Minhas, B. S. and Solow, R. M. (1961), "Capital-Labor Substitution and Economic Efficiency", *Review of Economics and Statistics*, 43, pp. 225-250.

Fisher, F. M. (1969), "The Exisitence of Aggregate Production Functions", *Econometrica*, 37,

pp. 553-577.
Harcourt, G. C. (1972), *Some Cambridge Controversies in the Theory of Capital*, Cambridge: Cambridge University Press.
Hayashi, F. and E. C. Prescott (2002), "The 1990s in Japan: a Lost Decade", *Review of Economic Dynamics*, 5, pp. 206-235.
伊東光晴（2005）「先進国経済の『成長なき安定・繁栄』は可能か―21世紀経済学の課題―」『エコノミスト』二〇〇五年一二月二〇日号、三八―四一頁（伊東光晴『日本経済を問う』岩波書店、二〇〇六年、五七―六九頁所収）。
岡敏弘（1987）「資本論争（スラッフィアン経済学入門5）」『経済セミナー』一九八七年十一月号、一〇四―一一〇頁。
Shaikh, A. (1980), "Laws of Production and Laws of Algebra: Humbug II", Nell, E. J. ed. (1980), *Growth, Profits, and Property: Essays in the Revival of Political Economy*, Cambridge and N. Y.: Cambridge University Press, pp. 80-95.
Solow, R. M. (1956), "A Contribution to the Theory of Economic Growth", *Quarterly Journal of Economics*, 70, pp. 5-94（ソロー『資本成長技術進歩』福岡正夫・神谷傳造・川又邦雄訳、竹内書店、一九七〇年、一一三―一五一頁）。
都留重人（1950）「一経済学徒の反省」『中央公論』第六五巻第三号、『都留重人著作集』第1巻『経済学を学ぶ人のために』講談社、一九七五年、二三八―二六一頁所収。
都留重人編（1959a）『現代資本主義の再検討』岩波書店。
都留重人（1959b）『経済を動かすもの』岩波書店。

都留重人（1972）『公害の政治経済学』岩波書店。

植田和弘・落合仁司・北畠佳房・寺西俊一（1991）『環境経済学』有斐閣。

Tsuru, S.（1993）, *Institutional Economics Revisited*, Cambridge and N. Y.: Cambridge University Press（都留重人『制度派経済学の再検討』中村達也・永井進・渡会勝義訳、岩波書店、一九九九年）。

比較経済体制論

1937年？

多様な資本主義がありうるか

ロナルド・P・ドーア

都留さんの最後の本『市場には心がない』を読んで思い出したのだが、組織的な経済学教育を受けた事がない私が「外部経済」と「外部不経済」の概念を教わったのは、都留さんの雑誌論文のおかげであった。確か一九七〇年代の初頭だったと思う。それまで、がむしゃらに生産力上昇・先進国追い越せ・成長、成長に専念してきた日本だったが、メディアが急に公害・環境問題を発見した頃だった。なりふり構わず「四日市喘息」など、近くの住民の生活を毒していた石油コンビナートや鉄鋼会社などを槍玉に挙げたり、「公害国会」が召集されたりしていた。論文の内容は詳しく覚えていないが、とにかく非常に明快に、内部費用・収益計算と社会的費用・収益計算の違い、経済活動が内部費用・収益計算ばかりに左右された場合、市場の「見えざる手」が決して全国民の福祉に導かないゆえんを説いたように記憶している。正にフランス人が言う「オート・ヴァルガリザション」(高級な俗化)の好例であった。

一　画期的な変化

「独占資本」云々の論文がしきりに新聞雑誌を飾り、国家の企業に対する規制が段々厳しくなった七〇年代。オイル・ショック後、イギリスの場合はサッチャー政権を生んだ世界的インフレを、日本では、春闘における政府・日経連・総評の暗黙の協力により早くも克服して、「国民経済」を成長の道に載せ戻した一九七〇年代。その七〇年代と、三十年経って、「独占資本」という言葉がメディアから消え、「国民経済」も内閣府、旧企画庁の専門用語となり、日経連も総評も春闘も蒸発した二〇〇〇年代。「自由化」「民営化」「規制撤廃」が専らのスローガンとなって、十年間もデフレに喘いで、利益躍進・賃金削減の二〇〇〇年代。大きな変化である。

大きな変化であるが、都留さんの環境問題に対する姿勢は一貫していた。最後の本のゼロ成長論は承服できないが、「宇宙船地球」の「内部経済」論から子供の頃鶏を飼っていたほほえましい思い出まで、内部・外部の論法の進め方は依然として読み応えがある。ただ、その本の中で、オーストラリアのマコーマック氏の「空虚な楽園」、日本の消費主義マニアを弾劾する本を薦めて紹介しているくだりを読んで思ったのだが、都留さんにとって日本は一体何だったのだろうか。日本の社会、日本の経済のほめるべき点と非難すべき点のバランスはどうだったただろうか。アメリカの経済については、アメリカのリベラルな経済学者——例えば彼の友人のガルブレースやサムエルソン——と大体似たような「採点」はしていたのだが、究極的に日本についての採点はどうだろうか。

1980年8月30日、論説「OB土曜会」
(左より4人目に都留重人、右より2人目に永井道雄)

二　断絶

先日、家で、『文部省文明問題懇談会議事録II』（一九七五年五月一七日）という小冊子が出てきた。永井道雄が文部大臣であった一九七五年の時にできた懇談会だったと思うが、桑原武夫を座長として、中根千枝、梅棹忠夫、加藤秀俊、など文化人のおしゃべりの場で、「文明問題」とは、結局「日本人論」が主なテーマになっていたらしい。都留さんもその一員であった。あるセッションで、梅棹さんが、「恐ろしい力を持ってピリンと我々をやっつける畏敬すべき雷神」と、「その辺のやさしい草や花に宿りたもうかわいらしい神々」との対象を引いて、日本人が前者を無視して後者ばかりを重んじてきたから重大な挑戦に負ける弱々しい国民になったと主張したのを受けて(1)、都留さんはこう言った。

真・善・美というのは市場化、つまりマーケットで取引する対象にすることの、非常に困難な価値ですが、そういう非市場的な価値とか福祉要因が一方にあり、他方に市場の論理というのがあって、その両者の間の断絶が、私は日本ほど大きかった国は、資本主義が発達して来た国ではなかったと思うんです。一例を挙げますと、アメリカなどでは、早くから、大学教育は投資であるという考えがありました。教室での講義は月謝を払って買うものであるという意識がありました。しかし日本ではなかなかそういう考え方は定着しません。そのために却って、この断絶のゆえに市場の論理がもっと醜い形で、例えば医科大学への入学の場合の例のように入り込んでいる。

市場の論理が包摂し、侵略し、搾取するという形が、こうした断絶の故に日本の場合には、世界のほかの国よりも酷かったんじゃないか。この市場の論理は雷神のようなものだといえないこともありません。

国立大学が国立大学法人になり、授業料がウンと高くなり、講座の設定も、大学の事業もマーケット・テストを受けなければならないようになった。その「大学営業化」過程は、正に「市場の論理が包摂し、侵略して」来た過程であって、都留さんが言う「断絶」の壁が存在するからではなくて、ベルリンの壁のように、意識的に破壊されてきたから起こったのだと思う。

三　断絶か「はめ込み」か

その「断絶」のあり方やその評価こそが、いわゆる「多様な資本主義論」の中核的問題である。なぜかといえば、違った「法則」によって機能し、違った分配パターンをもたらす、お互いに異質な資本主義が世界経済の中で安定的に共存し競合しあえるか、という設問を主題とする「多様な資本主義論」においては、カール・ポランニーの主要著作、*The Great Transformation*(2)の主要概念、経済の社会における「はめ込み度合い」——つまり、経済と社会の「断絶」・「相互浸透」の度合い——が、異質の資本主義を識別する重要な基準であるからである。

都留説によれば、経済の世界と金銭的に計りえない倫理的美的情緒的価値の世界との間の断絶は、他国より日本でより明確である。そのために、市場の論理によって行動する場合の日本人の振舞いは、侵略、搾取が特に酷くて、醜いものだった。私立医科大学の寄付金による不正入学を例にしたのは、永いこと学術会議で学問の自由——国家権力からの断絶および営利事業からの断絶——を守るために戦ってきた都留さんにとって、学問の退廃の例として直ぐ頭に浮かんで来た事件だったからだろう。それだけの醜さだったら、たいした重罪ではないように思うのだが、やはり、侵略・搾取の歴史は、明治末期の『職工事情』や、横山源之助の『日本の下層社会』などで十分記録してある。ただ、エンゲルスが描いた一九世紀前半のマンチェスターより特に酷かったかどうかは疑問である。

しかし、「断絶」へ戻ろう。私にいわせれば、戦前の日本の資本主義はともかく、六〇年代以後かなり安定的なシステムとして確立し、そのシステムの崩壊が明確になった二〇〇〇年代までの間の日本資本主義の特徴——すなわち英米の「草分け資本主義」と異なる特徴——は、却って(むしろ)、社会と経済との断絶が非常にあいまいであったことにこそ根ざしていた。つまり、市場における総取引の中で、需給バランスや当事者の利益の見込みばかりでなく、当事者間の義理人情にも影響される割合が、英米よりもずっと高かった。英語のrelationalという用語――「特別関係的」と訳されるだろうが――は、普通、事業企業とメーン・バンクの間の関係を説明する「relational banking」の場合にだけ使われているのだが、より一般的に、日本資本主義の特徴を言う場合にも使えると思う。官僚の企業に対する規制が、罰則付きの法律という「事後チェック」ばかりでなくて、行政指導という「事前協議」をも多く使ったということをrelational regulationといえよう。終身雇用制度は、単なる契約主義関係以上のrelational employmentである。親企業と下請企業との長期的取引関係はrelational tradingといえるし、同業者に対する一定の義務を伴う協力(例えば不況カルテルへの協力)を要求する業界団体のメンバー同士の関係をrelational competitionともいえるだろう。いずれも、都留さんの最後の本の題の用語を使えば、市場に多少心を入れる慣行であった。

四　「はめはがし」

過去十年間、橋本改革で勢いを増し、小泉・竹中改革で本格的になった「構造改革」は、正に日本経済のこれらの「特別関係的」特徴を取り除くところに狙いがあった。リレーショナル・バンキングの土台となる株式持合い制度をなるべく破壊する。解雇権濫用法理を法律で覆すことを企画して、終身雇用制の侵食を計る。日産で、長期取引慣行を無視して下請企業を「合理的に」整理するカルロス・ゴーン氏を英雄としたりして、子会社切捨てのリストラの必要を唱える。カルテル対策として、同業者申し合わせをばらすカルテル参加者の罰金軽減という「裏切り奨励策」を導入する。いずれも、協力低減・競争強化の手段である。市場関係における信用・義理・人情の要素を、crony capitalism の腐敗と同様な悪弊として粛清して、利益追求の効率性という「純粋な」動機による経済行動を奨励する手段である。

「時勢のイデオロギー」——つまり、日経新聞の論説員たちも、経団連会長も、経済財政担当大臣も当然の前提とする、いわば思想的制空権を張っている現代の日本のイデオロギー——によると、利益追求の合理性からの逸脱として許されるのは、CSR（corporate social responsibility，企業の社会的責任）のレトリックとしての肯定くらいである。それも常に「企業の名誉維持・ブランド戦略」として、利益追求原則のホンモンの逸脱ではないと説かれている。

五　「はめ込めなおし」：マクロとミクロ

その力作におけるポランニーの説は、いわば「社会・経済の断絶化の歴史」と要約できる。原始的な狩猟採取社会や、通貨が使われ始めた農業社会でも、経済交換はほとんど全部、社会関係——親類・隣人同士の関係——に「はめ込まれている」。自給以外の作物を手車に載せて市場に持っていっても、町のお客の大半が、知り合いだった。その後、分業が発達して土地も労働も商品化されはじめ、一六世紀に、卸市場、金融市場の誕生によって芽生えた「自動調整市場の社会」は、十九世紀の自由放任主義政府によって完成された。

これが意味するのは、「経済が社会関係の中にはめ込まれていた状態から、社会関係が経済システムにはめ込まれるようになった」ということである。三〇年代の恐慌・ヒットラーの勃興を経験し、オーストリアから亡命した著者ポランニーは、第二次世界大戦中にイギリスで労働者の社会教育に携わったり、アメリカへの講演旅行をしながら『大転換』を書いた。その主たる主張は、「もう、「自動調整市場システム」は、完全に破綻にきている。それを支えた、三つの柱――権力均衡の国際秩序、自由放任主義の国家、金本位制度――は、いずれも崩壊している。世界の経済を救う方法は、各国の経済を再び社会にはめ込む外にない」というところにあった。

もちろん、彼の「再はめ込み」の処方箋は、実際、戦後の「黄金時代」に先進工業国家の常識になろうとした、混合経済のようなものだった。市場の自動調整の神話を排して、自由主義国家の代わりに福祉をはかる国家が、一方では経済活動の公的範疇を広げ、他方では必要に応じて民間経済の市場をも調整する――と言った形の混合経済、つまりマクロ的な再はめ込みであって、かつて農業社会にあったような、個人々々の「持ちつ持たれつ」のミクロ的経済行動の社会関係へのはめ込みの復活を想定していない。一旦なくなったそのような社会構造は、もはや復活の仕様がないとの判断だったのだろう。通り過ぎた「発展段階」には帰れない。中世のポリフォニーを発掘して、歌って楽しむ人もありうるのだが、それが再び近代音楽の基調になる見込みはないのと同じように。

一旦なくなった「はめ込み性」は、そのままは復活し得ないかもしれないが、それを、形を変えて、工業化を遂げながらも保存・復活できると証拠付けたのは、一九六五年頃から二〇〇〇年頃までの日本だった。ここで形を変えたというのには、二重の意味があった。

一　企業内の個人関係を村社会のそれに近いようなものにしたのだが、大きな違いは、（ア）生誕による運命共同体ではなく、学習・学歴・就職という再生誕による相互選択共同体であった。（イ）地主、自作農、水飲みというヒエラルヒーに比べて、役員、部課長、現場労働者などのヒエラルヒーの方がより綿密に制度化されていた。

二　組織と組織との関係は、村における家と家との関係になぞらえて形作られた。トヨタの外注部長と協力会社の販売部長とは、二人とも就任したばかりで個人的に会うのは初対面かもしれないが、二者間の取引は、それぞれの会社の利益計算ばかりでなく、それら二つの会社の永年の取引から生まれた会社間の義理にも規制されている。XY企業の財務部長と銀行のXY係の係長もしかり、銀行のMOF（Ministry of Finance，大蔵省）担当者と大蔵省の役人もしかり。

六　市場から「心を抜く」構造改革の背景

経済行動の当事者間のこうした社会的、情緒的、倫理的絆を断ち切ろうとするのが一九九五年以後の歴代自民党内閣の「構造改革」の目的であった。その目的の形成および達成を助長した要因はいくつかあった。

一　バブル破裂後の国民的自信の喪失、市場合理性の体現である米国を成功のモデルとして仰ぐ

気運、

二　新古典派経済学および株主主権主義を鵜呑みにしてアメリカ留学から帰ってきた経済学博士・会社法専門の法律博士などが、政府審議会を牛耳り始め、それに呼応する、米国でＭＢＡを取得した大企業の幹部・経済部門の官僚の世代が、いよいよ部長・局長級に昇格してきたこと、

三　競争意欲を鈍らせ、協力を助長する「はめ込み性」は、普段は生産的な協力に導いても、他人を害するカルテルや、公益のために設けられている法律規制をこぞって犯そうとする協力（例えば政治家がらみの談合）や、既得権濫用などの弊害――つまり、ホンモノのcrony capitalism的行動――に導く誘惑は常にある。競争よりも協力の方が生産的な場合が多いかもしれないが、安易なカルテルによって、公益を害して私腹を肥やす場合もある。はっきりしたケジメをつけなければならない。Anti-trustを大義名分とする伝統の強いアメリカと、競争をさほど大事な価値としない日本は、ケジメの置きどころがおのずと違ってくるはずだろうが、いずれにしても、公正な取引と非公正な取引をはっきり区別して、義理も人情も排除する法的制度が不可欠である。その法的制度のルールを侵す事件が一九九〇年前半において日本で大いに増えたような印象を受ける。（いわゆる「不祥事」。外国の場合「不正事件」というが、用語の違いは不審。）山一證券のように、粉飾決算をして、破産すべき会社を景気がよくなるまで何とか生永えるようにする事件が増えたが、その他の、会社を餌にして私腹を肥やすような事件が事実上増えたのかバブル破裂後の国民的自虐ムード（「日本人は駄目だ」）のためなのか、ともかくメディアで大々的に取り上げられ、システム全体への（しかしとりわけ企業の内部統治構造や閉

鎖的な準共同体的性格への）批判の好適な材料となったこと、

四　「持ちつ持たれ」たくなくて、義理・忠誠の束縛から解放されようとする、より個人的な、自由選択のライフ・スタイルを好む人、同時に銀行の預金もかなりあって、「持ちつ持たれ」なくても困らない人、の数も増え、メディアで個人主義的な価値観が反映される度合いが高くなったこと。つまり、百五十年を通じた、社会の個人化、思想の個人主義化傾向の累積的効果、

五　どの国でも、不景気の時に労働分配率が高くなり、資本の利回りが減る。しかし、「はめ込み性」の一つの面である終身雇用のため、日本では、余剰人員の整理が阻まれ、資本分配率の殊の外の減少を齎した。バブルまでの永年の資産インフレで得をしてきた（多くの政治家も含む）資産家階級にとって、キャピタル・ゲーンがキャピタル・ロスに転じる上に、資本シェアーもずっと減るのは、耐えられないシステムの機能不全のように映ったこと、

六　戦前派、戦中派の貧乏経営者の世代が、裕福な家庭で育って、安易な出世コースに乗った中流出身の経営者の世代に変わったこと。日経新聞の半世紀間の「私の履歴書」を読めば分かると思うが、十八歳まで地方の公立高校で勉強をした「庶民的な」経歴の東大・京大卒が多かった古い世代の経営者には、現場労働者との直感的意気投合が自然であった。それが労使関係の「五五年体制」の成立をも、その後の企業の準共同体的結束をも可能にした重要な要素だった。都会で育って、十一歳から国立大の付属や私立受験校に入ったより若い世代の経営者にとって、高卒の部下は益々「別人種」のように写る。それが旧態の企業を守ろうとする意思を弱めてきたこと、

七　従業員主権的企業を守ろうとする力となりそうだと思われる労働組合の衰退・懐柔。戦争直後の闘争的労働運動の経験者世代の死去、教育機会がより均等になって、指導能力を持った人間が現場に入らないで、大学→経営者候補の道に乗ること

など、原因は複雑だが。

七　新イデオロギーの確固たる成立

とにかく、その構造改革の効果は、すでに否めない事実となった。これを書いている二〇〇七年の秋、敵対的買収におびえている多くの経営者達が、いわばこっそりと、持合い関係を築きなおそうとしている。ところが、「敵対的買収の可能性が皆無で、自社の株価をそんなに心配する必要がなくて、安心して企業の長期的成長に専念できた昔の状態がよかったので、なるべくそれに帰ろうとしている」と、堂々と宣言する経営者は一人もいないようである。「株主に十分報いなければ株価が下がって敵対的に買収されうるという市場の規律は健全な経済の欠くべからざる要素だ。その規律を逃れようとする経営者は自己の保全しか考えていない」という、今様の正統論の正当性があまりにも覇権的になって、それに逆行しようとする人は誰もいないようだ。経営者層が全員、主観的に新イデオロギーの真の信奉者になったのか、勇気がたりないのか。

一九六五年頃ますます安定してきた企業制度を支えたイデオロギー——例えば、Boone Pickens氏が小糸という会社を乗っ取ろうとした時、日本社会全体がその防止体制を当然なこととしたほど、

一九九〇年まで支配的だったそのイデオロギー——は、もう復活しそうもない。最近、景気が多少よくなって、日本の経済力に対する自信がある程度もどってきて、日本社会のアメリカ化を憂える嫌米ナショナリズムも多少加わって、最近時々「日本的経営」の利点の再検討を促す声も聞くのだが、その「人間味」を大事とする人は少ない。例えば終身雇用の美徳を唱える御手洗経団連会長でも、企業の労使ともどもの共同体的結束の保存を目指すのでなく、目指すのは技術の蓄積の合理性のみである。貴重な経験・技術の持ち主は大事にするが、その他は切り捨て、キヤノンが擬制請負を裁判でとがめられても、日本国・経済総司令部であろうとする経済財政諮問会議の民間議員として、その訴訟を許す法律を変えようと主張する。

八　システムとしての美点、利点、欠点

さて、今や過去のものとなった日本型資本主義の栄枯盛衰の歴史は別として、評価はどうだろう。経済を社会関係に「はめ込む」特殊的な、そして四半世紀にも亘ってかなり安定して存在したシステムとしての「日本型資本主義」をどういう風に、どういう価値基準で評価すべきか。

価値基準はあくまで個人的な主観の問題である。国家の威信をどれだけ向上させたかという基準を強調する人も、国民総生産の増大に導く経済効率性という基準を強調する人もいれば、どれだけ国民の最大多数の最大幸福の増進に供したかという基準をとる人もいる。

私なりの価値基準に従って、四半世紀前にイギリスの企業社会と日本の企業社会とを比較して、

総括的な判断を試みたことがある。(3) その時には、主として、一方では、日本の「持ちつ持たれつ」体制の中で、組織の結束と同僚の「思いやり」がもたらす生活安定や安心感と、他方では、より孤独な、しかし、自分なりの生き方を選択する余地をより広く持っているイギリス人の主体性・自立精神とのトレード・オフに注目して、どちらを取るかは難しいと結論する一方、平等性の点では日本の方がましだと判断した。世襲的「将校階級」出身の経営層と「兵卒階級」出身の労働者との間の対立的労使関係に比べて、出身階級をあまり問わない、学歴次第で経営者または労働者となった日本の労使関係の方が、分配闘争のより平和的な、そしてより平等的な解決を許すと同時に、上司・部下のより人間的な個人関係をもたらし、その協力体制がより高い投資率、より高い成長率を確保する、と結論づけたのだった。

因みに、都留さんの著書を図書館で探している時に見つけた本の一つは、一九六六年に出た、都留編の『私の日本経済論』だった。そこに、すっかり忘れていた私の論文——講演の記録のようだが——も入っていた。当時、私は企業組織については全く素人で、一ヶ月くらい東京、錦糸町の精工舎の調査をしただけで、本格的な日英の工場比較を心がける前の話だが、やはり以上述べたような、個人主義が顕著なイギリスと個人主義的傾向の弱い日本との違いが経済へどう影響しているか、それがどのように日本の成長に貢献しているかに話が尽きている。今の私が一番面白いと思ったのは、この論文の最終のパラグラフであった。

最後にもうひとつ断っておかなければならない点があります。私がここで、強み・弱み、プラス・マイナスなどといっているのは、あくまで経済の発展、国民総生産高の上昇という観点から考えた場合の強み・弱みです。しかし、経済発展というのは国民生活における唯一つの至上命令であるわけではもちろんありません。ほかの価値も、ほかの目的も大事です。そして、経済の高度成長を図る上で強みとなる面でも、ほかの観点からすれば、実に望ましくない傾向と断定しなければならない場合も当然あります。私などは、少し成長率が鈍っても、もう少し個人主義的な傾向が出たほうがいいように考えます。また会社は多少犠牲にされても、もっと家庭生活が重要視されてもいいと思います……。

九　平等性の観点から

この（私の古い）論文では、「平等性」について触れなかった。しかし、格差が拡大し、勝ち組と負け組の二極分化現象がメディアの陳腐な話題となった今日では、ひと頃の「日本型資本主義」が持っていた平等性が大いに浮き彫りにされてくる。日英の工場の比較を書いたときには、私は大蔵省の（今財務省の）、「法人企業統計」シリーズは知らなかったようだ。私が使った賃金・給料のデータは一九六七年のもので、断片的なものだった。法人統計によると、当時資本金十億円以上の（非金融部門の）企業では、役員の給与プラス（利益配分の一部としての）賞与額は、従業員の給料プラス福利厚生費の一人当たり額の約五倍だった。（一九五〇年代は一〇倍、戦前は三〇—四〇倍と推定されている。）ところが、オイル・ショックの後で、その五倍が二・五倍に減って、その後、二〇〇〇年まで、四半世紀の間に二・三倍と二・六倍の間を上下するというシステム的安定性を示して

表1　大企業における二つの景気回復期の比較：収益増加分の分配：「構造改革」の前と後

	1986-1990 増加率（名目）	2002-2006 増加率（名目）
従業員給料＋福利厚生費（一人当たり）	19.1%	－3.1（%）
役員給料＋賞与（一人当たり）	22.2%	97.3% (2001-2005)*
配当	1.6%	192.4%
研究開発費	51.4%	11.1% (2001-2005)**
5年間の利益の内、内部留保分／配当分	1.78	0.55

出典：1，2，3，5行：財務省『法人企業統計』時系列データ、金融業以外の、資本金10億円以上の企業。1980年代、約2000企業、2000年代約5000企業。
4行：『科学技術白書』各年。

注：*　会社法の改定により、役員賞与の掲載年が変わり、2006年の数字なし。
**　2006年の数字は目下未発表。

いる。上下するのは、不景気の時には役員が先に給料カットをするので少し減り、景気が直ったら取り戻すためらしい。結局、春闘でベアx％ときまったら、経営層も自分の報酬を同じ率で調整するという慣行が制度化された結果と思われる。

この慣行こそが、比較的にばらつきの少ない所得分配パターンを持った「オール中流社会」のひとつの秘訣だった。もう一つの秘訣は、春闘の経過と、結果としての賃金上昇率の「世間相場」とが、大々的にメディアに報道されて、組合のいない中小企業の賃金水準をも大いに規制したというメカニズムだった。労働市場が需給バランスばかりでなくて、「何が公正であるか」という社会通念に大いに影響されうるということの見事な例であった。その制度、従ってその通念の崩壊が、労働力のだぶつきよりも、今「アルバイト一時間七〇〇円」が横行する世の中になった原因である。

構造改革後の企業には、一般従業員と、「株主の代理人」として Principal-agent theory に沿って自分の役割を解釈する経営者層との間に「楔」が入り、ますます英米資本主義における両者の関係に似てきている。この事実は、賃金、役員報酬、配当の動きによく現れている。表1は、八〇年代の円高不景気から回復した五年間と、最近の五年間とを比較している。

この表は、「楔」の入り方を示すと同時に、従業員主権企業から株主主権企業への移行が配当の欄によく現れている。なお、最後の二つの欄は、昔の日本型企業の特徴とされていた将来性向・長期的展望に立った戦略の後退を物語っている。

十　日本劇の影の立ち役者：アメリカ

都留さんは、文化的要素に根ざした日本経済の特徴――社会に「はめ込められた」経済行動の特徴――について論じたことがあるかどうか、勉強が足りない私にはよく分からない。さほど興味がなかったような気がする。一九六六年の『私の日本経済論』は、価格で図れない環境などの価値の重要性とか、国民福祉の計算と国民総生産の違いとか、地価上昇率が高すぎることの様々な悪影響などが主なテーマで、分配問題が出てくるのは、銀行の「所得介入現象」とインフレの一つの重要な原因としての生産性向上率の高い基幹産業と生産性上昇率の低いサービス産業との調整の問題であって、そこでは、リカードの労働市場論をそのまま適用していて、春闘、二重構造など、日本の労働市場がアメリカと大いに違った形で「制度化」されている現象には触れなかった。つまり、資本主義の普遍的な「法則」、普遍的な問題の日本における現れ方の分析であった。

日本の特徴を語る、外国人向けの書き下ろしの本――一九九〇年に執筆が終わり、一九九三年に出版された *Japanese Capitalism: Creative defeat and beyond*(4)――でも、日本の資本主義の特殊性をあまり強調していない。法人企業については、企業集団内の持ち合いが進行しているのは Berle and Means の株主不在・経営者独歩説の延長として取り扱い、主として、企業の純余剰(利益と減価償却、今様にいえばキャッシュ・フロー)が段々膨らみ、お陰で海外進出が加速的にできるようになった現象を分析している。中曾根民営化の簡潔な、鋭い分析もあって、地価上昇現象、環境問題や国民福祉試算と国民総生産の違いについての件は今でも読み応えがある。ところが、終身雇用も、メーン・バンクも、下請け企業も、二重構造も、所得分配も索引では見あたらなくて、行政指導についてだけは、〝公開法廷訴訟が伝統的に嫌われている日本社会の雰囲気では、問題解決の方法として、説得、納得、承服 (jaw-boning and finger-pointing) の方を選ぶ習慣を培ってきたことだろう〟という。

一九九〇年には、資本主義は――アメリカの資本主義も、日本の資本主義も――政府が大きな役割を果たす混合経済の方向に進化していっているように都留さんが信じておられた。『市場には心がない』となると、その展望はどこへやら、小政府を目指し、市場主義の徹底を目指す小泉改革と取っ組んでおられる。その改革によって、「自由競争の下で私的利潤の極大化を活動動機として生産の効率化を達成する」その目的自体は排除しないが、そのマイナスの副作用――「自由競争を阻害する独占や寡占、あるいは談合化の弊害、人間生活の福祉からの逸脱や市場の失敗」を憂うるのである。九十三歳の都留さんの主要な関心事は、その市場の失敗の最大な例である温暖化など環境の問題と、三十六歳の都留さんが発起人となった平和問題談話会の六〇年来のテーマ、日本の米国への軍事的従属同盟関係にある。

その従属関係は、軍事面にばかりでなく、経済面にも憂うるべき問題を提起している。「日本型資本主義」の終焉をもたらした投機的投資家天国アメリカの経済制度の片っ端からの導入や、東京の株式市場の、毎日株売買の大半を実施するアメリカ投資家への実質的な譲渡も、中国を想定敵国とする日米防衛力統合と同程度に、日本の将来を心配させる材料となると思う。

二〇一〇年二月一五日の追記

三〇ヶ月前に書いた最後のパラは、致命的な金融危機、戦後最大の世界不況を経た今、いかにも三〇ヶ月前の味を持っている。今書き直そうとしたら、「資本主義が変わる！」とまで大喜びで宣言する気にはなれないが、少なくとも、トーンがちがうだろう。

例えば、大きな見出しで、「中国の世界支配：米国にとって変わる経済・軍事力」を宣言する二〇一〇年二月一六日の『エコノミスト』に触れずにはいられないだろう。また、同誌が伝える、二〇一〇年一月のダボス会議の演説——資本主義の秘曲を弾劾するサーコジ・フランス大統領にも、「売りぬく資本主義から育てる資本主義へ」の転換を唱える、民主党内閣の仙石由人国家戦略担当相の主張にも。またその背景にあった、ウォール街と真正面から衝突して、銀行規制を本格的に計画しているオバマ大統領にも、触れずにはおられなかっただろう。

予言はもちろん許せないのだが、金融業支配暴走の資本主義から、都留さんが最初の「経済白書」を書いた当時、当然な常識となっていた、「銀行が実経済を育てるよき援助者である」という前提に戻る——より健全な資本主義に戻る——可能性はなきにしもあらず。

〔注〕

（1） 梅棹説というのは「一番古く出てくる神々は、恐ろしい力を持つてピリンと我々をやっつける畏怖すべき神である。この雷様の伝統を我々は喪失しました。そしてその辺のやさしい草や花に宿りたもうかわいらしい神々ばかりをとってきたのではないか。畏怖すべき神々の伝統というものを我々は失った。ですから、その恐ろしい神々とネゴーシエートするすべは日本人の中では育っていない。」

（2） 一九四四年。邦訳『大転換：市場社会の形成と崩壊』（吉沢英成他訳、東洋経済新報社、一九七五年）。

（3） *British factory-Japanese factory: The origins of national diversity in employment systems*, London, Allen and Unwin, 1973, Chapter 10.（山之内靖・永易浩一訳、『イギリスの工場・日本の工場：労使関係の比較社会学』、筑摩書房、一九八七年）三〇六—三〇七頁。

（4） Cambridge University Press, 1993.

中国経済研究の事始め

石川　滋

一　はじめに

都留先生へのこの追悼文において、私は、その強力な後押しの下に、私なりの中国経済研究の事始めができたことを、その周辺のこともふくめて、記したい。

私は一九五六年八月、都留先生に要請され、一橋大学経済研究所に助教授として就職した。託された仕事は研究所に現代中国経済の研究部門を確立することだった。そのための研究部門は、官制としては一九五四年すでに「中国・東南アジア部門」として用意されていたが、実際には空位だった。

この部門の研究計画については、出発点において国民所得推計を重点とするよう要請され、それ以外は私の課題として残された。漸く考えがまとまったのは、後述する一九五八―五九年の在米研究ののちである。それは国民所得の回転や主要産業経済部門の生産・分配を中心におき、中国経済の活動成果を集計量的に把握するとともに、その活動を統御する主体と統御原理を明らかにすること、というように表現できる。これを予備的であれ、まとまった形に仕上げることが本文のいう「事始め」の仕事である。当時十分に気付かなかったが、それは学問におけるインフラ建設のごときもので、それが完成すれば、漸くその援けをうけて多くの個別研究が誕生する可能性が生まれるというものである。しかしそのような知的インフラ類似の事業の完成は当時なお孤立的な一人部門であった私の中国・東南アジア部門の担いうるところではなかった。この困難な課題を助けてくれたのは、幸運にも一九六〇年四月に独立法人として設立された「アジア経済研究所」だった。(1)

「アジア経済研究所」の初代所長――東畑精一先生から、私は経済調査を担当することになった中国部門の新人スタッフ三名の養成を要請された。この三名はその優れた能力を開花させて、やがて錚々たる中国研究者になったが(うち一名は、痛恨事だが、病をえて他界した)、当時はこの事始めの仕事を発足させる上での不可欠の協力者であった。かれらが幹事役となり、参謀となって、事始めに寄与した多くの研究プロジェクトや研究会がアジア経済研究所において実施され、開催され、そこに多くの外部研究者が集まった。実際、一橋経済研究所の中国・東南アジア部門とアジア経済研究所の中国部門とは、私にとっては、不可分の有機的一体をなすものだった。事始めの仕事の内容として以下に述べるところも、どちらの場所における産物かを分類することは難しいのである。

以下の本文では、編年風に、都留先生との国民所得研究を縁とする出会い、一橋大学経済研究所への勧誘と受諾、アメリカへの出張とそこで展開されていたソ連研究の学習、そして帰国後、新設のアジア経済研究所での新人および外部研究者との共同研究の経緯など、事始めに関連するできごとを記し、その間にえられた事始めの実質的な成果について考察することにしたい。

二　中国・アジアへの関心の芽生え

本文の記述に入る前に、私が何故、敗戦直後、中国経済研究を私自身の研究題目として選んだか、また関連する諸問題について答えておかねばならぬかもしれない。しかしこれに関しては、最近の機会に記した次の文章を再掲し、二、三のコメントを加えることで済ませたい。

「学生のとき、内外の情勢に影響されて、中国や近隣アジアに関心をもった。しかし学問的には当時新興のマクロ経済学の片鱗を学び、国民所得の循環や構造の変化に関心をもつようになった。敗戦後中国の激変に直面し、その変化を知るには国民所得の循環の把握から行くほかないと考えた。」（石川滋「アジア政経学会とともに」（アジア政経学会五〇周年記念企画エッセイ）『アジア研究』49―2、二〇〇三年）

私は学生生活の最後の六年間を東京商科大学（現在の一橋大学）で過ごしたが、その間に、北京生まれの学友の影響もあって、次第に、自分の人生を日本と中国との〝共存共栄〟のために奉仕したいと考えるようになった。卒業後の就職先として「南満州鉄道株式会社」(満鉄)の北部中国占領地帯への出先である「華北交通株式会社」にきめたのはそのためである。満鉄調査部に行きたいという気持ちも半分あったが、真剣に考えたわけではない。いずれにせよ卒業の翌年三月には現役入隊が待ち構えており、そのあとには高い確率で戦場が控えていたことからのある種の虚無感があったと思う。

そして開戦があり、敗戦があった。その虚無感とともに会社自体も消え去った。大学卒業後中国大陸にコミットした多くの人々が〝中国を捨てる〟という人生の一大転換をはかったが、私自身の場合、中国へのコミットメントは却って強くなった。しかしその体《からだ》を中国に縛り付けるものは無くなったのであり、とりあえずは、対日戦の勝利が国共内戦につながって激動を続けている中国の情勢を中心に、国際情勢を観望できる仕事に従事しながら、併行して、新中国を捉えるための自分自身の本格的勉強を始めるほかないと考えた。

前者の仕事については、一橋大学の山中篤太郎教授のご紹介により、旧同盟通信社の海外通信系統のスタッフを中心として創設された時事通信社に入社し、中国からの報道を分担していた入江啓四郎先生の時事研究所に配属された[2]。後者の自分自身の勉強は入江先生の直接的な指導と督励を決定的な支えとして進められた。一九五四年に時事通信社を退社するまでに次の成果をうることができた。

(1)「中国経済発展の量的把握」『東洋文化』第八号、一九五二年二月[3]

(2)「中国の国民所得計算」—巫宝三主編「中国国民所得(1933)」上・下、国立中央研究院社

会科学研究所叢刊、中華書局、一九四七年および Ta-chung Liu, *China's National Income 1931-36, An Exploratory Study*, The Brookings Institution, Washington D. C., 1946 を中心として」(レヴィウ・アーティクル)、『アジア研究』1—1、一九五四年

(3)「中国における国民所得の回転」『アジア研究』1—2、一九五四年七月

これらは国民所得関係のものだが、それ以外のトピックスでは次をあげよう。

(4) 書評 根岸佶著『買辦制度の研究』『一橋論叢』22—6、一九四九年一二月(4)

(5)「新中国における貨幣経済の性格」『一橋論叢』23—5、一九五〇年五月

(6)「中国におけるプランニングの課題」『思想』332、一九五二年二月

(7)「五反運動」の性格について」『一橋論叢』32—4、一九五四年一〇月

三 都留先生との出会い・一橋へ・直ちに米国出張

私がはじめて都留先生とお会いしたのは、時事通信社編集局の内部ゼミナールでのことである。招かれた都留先生のアメリカ経済学の動向について講義があり、質問に起《た》った。その後、私の学友で朝日新聞社の経済部記者として先生と頻発に接触していた大木穆彦に連れられて、赤坂の和田邸の二階にあった先生の書斎で直接にお目にかかり、私が中国の国民所得推計に興味を持っていることをお話ししたところ、都留先生はそのことに強い関心を示された。正子夫人とはその時初めてお会いした。

都留先生夫妻はインドのDelhi School of Economicsへの講義旅行の帰路、私が特派員として滞在中の香港に立ち寄られ、日本総領事館で私の所在を訊ねられた。私は事務所としていたホテルから外出中であり、そのことをあとで総領事館で聞いた。

いつの頃か、一橋の経済研究所への転職の御勧誘を受けたが、私ははじめ本気ではうけとめなかった。暫くの後、病をえて慶應病院に入院し加療を受けた（一九五五年二月—一〇月）。世間の常識として勧誘の話は自然解消したと思っていたところ、退院後、何かの用事で都留邸に電話したさい、あの話はどうかと問われて驚いた。（最近送られた研究所の平成一九年度要覧をみると、私が研究所で所属することになった「中国および東南アジア経済部門」の官制は一九五四年にできている。）必要な方面と相談し、九年間お世話になった時事通信社を円満退社した。

経済研究所に赴任して一驚したことは、研究内容やその体制の話は別にして、それをとりまく制度的環境および意識が必ずしも新しくないことであった。しかし都留先生はその環境および意識にたいして全く超然として振る舞っておられた。私の赴任にかかわることとして、二つの出来事があった。一つは、都留先生が私を新設「中国・東南アジア部門」の主任として扱われていたことである。ある機会を捉えて長老教授の一人が反対を唱えた。私は都留所長に主任辞退をお願いした。いま一つは、都留先生がハーバード大学East Asia Research CenterのFar Eastern Fellowとしての一年間の出張の話を、その所長のJ・K・フェヤバンク（J. K. Fairbank）及び直接のカウンターパート、アレクサンダー・エクスタイン（Alexander Eckstein）との間でとりきめてこられたことだ。就任後一年目の助教授の米国留学は当時として異例だったが、これも都留所長だからできたことだと思われる。

このようにして、私にとっては予期しない慌ただしさで在米研究が始まるわけだが、それに移る前に、米国側で都留先生とのとりきめに最も熱心であり、またその後も家族あげてのつきあいとなった、アレクサンダー・エクスタインのことに少しふれておこう。彼は一九一五年十二月ユーゴスラビアのノビサドの生まれ。一九三〇年代に家族とともに米国に亡命し、カリフォルニア大学（バークレー）においてハンガリーの国民所得推計で学位を得た後MITに転じ、W・W・ロストウのグループで中国経済の研究を始め、当時まだ数少なかった中国研究者の一人として知られはじめた人物である。私は一九五二年冬、香港で初めて会ったが、当時から中国の国民所得推計を自分の最初の主要業績にしたいと考えていた。それは一九六二年に *The National Income of Communist China in 1952*, The Free Press of Glencoe, N.Y. としてでき上がった。それはほぼ同じ頃米国で刊行された三つの中華人民共和国期の中国国民所得推計の一つである。他の二つは下記の通りである。

Ta-chung Liu and Kung-chia Yeh, *The Economy of the Chinese Mainland: National Income and Economic Development, 1933-1959*, Princeton University Press, 1965

W. Hollister, *China's Gross National Product and Social Account: 1950-1957*, Free Press, 1958（これについては私の書評が『経済研究』10—4にある。）

エクスタインの国民所得推計は一九五二年の単年を対象としていたため参照されることが少なかった。かれを米国の中国研究者として著名にしたのは、戦後の急速工業化時代のソ連経済との比較をベースとした中国経済の成長および成長メカニズムの研究であり、その特徴を充分に示す論文が

1976年、（左より）伊東光晴、都留重人、石川滋

一橋の経済研究所で発行する『経済研究』8－3（July, 1957）に "Conditions and Prospects for Economic Growth in Mainland China: Some Comments" の表題で掲載されている。それには私自身の「エクスタインのコメントを読んで」という短いノートが添えてある。（エクスタインは残念ながら、一九七六年心臓麻痺の再発により享年六十一歳で他界した。その翌年かれの主著の一つであり邦訳されている *China's Economic Revolution*, Cambridge University Press, 1977（石川滋監訳『中国の経済革命』東京大学出版会、一九八〇年）が出版された。(5)

四　在米研究

私の訪米は家族ぐるみとなり、家内と二人の子供を連れ、都留先生夫妻（および当時コロンビア大学のPhD候補生で私のところに来ていたMiss Ann Rasmussenら）の見送りを受けて一九五八年九月羽田を出発した。新学年はすでに始まっていたので、ケンブリッジに住居を見つけることが難しく、ボストンのCommonwealth Avenueの123番地にやっと2LDKの住居を見出して落ち着いた。当時日本は厳しい外貨管理の下にあり、私どもの生活はハーバード大学から受ける年棒五千ドルですべてを賄わねばならなかったが、家族はボストンの市民生活を充分にエンジョイした。それには二人の子が受け入れられたボストン公立図書館近くの公立小学校(Prince School)の父兄会を通じてえたつき合いが大きく貢献した。とくに六年生の長男(経夫)は半年のちには英語が自由に話せるようになり、地域のボーイスカウトにも参加して、学友やその家族とのつき合いは一層濃くなった。夏休みにはメイン州のキャンプ地(Adams Pond)での合宿があり父兄たちがボストンから大挙して参観に訪れたが、私の家族もその一員に加えられた。(6)

このCommonwealth Av. 123から私自身は毎日地下鉄に乗ってケンブリッジ市内Dunster St. 16番地に所在するEast Asia Research Centerに通った。このCenterのある建物には、米国のソ連研究の中心の一つであるRussian Research Centerが同居していた。(というより、そもそもEast Asia Research Center自身がその少し前までRussian Research Centerの一部門であり、そこから、J・K・フェヤバンクを所長として独立したばかりだった。)前述したエクスタインの一九五二年中国国民所得推計も元来Russian Research Centerのプロジェクトとして始められ、その完成を新センターでの主な仕事としていたのである。私自身も日本からの継続の仕事として一九五二—五七年の間の中国国民所得推計をかかえており、そのために『統計工作』『計画経済』『労働』などの専門誌を持参していた。二人の間の話し合いはしたがって推計の細目に入ることができた。研究室での仕事のほかは経済学部のあるリタワー棟に出向いて頻繁に行われていた公開セミナールを傍聴した。セミナールはいつも充分以上に刺激的であった。

ここで二点のトピックについて補足しておこう。第一点は新しい中国にかんする経済情報、特に統計数字情報についての問題である。一九五八年から一九七七年（毛・周死去の年）にいたる中国は、これらの情報がほとんど完全に秘匿、あるいは管理の下におかれた時代であった。それに先立つ一九四九―一九五七年の間にはそれらは、意図的ではないとしても、政府自体が情報の収集・管理の能力に不足していた。しかしその能力を構築するための真剣な努力が「国家計画委員会」および「国家統計局」を中心として繰り広げられ、その努力とともに成果として新しい統計用語の概念、定義および数値が『統計工作』、『計画経済』、『労働』やその他各部門の機関誌を通じて次々に公表されていた。統計情報が管理される時代に入って後は、何らかの数字情報を土台にもたねばならない分析は、一九五八年以前の時期にえられた数量的分析の上に定性的情報による趨勢の判断を重ねて推測するよりほかなくなった。中国はそのような時代に入ろうとしていた(7)。

第二点は米国学会でのソ連経済の研究についてである。それは私の在米研究プログラムの重要な一項目でもあった。米国の中国研究はエクスタインや Ta-chung Liu, Kung-chia Yeh らの先達が国民所得推計に手をつけたばかりの黎明期にあり、Dwight Perkins, Robert Dernberger, Carl Riskin, Thomas Rawski など新時代の中国経済研究者はまだ登場していなかった。（Dwight Perkins や Carl Riskin がPhD論文執筆の過程にあった当時、〝現地留学先〟であった香港に向かう途次、国《くに》立《たち》の私の研究室に立ち寄ったのは、私の米国から帰国の後かなり経った頃だったと思う。パーキンスなどは私の研究室の書棚を丹念に調べていった。）私の心中にあったのは、米国のソ連研究がわれわれの中国研究の何らかの雛形となりうるかも知れぬという期待であった。そのソ連経済についての研究をレヴィウするために、前掲の Russian Research Center の「一九四八―一九五八年一〇カ年報告」の記述が重要な導標となった（Harvard University, Russian Research Center, *Ten Year Report and Current Projects 1948-1958*, June 1958）。この報告の「ロシア経済研究の部（プロジェクトディレクター：Alexander Gerschenkron（1948-56), Abram Bergson（1956-)）によれば、米国では第二次大戦末までにソ連経済のほとんどすべての部門についての大量の文献が出されたが、一部の重要な例外を除いて、その質的水準は高くはなかった。しかし「本センターはこの知的ギャップを埋めるため忍耐強い基礎研究、とくにソ連経済のデータ・フローが無制限的にもっとも近かった一九三〇年代、およびそれ以前の時期についての基礎研究を土台として、今日のソ連経済に接近する確固たる足場をうることが可能だった。」と記されている。研究の成果は、とくに次の三つの分野について示される。（1）ソ連計画化システムの作動原則《ワーキング・プリンシプル》、手続、効率。（2）ソ連経済の成長、その潜在力、政策。（3）業種別、セクター別の計画化および発展の研究。

当時知ることのできたより個別的な研究題目と研究者の名前をハーバード大学以外のものをふくめて例示しよう。

（1）Joseph Berliner―工廠と工廠長、Franklyn Holzman―税制、Gregory Grossman―投資決定、Robert Campbell―会計慣行、Raymond Powel―貨幣政策、David Granick―工業計画

（2）Abram Bergson グループ―国民所得、Donald Hodgman―工業生産、Domitri Shimkin―

鉱業、Alexander Erlich―工業化論争（一九二四―二八年）、Walter Galenson―工業生産性（米国のそれとの比較をふくむ）、Janet Chapman―実質賃金

（3）Gardner Clark―鉄鋼、Holland Hunter―輸送政策、Richard Moorsteen―機械、Nicholas DeWitt―専門家の教育、訓練

バーグソングループの国民所得研究については多少のコメントが必要だろう。まず、この研究は、バーグソンがハーバードに移る前に在任していたコロンビア大学におけるソ連経済研究、なかんずく一連のソ連国民所得推計を指している。それは一九二八年について、Oleg Hoeffding（1954）、一九四〇―四八年について、バーグソンとハンス・ハイマンの共著（1954）として、ともにColumbia University Pressから刊行された。彼のハーバード大学移籍後刊行されたA. Bergson, *The Real National Income of Soviet Russia since 1928*, Harvard Univ. Press, 1961はそれらのまとめだと思われる。次に、このバーグソングループは、（1）のソ連経済の計画化にかんする観方として、市場価格（established price）は、計画が行われているときには何らの meaningful な役割も果たしておらず、計画そのものは市場価格から〝間接税―補助金〟を控除した factor-cost standard の価格に照らして制定するときにのみ効率的に行われていることがわかる、という立場を貫いた。その主張は、生産力基準からは factor cost standard、厚生基準からは established price と主張しているように解されることがあるがそうではなく、二つの基準がともに factor cost standard により充たされているというものだった。この主張の背後には、バーグソン自身の一九二八年ソ連製造工業における業種間賃金構造にかんする研究からえられた確信があった。後者は、その構造が産業技術

水準の類似していた一九〇四年の米国のそれと酷似していることを明らかにし、そのことはソ連経済が資本主義におけると同じ原理によって支配されていることを示すと主張していた（A. Bergon, *The Structure of Soviet Wages*, Harvard Univ. Press, 1946）。

バーグソンのこのソ連経済における価格形成の解釈にたいしては、予想されるごとく、計画下の価格システムそのものの有効性を否認し、established price のみならず、net price についても、その meaningfulness を信用しないLSEの Peter Wiles ら英国グループの批判があった。この論争についての考察は省略するが、ふれておかねばならないのはむしろ〝都留重人経済体制論〟との関係であろう。都留先生はバーグソンとハーバード大学での学友であり、私がバーグソンのハーバードにおける研究について助言を得たのも都留先生の紹介によるものだったが、バーグソンのソ連経済観と都留重人の体制論の間には相容れぬところがあるように思われる。大まかにいえば、後者の体制論は、どのような体制であれ、それがかなり長期にわたって持続するからには、その体制に固有な、非合理な要素をふくむダイナミズムがそこには内蔵されており、そのダイナミズムを活かす仕組みの下でのみ経済発展は現れる、というように述べることができよう。資本主義体制下の経済において効率的な（静学的）資源配分の原理が、社会主義の体制でダイナミズムを生むことなどありえないと考えるのである。

ソ連経済研究者の間では Holzman, Grossman, Moorsteen などがとくに親しく、多くの教示をえることができた。カリフォルニア大学バークレー校で開かれたソ連経済にかんする研究セミナールにはエクスタインに伴われて出席したが、その席上でグロスマンは私を日本から来た中国研究者として紹介した。バークレーからの帰り路に、Moorsteen はその勤め先の RAND Corporation に私を案内してくれた。しかしソ連経済研究者の間で私に与えた影響の最も大きかったのは矢張りバーグソンだった。バーグソンからは初めて会った時、当時刊行されたばかりのドーマーの著作 Evsey D. Domar, *Essays in the Theory of Economic Growth*, Oxford University Press, 1957 の第9章（A Soviet Model of Growth）でドーマー流に再構築されたソ連の Planning Commission 初期のエコノミスト、G・フェルトマン（G. A. Feldman）の計画経済成長モデルを検討してみるように奨められた。フェルドマン・モデルはマルクスの二部門再生産表式モデルを計画用具としてオペレーショナルに組み替えたものである。そこでは前者の生産財部門優先発展の法則は、投資財・消費財の二部門分割にそうてオペレーショナルに書き換えられる。そこでは、投資財部門、産出高の両部門への配分率（その投資財部門自身への配分率をとってγ係数と呼ぶ）が0から1に近づけば近づくほど、中長期的には消費材部門の産出はより大きくなる（短期的には逆）という形で展開する。このフェルトマン・モデルは計画化の理解のためには誠に有益だが、実際の計画的成長研究への適用は容易でなく、とりあえずは財政を通ずる基本建設予算の部門別配分のデータを整理し、それを手懸りとして進むよりほかなかった。しかしこの助言は在米研究のかなりの割合を割当てるに充分な重みをもった。

私の在米研究の成果を要約してみると、前掲した Russian Research Center の報告が用いた枠組みを用いて、（1）計画化分野では、フェルトマン・モデルとその応用研究の発足、（2）成長分野では、一九五二―一九五七年中国国民所得推計の継続、（3）産業業種別、セクター別研究、（3）はその必要を実感したに止まるが、やがて帰国後アジア経済研究所での研究プロジェクトを結成してそれらに着手するための準備となる）という三項目となろう。

五　帰国と『中国における資本蓄積機構』の刊行

ハーバード大学滞在は三か月延長され、家族とともに住み慣れたボストンを後にしたのは一九五八年一〇月のある日であった。帰路は長男のつよい主張に屈して、飛行機ではなく鉄道で大陸を横断し（往路Great Northern鉄道により北アメリカを通ったので、帰路はSanta Fe鉄道で、南部を実感した）、サンフランシスコから日本郵船の貨客船に乗船して太平洋を横断、帰国した。子供たちは杉並区第五小学校のそれぞれ六年生、一年生に編入された。一橋経済研究所で私を待っていたのは高橋長太郎教授の担当による「一橋大学経済研究叢書」シリーズの一冊を仕上げる約束の実行であった。私はその一冊を上記の在米研究の成果（1）計画化に属するトピックス、とくにその理論面の考察にあてることとし、一九六〇年五月『中国における資本蓄積機構』というタイトルの下に完稿した。それは一九六〇年一一月、岩波書店から出版された。

この書物で分析的に最も重要な知見は、中国経済の具体的な条件の下では上記のγ係数が、フェルトマン・モデルにおけるように国家計画委員会の自由に操作できる計画変数ではなくなり、それが計画変数としてとりうる値は、フェルトマン・モデルの二大部門（資本財・消費財）の産出の要素（労働）分配率により制約されるということであった。元来のフェルトマン・モデルは初期条件としての労働者の生活水準をかなりのゆとりをもつ巾において考えており、その結果としてどのような値のγ係数が選択されようとも、それによって求められる賃金率の下で、無限弾力的な労働供給が行われることを期待してよかった。しかしある国において、無限弾力的な労働供給を期待できるミニマムの初期的賃金率がその国の初期的賃金率以外にないとすれば、γ係数の選択は、それを実現するような労働分配率の値に縛られざるをえなくなる。上記で「中国経済の具体的条件の下で」とあるのは、中国がこのようなケースの一つとみていることを示している。(8)

『資本蓄積機構』では、γ係数や二大部門別の労働分配率の具体的数字を求めての実証面にはふれなかった。その面の研究成果をくわしく発表する機会が一九六一年八月、香港大学創立五〇周年記念シンポジウムに招待されたときにあらわれた。私は"Capital Accumulation in Mainland China"という論文を提出した（Edward Szczepanik (ed.), *Symposium on Economic and Social Problems of the Far East*, Hong Kong University Press, 1963, ch.4 (B)）。フェルトマン・モデルを応用する実証研究ではいつも部門分割をいかに特定するかがイッシューとなるが、ここでは、W・A・ルイスが古典派的スタイルと名付けた経済の自給部門と資本家部門との二部門分割の方法に倣って、計画化・非計画化の二部門に分割し、計画部門を国家予算における「基本建設投資」の支出対象と同じだと仮定した。これをさらに細かい実証研究につなぐには、さらに両部門間の取引バランスについての代替的なケースわけと、面倒な追加作業を実施することが必要だった。

幸にして、この二つの中国における初期計画化にかんする研究は好評をえた。『資本蓄積機構』は、はじめての日経図書文化賞を受賞した。それを公表した一九六一年一一月三日の日本経済新聞で、審査委員会の東畑精一先生が講評を述べられ、その中で、新中国の急変した政治経済体制を解明することは日本の学会が担わされた義務であるが、この書はその義務を履行した一つの成果として祝福しなければならない、とされている。資本の蓄積は、資本主義ではそれぞれの業主、生産者、消費者の意思決定の結果をもってきまるが、中国では、中央当局によって、事前に、計画的に決定される。本書の主題はこのような形でわかりやすく読者に伝えられた。

香港大学の五〇周年記念シンポジウムの *Proceedings* については一九六四年六月号の *Economic Journal* で Walter Galenson が書評を行った。その中で私のペーパー"Capital Accumulation in Mainland China"は「経済学者にとって、おそらく最も興味深い論文」だと評価し、さらに、「ここで示されたもっとも startling な一つの数字」は、工業生産高（ネット）のうち非労働要素に支払われた割合が、ソ連の第一次五年計画期間（実際には一九二八年）四四％、インドの第一次五年計画期間四二％であったのに対して、中国の第一次五カ年計画期には七二％に上ったことだと強調している。これらの％は、裏がえしてみればすぐに、上に論じてきた労働分配率となる数字である。ゲランソンは中国の特徴が要素所得分配率の国際的に異常な値にある点の指摘が新しいといっているのである。

六　アジア経済研究所での共同研究

一九六〇年四月の特殊法人としてのアジア経済研究所の創立、その所長に就任された東畑精一先生による私への中国経済部門の指導要請は、実質的には同部門の研究計画を作製し実施することをふくみ、かつ前提としていた。私が構想した研究計画は、さきに在米研究を要約した枠組みにそういうと、（1）の計画化分野の研究については、それが一段落した時に準備されたものだから、そこにはふくまれていない。同じ枠組みでの（2）の成長分野の仕事は、国民所得推計についての主としてハーバードでの研究成果を整理し公表するとともに、物価や生計費の形成および水準などの研究を追加すること、後者については私の一橋大学の同僚溝口敏行、松田芳郎両教授の力強い応援をえた。さらに（3）産業別セクター別研究については、アジア経済研究所にそのためのプロジェクトを興し、外部研究者の参加をも加えてえられる新しい成果に期待することであった。

この両分野の研究の成果は、すべてアジア経済研究所を通して刊行された。すなわち『中国経済発展の統計的研究Ⅰ、Ⅱ、Ⅲ』（一九六〇、一九六二、一九六二年）および『中国経済の長期展望Ⅰ、Ⅱ、Ⅲ、Ⅳ（上）、Ⅳ（下）』（一九六二、一九六四、一九六六、一九六七、一九七〇年）である。以下ではそれらは個別研究のレベルにおいて記録する（以下のAは『中国経済発展の統計的研究』、Bは『中国経済の長期展望』の略語）。

1　成長分野

1―1　国民所得　石川滋「中国の公式国民所得統計吟味」（AⅠ）、同「長期展望の巨視的フレームワーク」（BⅠ）、同「巨視的展望の基本構想」（BⅢ）、同「中国経済の仮説的展望（一九六七―八一年）」（BⅣ上）、中兼和津次「（同上）補論」（BⅣ上）、石川滋「一九五九年―一九六八年の中国経済主要集計量指標のモデル的推定」（BⅣ上）

1―2　投資　石川滋「資本蓄積と技術選択」（BⅢ）
1―3　消費　中兼和津次「中国の消費水準と消費構造」（BⅡ）、溝口敏行「日本と中国の勤労者世帯における消費水準の比較」（BⅣ上）
1―4　物価　溝口敏行「中国における物価水準の検討」（AⅠ）、同「中国と日本の物価比較」（AⅡ）、同「中国の物価体系の吟味」（AⅢ）、同「物価決定機構モデルの試み」（BⅡ）
1―5　人口・労働　吉田忠雄「中国の人口構造」（AⅠ）、同「中国の人口構造と労働人口」（AⅡ）、高橋晟子「中国本土の将来人口に関する一考案」（BⅣ上）
1―6　外国貿易　山内一男「中国の貿易と中ソ貿易」（AⅡ）、同「中国の経済成長と対西欧貿易」（AⅢ）、同「中国経済成長と対アジア・アフリカ地域貿易の概況」（BⅠ）、石川滋「外国貿易の仮説的展望」（BⅡ）、富山栄吉「外国商品の競争力」（BⅡ）、山内一男「中国外国貿易の基調」（BⅡ）、明野義夫「輸出可能性に関する諸問題」（BⅢ）、同「中国の対外貿易」（BⅣ下）、富山栄吉「対外貿易における対外競争力」（BⅣ下）
1―7　技術　佐藤真住「中国の技術水準と開発体制」（BⅠ）、同「技術的側面からみた中国の中小規模工業」（BⅡ）、同「過去十年間における中国の技術発展」（BⅢ）、赤羽信久「技術水準分析の方法論的考察」（BⅢ）、小林文男「科学技術研究体制」（BⅢ）

2　セクター別、業種別研究

2―1　農業　常盤絢子「中国における農業生産力構造とその変化―土地改革を中心に」（B

Ⅱ）、同「生産合作社の成立と農業生産力構造の変化」（BⅢ）、松田芳郎「中国農業生産統計の吟味―収穫統計法を中心として」（BⅢ）、中兼和津次「人民公社以後の農家所得分配制度」（BⅢ）、石川滋「中国農業の長期展望」（BⅣ下）

2―2　工業一般　溝口敏行・松田芳郎「中国の公式工業生産指数の吟味」（AⅡ）、松田芳郎「中国工業生産指数推計の試み」（BⅠ）、全員検討会「中国の中小規模工業の技術的特性」（BⅡ）、溝口敏行・中兼和津次「中国工業生産指数の吟味」（BⅣ上）

2―3　鉄鋼業　明野義夫「中国の鉄鋼業」（BⅠ）、小島麗逸「鉄鋼業」（BⅣ下）

2―4　電力工業　尾上悦三「中国の電力工業」（BⅠ）、赤羽信久「コメント」（BⅡ）

2―5　電子工業　佐藤真住「電子工業の発展過程」（BⅣ下）

2―6　エネルギー産業　尾上悦三「中国のエネルギー産業」（BⅡ）

2―7　化学工業　赤羽信久「中国の化学工業」（BⅡ）

2―8　機械工業　小島麗逸「中国の工作機械工業」（BⅡ）、同「農業機械・農具工業」（BⅢ）

2―9　繊維工業　小島麗逸「繊維工業」（BⅣ下）

2―10　輸送　明野義夫「中国の輸送産業」（BⅡ）、尾上悦三「輸送」（BⅢ）

1―1の国民所得推計については、当時の公式国民所得推計枠組みである物質純生産方式に従い、AⅠですでに一応の完結を見ているが、その後東畑所長の説得により改定増補し、英文の形で一九六五年刊行された。Editingを伴うこの仕事は上智大学のロバード・J・バロン（Robert J. Ballon）教授が担当された。これは相当な難事業だったと思われるが、その神父らしい献身的な御仕事ぶりには頭の下がる想いだった。(9)

Shigeru Ishikawa, *National Income and Capital Formation in Mainland China—An Examination of Official Statistics*, The Institute of Asian Economic Affairs, 1965（日文版　石川滋『中国の国民所得と資本形成』日中経済協会、一九八四年一月）

以上の成長にかんする国民所得推計など五分野および、セクター別業種別十分野の研究完了によって、はじめに定義した中国経済研究の事始めを構成する研究の範囲は漸くカバーされた。

七　あとがき

事始めに関する研究の締めくくりとして三点を記す。

一、一番つよい印象はこの仕事が知的活動のインフラ投資にも比すべき役割を持っているということだった。多数の人々が参加した。かれらはインフラの利便を享受する個別研究をも発表した。中国研究は第二次大戦のあと政治色を帯び易かったが、その風潮から遮断されるグループとしての研究スタイルがそこに形成された。

二、事始めの仕事はおよそ一九七〇年半ばにわたって行われたから、計画経済期が時代的背景だったといえる。これに対して、中国自体は一九八〇年代に入ると、市場経済体制への移行を求めるようになるから、事始めの研究成果がそこで無用になるのではないかという懸念が生じる。しかし計画経済とか市場経済とかいうのは体制の形式的な呼称であって、実体としての中国経済の仕組みや作用様式は依然として多くの伝統的な要素の影響を受けていることが、その後の研究においてますますつよく指摘されるようになった。したがって計画体制期が市場体制に変わっても、実態経済の理解に必要な知見が全面的な更新を求められることはない。

三、経済成長の観点からの事始めの研究結果は、私の次の講演記録（「中国経済研究者として」、『アジア研究』50―1、二〇〇四年一月）に掲載された図1の「修正・計画的成長モデル―概念図」で例示することができる。これはこの時代の構造問題に由来する成長制約線の四本とその制約下に作動するフェルドマン成長経路の二本を組み合わせたものである。制約線はその付帯番号の順序に、(1)国民所得の非労働分配分、(2)食糧（あるいは賃金財）、(3)外貨制約、(4)雇用問題の考慮からする必要成長率の下限である。フェルドマン成長経路（$\gamma=\alpha_2$）は明らかに「成長可能領域」（シャドウで囲まれた領域）を突破している。点Aは大規模な調整を必要とする危機発生点（「大躍進」の崩壊のごとし）を示す。

〔注〕

（1）この点はアジア経済研究所で一九九一年に刊行された学界展望的な地域研究シリーズ3『中国―経済』における中兼和津次（一九七八年まで）および石原享一（一九七八年以降）の展望論文においても裏付けられている。

（2） 入江先生は同盟通信社時代の多くをジュネーブ・パリ特派員として過ごし、外交史、国際法の専門家として業績を上げられた。その著書は実際多数に上るが、現役特派員時代のものとしては、『中国における外国人の地位』（一九三七年）、『ベルサイユ体制の崩壊』（一九四三年）がある。先生にとっては国際ニュースの多くの切片が、クリッピングに値する研究資料だった。人格、広い意味の識見をあわせて、入江先生は私が接した最高の学者の一人であり、研究者としての出発点でその指導を受けたことはこの上ない幸であった。他方、私は、一九五四年四月に創設された「アジア政経学会」の当初からの常務理事をつとめた（一九七六年一〇月―一九七八年一〇月まで代表理事、一九八八年より名誉会員）が、初めての常務理事就任は入江先生の推薦によるものだったろう。

（3） この『東洋文化』は東大東洋文化研究所の紀要である。これへの発表を許されたのは、植田捷雄・川野重任両教授の推薦によるものだった。そのかわりに論文執筆者は、その研究所の研究発表室において、多くの偉い先生方が坐る机に取り囲まれた席でその論文発表を行うことを求められた。

（4） よく間違えられるが、根岸先生は私のゼミナールの指導教授ではない。ただし東京商科大学で「東洋経済事情」という講義を受講した。終戦後十年間私は、鎌倉の材木座海岸に居住した。根岸先生の御住居が、逗子市小坪の近くにあったので、しばしばお伺いして先生の学問上のお話を承ることができた。先生も散歩の途中、実に気軽に拙宅に立ち寄られ、時に中国情勢について談論風発された。私が鎌倉から杉並に引越してのちも、先生からは昭和四十六年に他界されるまでたえず、学問上の激励をいただいた。

（5） この書物はエクスタインがミシガン大学経済学部で行った中国経済にかんする講義を土台とする現代中国経済のすぐれた教科書であり、包括的な解説書でもある。政治・経済ともに激動しつつある大国を対象とする著作であるから、記述はカバーする時代の特徴を反映するとともにその妥当性が制約されざるをえない。この点からは、一九七七年に出版されたこの書物が、毛・周時代を対象とし、それ以後に及んでいないことを強調しておかねばならない。邦訳は、エクスタインの最後の学生ニコラル・ラーディ（当時イエール大学経済学部准教授）を通じて伝えられたルース未亡人の意向により、私が引き受けることになった。実際にはエクスタインの世話になった尾上悦三、中兼和津次両氏が中心となってあたった。邦訳の最後にこの書物にかんする私の解説が載せられている。ルース夫人は日本流の内助の功の大きかった方である。彼女自身ウィスコンシン大学のSocial Work学部の出身であり、ミシガン大学では学生のCounseling Officeで働き、定年後も私設のcarrier counsellorとして働き通した。一九八五年一～四月私はミシガン大学Center for Chinese Studiesに客員研究員として滞在し、その間三月一八日The Alexander Eckstein Memorial Lecture（"Socialist Economy and the Experience of China—A Perspective on Economic Reform"）を行ったが、これらもルース夫人の一方ならぬお世話により円滑に進んだ。ルース夫人は一九九八年四月二日アナーバーで他界された。

（6）同じ長男の関連で述べると、かれはわれわれと同じときハーバード大学に滞在していた東京大学の小宮隆太郎氏にほとんど毎日曜ごと、ドライブに連れ出され「アメリカン・ライフ」を楽しむことができた。私もしばしばその機会に便乗させてもらった。長男はすっかり小宮先生ファンとなり、自分は大きくなったら東大の小宮ゼミに入るのだと広言していた。

（7）中国政府の統計情報秘匿は、大躍進失敗による経済の大混乱の後の一九六〇年から毛・周時代の全期間に及び、情報開示が知られるようになったのは、一九八一年に入ってからである。私自身の仕事としては編著『中国経済の中長期展望』（日中経済協会、一九八四年六月）が情報再開後初の研究として記憶されている。

（8）労働供給が期初の賃金率においてしか無限弾力的でない場合にγがとりうる値の導出は『中国に

おける資本蓄積機構』一三一―一四頁に示される。その値は、

$$\gamma = \frac{1}{1+\frac{\mu_1}{1-\mu_2}\cdot\frac{v_2}{v_1}} \text{ where } \pi_i = \frac{w_i}{\pi_i},\quad i = 1,2$$

ただしπ_iは限界労働生産性、w_iは限界賃金率、vは限界資本係数、γ係数はもはや計画変数ではなくなる。

(9) サブタイトルにあるようにこの国民所得および資本形成の数値は公式統計概念によるそれを収集し整理分析を行ったものである。公式概念とは社会主義国のそれを言い、純物質生産の市場価格評価を土台とする。John Gurley, *China's Economy and the Maoist Strategy*, Monthly Review Press, 1976（邦訳は中兼和津次・矢吹晋による、『中国経済と毛沢東戦略』岩波書店、一九七八年）はこの拙著をp. 4にあげたTa-chung Liu and Kung-chia Yeh著が概念および推計枠組の全くちがう国連ＳＮＡ方式での一九三三―一九五九年国民所得の推計を行っているのと比較し、「石川は料理を用意したが、リウ＝イエは不服の余りその多くを台所に戻してしまった」とユーモアをまじえた批評を行った。しかしガーリーは他方でリウ＝イエのこの仕事が「アメリカの空軍と関係の深いシンクタンク―ランドコーポレーションのためになされた厖大な作業である」ことを指摘している。

都留重人の資本主義批判

宮本　憲一

都留重人の厖大な著作を一貫して流れているのは資本主義批判である。市場原理主義と個人主義の新古典派経済学を批判し、マルクス経済学をふくむ広義の制度学派の理論を提示されている。都留は単なる書斎の徒でなく一流の社会評論家であり、少なくとも五年に一度は時評をまとめることを自らに課していた。日本の政治にたいしては、日米安保体制廃棄を一貫して主張され、これが『朝日新聞』の論説室にいれられず、編集顧問をやめる動機になったのでないかといわれるほどであった。また体制を批判するだけでなく、体制変革の方向についても主張をつづけられていた。

このように書くと、孤高の左翼人のようになるが、そうではなく、都留重人は自らを現実主義的理想主義者といっているように、大衆が納得し、世論が支持できるような現実的な政策提言をされてきたのである。現代資本主義批判も日本のマルクス主義経済学者に多くみられる教條主義あるいは基底還元論でなく、近代経済学もふくめた経済学のエッセンスの上にたち、そして、その限界を総合的に考慮し、そこから新しい政治経済学を創造されようとされた。そのために、都留経済学は被批判者、政府関係者や財界人をふくめて、ファンが多く、日本の経済学界や社会に大きな影響をあたえたのである。

ここでは、その独自の都留経済学の一端を現代資本主義批判を中心に書いてみたい。

一　素材面と体制面の区別と総合

(1)『国民所得と再生産』とGNP経済学批判

「学問としての経済学」[1]の中で都留先生は研究の進め方について次のようにのべている。

「今の資本主義制度を理想とせず、歴史的産物として人間も主体的にそれに参加しつつ動いているものと見て、この客体を調べるという方向にすすんだ。」

「人はそれぞれ自分ひとりの力ではどうにもならない歴史的、社会的環境の中に生まれおち、その環境によって考え方や行動を規定されるのだが、同時に人は客観的な法則を洞察すれば、その洞察を手がかりとして意識的行動を起こすことによって、歴史それ自体を新たに作る仕事に参与するのである。[2]」

これは都留が社会科学を研究する意義と方法を簡潔にのべたものである。[3]この都留経済学の基礎理論が、戦後の「洛陽の紙価」を高めた『国民所得と再生産』である。この著書は一九二九年恐慌を例示しながら、新古典派経済学への批判をおこない、さらにこの経済学を乗りこえようとしたケインズの集計概念＝国民所得論を紹介している。そして、マルクスの再生産理論の新しい意義づけをしている。マルクスの再生産表式は、素材面では生産手段と消費手段とに二部門に分割し、価値面では不変資本（C）、可変資本（V）と剰余価値（M）の三面にしている。このようにマルクスの再生産論は素材面と価値面とが総合されているのにたいして、国民所得論の根本的欠陥は交換価値妥当概念であるために、その集計量とその素材的内容とに重要な乖離があること、価格で表現された集計概念を用いて、経済の素材的実体的内容を分析することは重大な歪みをともなうと指摘している。

たとえば、家事労働は国民所得を生まないが、それなくしては家庭生活は成りたたない。家政婦を雇用すれば、国民所得はふえるが、家庭生活はコストがかかり、生活の質が下がるかもしれない。家庭がおこなっていた介護などが、公共サービスにかわることは同じ問題をともなう。教育のように外部経済のある分野の経済効果は所得では測りえず、資源の過少配分となりやすい。反対に外部不経済としての公害のコストは省略されるか、第三者または社会の負担となる。

このように、ここにはすでに公害や福祉の政治経済学への道がしめされている。後に所得倍増計画以後にみられたように、国民所得を福祉の水準として使うことにたいする批判であり、このGNP経済学批判は、センの理論よりはるかに先に確立していたといってよい。

（2）『公害の政治経済学』

都留重人の経済学は理論と政策の総合をされているので、現代資本主義のすべての分野、とくに新しい分野として、福祉、医療、土地、都市、交通などの広い範囲にわたっている。ここでは公害・環境をとりあげたい。都留は「一経済学徒の反省」の中で、ばい煙問題や自然破壊をとりあげ、『経済』の問題であるこうしたチャレンジに、われわれ日本の経済学者がこたえないならば、われわれは、誤解を避けるためにも、『経済学者』という呼び名を返上して、『経済学』学者というべきではないか。[4]」とのべている。このように早くから、環境や資源問題に関心をもたれていたが、学際的分野なので、具体的な調査研究に入られたのは、公害研究委員会（一九六三年）以後であろう。それ以後の成果をまとめたのが、この本であって、戦後の経済学の中では最もオリジナルな業績であり、後の"The Political Economy of the Environment"につながる業績である。

この本では当時マルクス原理主義者におおかった公害を国家独占資本主義の弊害とする基底還元論にくみせず、ソ連社会主義の公害をゴールドマンらの業績などから紹介し、公害問題は素材面からの解明がまず必要であるとして、発生源、現象形態、被害状況の三段階に分けて描くことから始めるべきだとしている。しかし同時に当時の論争相手となっていた塩野谷祐一の機能的な公害概念を批判して、次のようにいっている。

「元来、公害について大事なことは、その定義ではなく、どのような対策がそれぞれの場合に有効かという点にある。この観点からすれば、どうしても体制的な規定をこうむらざるを得ないような範疇を、誤って超体制的なものとみなすようなことは警戒すべきであること、――ひ

1989 年 4 月 8 日、公害研究会
（左より）田尻宗昭、都留重人、宇沢弘文、宮本憲一

とくちでいえば、経済現象の素材面と体制面とを区別しながら両者の統一的把握を図るという要請が、ここにはあるのであり、政治経済学的接近とはこのいみにほかならない。」(5)

たとえば本来、人類の共有財産であるべき技術が資本主義企業に占有されると、環境という資源を利用することからおこる技術進歩にともなう功（コストの節約）も罪（公害）も企業の判断で処理され、外部性の内部化は「私的資本」の必要によっておこなわれる。環境という稀少資源の枯渇や公害対策を、企業は内部化しないのである。

都留は牛乳消費という日常的な消費行動を例にとって、体制面が素材面を分断する状況を説明している。牛乳消費の過程を素材面から整理すると次のようになる。

（a）牛乳生産（b）容器生産（c）流通

過程（d）消費者による購入（e）容器処理

企業が関与するのは（a）から（c）までは利潤極大動機がはたらき、（d）（e）は消費者の満足度極大がはたらく。企業はそこで容器のコストと流通費の節約をはかるために、容器をビンからポリエチレンの容器にかえる。するとこのポリエチレンの容器の収集、その処理、清掃工場の大気汚染などの費用は外部化され、自治体や住民の負担になる。つまりgoodsには素材面では必ずbadsがあるのだが、体制面ではbadsをつぐなう費用をいれないで考えられるために、badsがより多くなるというのである。ごみの量が所得の伸びにしたがってふえるというのは体制の問題がはいっており、物理的なものでなく、また消費者が自戒すれば、ごみ問題がなくなるということではない。

都留は今日の技術進歩—生産力の拡大が交換価値を尺度とする制度をのりこえ、市場の網の外の「外部効果」を大きくし、市場メカニズムの合理性を失わせつつあることを強調している。しかも「宇宙船地球号」といわれる閉鎖系の状況のもとでは、廃棄物はなんらかのかたちで自然や人類に影響を及ぼすのであって、「外部性」といわれるものは、実際にはすべて素材面では内部化されている。そのいみでは「外部性」を内部化できるような市場メカニズムをこえた尺度が必要となる。都留はGNPにかわる政策目標として、シビル・ミニマムをあげている。シビル・ミニマムは市場から供給されるものもあるが、社会保健や社会福祉などの多くは公共部門から供給されねばならぬものであり、また貨幣でなく実物で支給されるサービスが多い。いわば素材面から政策目標を定めねばならず、そうなれば公共的介入は不可避であるということになる。

都留は日本の歴史をふりかえって、住民運動の重要性を説き、それなしに公共的介入＝公害対策は進まぬことを明らかにしている。そして資本主義社会のもとでは、住民運動を草の根の原点にし、体制的視点を射程にいれた社会改革全体を問題にするような対策が検討されなければならぬとして、フローの社会化（生産手段のようなストックの社会化でない）、土地の公有化、科学技術の社会的管理を提言した。このような根本的改革をおし進める一方で、所与の法制と市場機構の枠を前提にした対策として、直接規制、公害税、有害物質のマスターリストの作成や禁排項目の設定を前提にした課徴金制度などを提案している。

この『公害の政治経済学』は一九六〇年代の公害論の到達点というだけでなく、戦後の政治経済学の傑作であり、都留経済学の最高の作品といってよいであろう。

二　混合経済論──両体制「収斂」？

一九五〇年代の終り頃であるが、都留重人の講演会が金沢でおこなわれた。そこで都留は一九三三年秋にソ連のリトヴィノフが、米ソ国交回復の事前協議のために渡米し、ルーズヴェルト大統領と会見した時のエピソードを紹介した。ルーズヴェルトが、宣教師の入ソを拒否されたことで体制間の相違は乗りこえられないとのべたのにたいして、リトヴィノフは反論した。彼は両体制が進化し制度的に収斂することを次のようにのべた。

「一九二〇年にわれわれはあなたが言うように大きくかけ離れていました。その当時は、あなた方は一〇〇パーセント資本主義で、私たちはそれとはまったく反対、つまりゼロパーセントでした。この十三年間で、われわれはたとえば、二〇パーセントの位置にまで上がってきました。あなた方アメリカ人も、特に昨年の三月以来、八〇パーセントの位置にまで歩んできました。次の二〇年間に、われわれは四〇になり、あなた方は六〇に下がるというのが、私の本当の信念なのです。(6)」

都留はこのリトヴィノフのことばは、歴史に残す価値があるとしている。その後の彼の著作では、この両体制の収斂についてのリトヴィノフの予言はくりかえし引用されている。二〇代で研究者になったばかりの私にとって、この都留の話は衝撃的であった。一体、両体制のちがいは生産力の発展とともになくなるのか、それはマルクスの体制変革の理論の否定になるのであろうか。

実は都留経済学というか、都留の思想の中でも、必ずしも結論はでていない。たとえば『制度派経済学の再検討』では、このリトヴィノフの意見を肯定的にとらえて、社会経済システムの収斂説となっている。これにたいして「現代資本主義論」では、資本主義と社会主義の両者に進化の幅(収斂傾向)をゆるしながら、最後には体制変革といえないような相違を明らかにするとして、批判をのこしているのである。これは都留経済学の基本にかかわることなので、まず社会経済システムの収斂説の方からとりあげてみよう。

都留は混合経済を次のような特徴をもつものとして定義している。

「(1)基本的には資本主義経済である。したがって利潤追求を動因にして動く民間部門が、経済の主要な部分をカバーする。

(2)政府の役割は積極的でなければならないということが認められ、そして市場メカニズムの自由な働きに対する政府の干渉は容認されている（あるいは、時に応じて望ましいものとされる）だけでなく、政府の管理および（または）政府の所有の下での経済の重要な部門が運営されることが正当なものと認められている。

（3）一般的に強力な福祉指向と、あらゆる種類の強制に対する否定的な態度。

（4）政府は特定の階級の利益と結び付いているわけではない。したがってさまざまな利益集団の拮抗力が作用する。[7]」

都留はこの混合経済を古典的な資本主義と十分に区別しうるひとつの生産様式とみても間違いないとしている。そしてその理由として今日の混合経済については資本主義社会の以前のイメージと次のような特徴的な乖離があることを指摘している。

第一は政府の計画とコントロールが広い範囲にわたっており、あらゆる種類の法律によって行政機関が帆船の舵のように経済を誘導することが可能になっている。

第二は資本主義体制における利潤の役割の変化である。不完全競争の下では自己の要素供給量を幾分か制限すれば利益がえられ、そして仕組まれたかあるいは人為的な希少性に対する報酬としてプラスの利潤が得られるということが一般に合意されている。

第三は要素所得の中のもう一つの主要な範疇――すなわち賃金率――もまた、質的な転換を経験している。

第四は先進資本主義国には、「各自の必要に応じた分配を」という教義が実現される福祉国家型の社会への進展をしており、所得再分配政策は今日では広範になっている。さらに自然保護や清浄な大気や水の維持という生活の質が考慮されるようになっている。

第五は多国籍企業の役割によって、かつて国家の譲渡できない主権とみなされてきたものをほとんど無に帰して密接に結合される時代に到達した。

このように混合経済の前途を楽観的にみている。そして問題は経済構造の収斂化のように、政治的およびイデオロギー的な領域においては、収斂化は明らかでないことにあるとして結んでいる。

この一九九三年に英文で出された著書の混合経済論は、初期の現代資本主義論や先の『公害の政治経済学』の体制論、さらに晩年の体制変革論とも異なっている。

「現代資本主義論」は、これまでの日本のマルクス主義経済学者が、資本主義の基本矛盾が深まり、革命による体制変革がおこるとした命題が現実的ではなくなり、資本主義は変ったことを明らかにしている。すなわち、まずこれまで資本主義の三つの変革の契機が実現したかどうかを明らかにしている。

まず第一は窮乏化の法則である。資本主義社会の下では、資本家と労働者という二つの階級への革命がおこるとした命題は現実的ではなくなり、分極化が否応なしにすすみ、労働者の生活はますます貧しくなるというのだが、これは歴史によって実証されていない。またアメリカや日本の労働者階級と呼ばれる人たちの心理状態は、「窮乏化」によって革命行動にかられているというものでもない。

第二の「恐慌」という契機についても、第二次大戦後の経緯は、破局化の傾向を示すとはいいがたく、恐慌対策手段の採用によって、矛盾が恐慌の形で爆発し、資本主義のてんぷくの契機とはならなくなった。
最後にもうひとつの契機としての「戦争」についてみると、地域および兵器のいずれもの面で限定された戦争はありうるが、体制変革の契機となるような世界戦争は核の存在によってなくなった。もしあれば人類の破滅である。[8]
このようにみてくると、この三つの契機で体制の変革を考えるような資本主義はなくなり、明らかに資本主義は変化した。この現代資本主義は、資本の集中・集積によって独占・寡占を生み、自由競争による市場のメカニズムは十分に働かなくなっている。価格は需要・供給という市場のシグナルによってきまるのでなく、個別企業の計画によって決定される「管理価格」となる。消費者主権ではなく、「依存効果」が需要をきめる。また公共的介入によって経済の動態が調整されている。ではこのような現代資本主義は資本の本性をのりこえたかといえば、そうではない。この論文では、資本主義の本性は変っていないとして、次の五つの基本命題をあげている。
「(1)個別『資本』が経済活動の単位であること
(2)その活動動機は『利潤』であること
(3)その『利潤』が資本主義では、サープラスの形態をなしていること
(4)その『利潤』は主として投資に向けられざるをえないこと
(5)高利潤なくして好景気はありえないこと」[9]
このように資本主義の本性がかわらないとすれば、公共的介入が必要であり、それは体制によってことなり、また『公害の政治経済学』のように、政府が自動的に介入するのでなく、政府を動か

して法制をつくり、規制をさせる住民運動が必要なことになる。都留経済学は混合経済を新しい生産様式としてみとめたのか、それとも、それは古典的資本主義とは異なるとはいえ、資本主義体制としての本質をもち、体制変革の対象になるのか、この二つの道のどちらが都留の選択であったのかは、明らかでない。しかし、晩年になり、新自由主義の潮流が世界をおおい、新保守主義によるアメリカの帝国主義的覇権が進むと、都留の現代資本主義批判は鋭くなり、体制変革の道をしめす傾向が強くなった。それはとくに地球環境問題に関係し、維持可能な発展への模索の中で鮮明になったように思う。(10)

三　体制変革とSustainable Development

都留重人の体制変革論は、科学技術の発展という生産力（素材面）が、市場制度にもとづく古典的資本主義（体制面）を変えざるをえないというマルクス主義の原則にもとづいている。しかし、体制変革の契機は前述したようなマルクス原理主義といってもよいような『資本論』の狭義のよみ方からきた「窮乏化」、「恐慌」と「戦争」による革命によってではない。体制変革問題について都留論文が定番として引用するのは、マルクスの『経済学批判要綱』の次の一節である。

「（大工業におけるオートメーションなど技術の発展の結果として）労働者は生産過程の主作用因ではなくなって、生産過程のいわば外側に立つこととなる。このような転換が生じると生産や富の主柱は、人間自身が行う直接的労働でなければ、彼が労働する時間でもなくて、人間自身の一般的生産力の自己還元、すなわち人間が社会的存在であることを通じて自らのものとしている知識と自然の支配という意味での一般的生産力の自己還元、一口で言えば、社会的個体の発展をその内容とするようになる。……直接的形態での労働が富の偉大なる源泉であることをやめてしまえば、労働時間は富の尺度であることをやめ、またやめざるをえないのであって、したがってまた交換価値は使用価値の尺度であることをやめ、またやめざるをえないのである。そうなれば、大衆の剰余労働が社会的富の発展であるという事態は終るし、同様にまた少数者が労働を免れることによって人間の一般的な知的能力を発展させるという事態は終る。そしてそれとともに交換価値に立脚する生産様式は崩壊する。(11)」

この予言はすばらしいので、都留はここに古典的資本主義の終焉をもとめたのである。しかし、これまでは体制変革といっても、混合経済という「新しい生産様式」の主張にとどまっていた。しかし、彼の生涯最後の英文業績である"The Political Economy of Environment"では、「社会的個体」としての人間の社会（それはあたかもマルクスのいう「自由の王国」への変革）をもとめているのである。そこには混合経済論のあいまいさがなく、ユートピア論というか革命的な未来社会が展望されている。

都留は今日の環境の危機は、大量生産・流通・消費・廃棄のライフ・スタイル以外にはその解決策はないが、それはこれまでの成長主義のGNP経済学の消滅以外にないとしている。そのためには、生活水準を一人当りGNPの量のような一義的価値概念で評価するのでなく、素材的な概念、A・センのいう機能主義的潜在的可能性のある概念で評価しなければならないとして、四つの面を

検討している。(12)

第一は、ミシャンのいうような地球資源の稀少性、自然美のような一般に市場の評価では無視されている消費の対象や文化の香りのようなものを積極的に勘定にくみいれる。

第二はより合理的な都市計画によって削減できる通勤コストのように、多くの「制度化された無駄」を削減する。

第三はJ・K・ガルブレイスが指摘したように、完成品でなく、改造に次ぐ改造による新型商品を次々と生産して需要を増大させるような行為、あるいはW・モリスがいう商業の野蛮なサイクルで需要を拡大する行為を削減すること。

第四はある規範的な思慮に優先権を与えるために、一般に受入れられている生産性を逆行させる技術を熟考すること。これはシューマッハの提唱する人間の顔をした技術＝中間技術論のように、人間がほんとうに良い仕事をえらび、自分も楽しみ、質の良いものを生産し、それを美しいものにすることができるロマンチックな社会である。

都留はこのシューマッハの提案を引用して「人間本来の眞の必要に適合し、われわれを取り巻く自然の健康と世界が付与する新しい生活様式を開発する」としている。そしてこの新しいライフ・スタイルは生活を芸術化することにあり、そのために「ルビコン川を渡ろう」とのべている。都留は公害などの日常の苦い経験からえた教訓として、維持可能な開発のために「生活の芸術化」という革新を望んで、この著書の結びとしている。これは私には都留重人の「遺言」のように思える。

都留重人は自叙伝『いくつもの岐路を回顧して』では自らの信条として、マルクスの「フォイエルバッハにかんするテーゼ」の次の言葉を引用しておわっている。[13]
「哲学者たちは世界をたださまざまに解釈してきただけである。肝腎なのはそれを変えることである。」
　ここに私たちをひきつけてやまない都留ロマンがあるように思う。

〔注〕

(1) 都留重人「学問としての経済学」一九五八年、『都留重人著作集』第1巻、講談社、一九七五年、一七二頁。
(2) 同論文一九五頁。
(3) 都留重人『国民所得と再生産』有斐閣、一九五一年。後に『都留重人著作集』第2巻、講談社、一九七五年。
(4) 都留重人「一経済学徒の反省」一九五〇年、前掲『都留重人著作集』第1巻、二六一頁。
(5) 都留重人『公害の政治経済学』（岩波書店、一九七二年）、一頁。
(6) 都留重人『制度派経済学の再検討』（*Institutional Economics Revisited*, 1993, Cambridge, 中村達也・永井進・渡会勝義共訳、岩波書店、一九九九年）。
(7) 都留重人、前掲書一六一～一六二頁。
(8) 都留重人「現代資本主義論」（前掲『都留重人著作集』第3巻）、一〇—一三頁。
(9) 前掲書五四頁。
(10) 都留重人『体制変革の展望』（新日本出版社、二〇〇三年）、二三八頁。資本制社会の変革を目指

して分析をした中で、生産力の発展による寡占化・独占化の領域と地球環境問題の領域のうち、後者が体制変革の契機となるとのべている。

（11） K. Marx, *Grudrisse der Kritik der Politishen Ökonomie*, Dietz Verlag, 1953（高木幸二郎監訳『経済学批判要綱』大月書店、一九六一年第三分冊、六五三―六五四頁）。

（12） S. Tsuru, *The Political Economy of Environment*, Athlone Press, 1999, p. 235.

（13） 都留重人『いくつもの岐路を回顧して』（岩波書店、二〇〇一年）、三七一頁。

人間・都留重人

1929年1月

都留さんの「志」――いくつかの回想*

小宮　隆太郎

都留重人氏が亡くなって、間もなく「都留先生を偲ぶ会」が催されたとき、私は何人かの方とともに、追悼のスピーチをさせて頂いた。(1) そのとき私は、その後私が何ヶ月にもわたって長々と都留さんのことを調べ、かつ記すことになろうとは、まったく考えていなかった。ところがその後、都留さんに関連のあるインターネットのホームページ、新刊書籍等を見ていると、私から見れば、甚だ見当違い、さらには不当と思われる都留さんへの批判・誹謗・中傷・誤解等を含む記事・記述が少なからず見かけられ、驚かされた。それらを反駁したいという思いから、私はかなりの時間を使って、都留さん、および、しばしば都留さんとともに批判・誹謗の対象になってきたハーバート・ノーマン（E. Herbert Norman）のことを調べてきた。本稿は元々は「都留さんの追悼」のために書き始めたのだが、都留さんの没後に意外にも様々な都留批判・誹謗等の記述が見かけられたので、都留さんの恩顧を蒙った者が、追悼と併せて、「一介の素人のhistorian」として「都留擁護」を試みた文章である。

一　都留さんと家族――父上の期待

都留さんの父上は、一人息子の都留さんが「国際的視野を具えた、日本社会の中でのトップのリーダー（あるいは、エリート）の一人」として活躍されることを望まれ、そのように導かれた。そして都留さんは、その期待に十分に応えられた。

しかし、若い都留さんにとって、人生の最初のショッキングな事件は、三ヶ月近くの「豚箱」生活であった。都留さんは旧制第八高等学校（八高）に在学中「反帝同盟」に所属し、日本の中国侵略を批判する活動に携わったことから、治安維持法違反の疑いで逮捕され、三ヶ月近く留置場に拘留された。その結果、都留さんは八高から「除籍」という厳しい処分を受けた[2]。

「退学」の場合には「復学」の余地があるが、「除籍」ではそれが無い（また在学の記録も削除される）。ところがこれは、父上の判断に基づくものだったらしい。父上は、多分、都留さんを八高の「社研」（「社会科学研究会」の略）や「反帝同盟」等、共産党周辺の組織からキッパリと「隔離」してしまおうと考えられた、と私は推測する。『都留重人自伝』（以下、『自伝』）によれば、父上はそのような考えから、都留さんの逮捕・拘留中に八高に欠席届を出さなかった。それで都留さんは長期にわたる無届欠席により除名（または除籍）処分を受けたのである。父上は、その結末を承知の上で、欠席届を出さなかったのであろう。その結果、都留さんは、米国に留学することになった。留学先として米国を選んだのは、父上の方針による。父上は、「マルクス主義への偏りをもつ社会民主党が第一党で共産党も強い」ドイツではなく、米国に留学するのに同意するなら、と言って旅費と二年分くらいの学費・生活費として五千円（大凡二千五百ドル）を用意され、都留さんは「父の言うとおりにすることに決めた」（『自伝』五二―五三頁）。都留さんが八高あるいは名古屋の近辺などで、「社研」→「反帝同盟」→「青共」（「青年共産同盟」の略）→「共産党」の道を進まないことを、父上は強く望まれ、その意図は見事に成功した。そして米国留学は、都留さんのその後の人生における活躍と成功の礎になった。

都留さんが米国に留学したのは、一つには、父上の弟（都留さんの叔父）の都留仙次氏が米国のオーバーン神学校に留学して牧師の資格を取得し、帰国後に明治学院で教職に就き、さらには同学院の第六代院長に就任したことが背景にあったのだろう。私が最初に渡米してハーヴァード大学に行ったとき（一九五六年。ただし正確に言えば「留学」ではなく、身分は「客員」に過ぎなかった）、米国はまったく未知の「異国」だったが、都留さんの最初の渡米時（一九三一年）に、都留家にとっては、すでに米国は未知の国ではなかった。

ともあれ都留さんは、父上に対して「反抗的」ではなく、一生を通じて家族の絆を大切にされた。上記の「五千円」の後も、裕福だった父上（最初の留学当時、名古屋ガス勤務、後に東邦ガス社長）の支援はずっと続いたと推測される。一九三一年当時の「五千円」は、どれくらいの価値のものだったのか？　一流企業での大学卒の初任給（月収）は五〇―七〇円程度だったのではなかろうか。(3)多分、「五千円」は大学卒の者が六年から八年掛かってやっと稼げる額であった。

都留さんは、留学先として、ドイツではなく米国に行くようにという父上の判断・方針にも、一応、素直に従って、一九三一年に渡米した。初めは「一年もたてば…ドイツに」移るという「下心をもっていた」が[4]、間もなくナチの台頭で、それは問題外となった。そして都留さんは、最初の留学先のローレンス・カレッジ（Lawrence College, ウィスコンシン州所在、現在はLawrence University）から、「アメリカ国内の一流大学に移るより他ない」と考えて、留学三年目にはハーヴァード大学に移り、そこで学士（BA、一九三五年）、修士（MA）そして博士（PhD、一九四〇年）の三つの学位を次々に取得した[5]。

戦前にハーヴァードをはじめ米国の一流大学で博士学位を取得した日本人は、寥々たるものであろう。抑々、外国の大学で何らかの学位をとった人がごく少数だった。しかも当時の日本では、多くの分野で、ドイツが学問の先進国と考えられていて、学者達の留学先はドイツと、それに次いでは英国が多く、日本から米国への「学者」の留学は少なかった。ことに多少とも「左派」の日本人学者は米国よりもドイツに留学した、と私は理解している[6]。

都留さんが米国に留学したこと、それもカレッジのレベルから留学したことは、とても幸運だった。嘗て都留さんと同時代人の経済学者の喜多村浩氏（一九〇九―二〇〇二年、ベルリン大学等に学び、バーゼル大学で博士学位を取得）から、「君は〔自分のように欧州ではなく〕米国に行って得をしたよ」と言われたとき、都留さんは「まぁそうだ」という表情で、否定されなかった。都留さん自身の能力・努力もさることながら、当時の日本人としては、まったく例外的と言ってよいほど、父上をはじめ家族のサポートに恵まれていた。そして、その後第二次大戦で大きな被害を受け、また混乱もした欧州（ことに欧州大陸）ではなく、偶然的な事情（「豚箱」等）と父上の方針・判断とから米国に留学して大学と大学院の教育を受け、上記のように九年間のうちに、ハーヴァードで博士学位を取得した。その後の都留さんは、父上が期待されたように、日本には稀な広い国際的視野と学識を持った、トップクラスの人物として活躍されるようになった。

二　敗戦後の祖国復興・再建のために

『自伝』、『都留重人交友抄』等を読み直し、また一橋大学経済研究所資料室に所蔵されている都留さんの日記のコピー等を見せてもらって、私は都留さんの「志」について一種の「啓示」（？）を得たような気がした。「啓示」というのは、やや大袈裟であり、自惚れの響きもあるが、私が推測する都留さんの「志」というのは、次のようなことである。

都留さんが八高から除籍処分を受けて、一九歳で渡米される頃から、あるいは米国で留学生活を始められてから間もない時点から、米国で学問を修めた上はいずれ日本に戻って、日本のために、あるいは日本を中心として、大いに活躍したい、と考えておられたに違いない、と私は推測する。そのような都留さんの「志」についての、私の「啓示」なるものの根拠は、次に述べる二つのことである。

一つは、都留さんが日米開戦直後の「一九四二年春」に、多少の無理はしてでもまずは日本に帰り、「祖国敗戦の現場にいて復興再建のため何らかの役に立ちたいと心に決めた」と、書かれていることである（『自伝』一七九頁）。その時点で都留さんは、どんなことがあっても、自分の祖国日本に帰らなければならない、父母の在す《います》（この時もう母上は亡くなっていたが）祖国日本と戦っている米国に荏苒《じんぜん》と止まって、「亡命者」あるいは「半亡命者」の状態には陥りたくない、と考えられたに違いない、と私は確信する。

一九四一年一二月の日米開戦後の間もない時点で、都留さんは、日本の敗戦は必至と判断した。都留さんも含めて、この時の交換船で米国から日本に帰ってきた人達の中に、日本が米国との戦争に勝つことが出来ると思っていた人はほとんどいなかったとのことである。当時の日米両国を多少とも良く知っていれば当然であろう。しかし交換船乗船者のほとんどは、日本に帰らざるを得なかった。日本の外交官、日本企業の米国駐在員等は、米国には生活の根拠が無かった。また坂西志保女史や鶴見俊輔氏は強制収容所に入れられていて、そこから乗船させられたのであるから、残留の余地は無かった(7)。

他方、都留さんにとっては、戦争中もイェール大学教授として講義を続けた朝河貫一氏のように、米国の何れかの大学に教員か研究員として在籍して滞米を続けることは不可能ではなかったであろう。しかし都留さんは、「祖国［日本］敗戦の現場にいて復興再建のために…役に立ちたい」と決心された。敗戦の「どん底」のときに、日本に居合わせなければ、復興の過程で積極的な役割は果たせない、どんな困難に遭おうとも、その「どん底」に居合わせることが大切である、と考えられたのであろう。都留さんはそういう「志」と「自負」を持っておられた、と私は確信する。

もう一つの、やや間接的な根拠は、都留さんの結婚に関することである。都留さんはローレンス・カレッジでの後輩であったマリオン・クロフォード（Marion Crawford）を、ハーヴァードでの親友であったポール・サミュエルソン（Paul Samuelson）に紹介する労をとり、二人は結婚した。この、後のサミュエルソン夫人（ただし、マリオンは最初の夫人であり、わりと早くに亡くなり、サミュエルソンは再婚した）は、都留さんが親友に紹介したのだから、また都留、サミュエルソン、マリオン・クロフォードの先生であったJ・シュンペーター（J. A. Schumpeter）が「特別の好感を抱いていたらしい」（『自伝』一一八頁）のだから、美しく聡明で素晴らしい女性（a beautiful and bright young lady）だったに違いない。しかし、都留さん自身は米国人女性と結婚する気などまったく無く、ローレンスでもハーヴァードでも、ガール・フレンドとデートをすることは無かったのではなかろうか。(8)

何故、都留さんが米国女性を結婚相手として一切考えなかったのか？　それは、都留さんが、日本の立派な名家の然るべき令嬢と伝統的方式のお見合いの手順を履んで結婚すると、心に堅く決めていたからだ、というのが私の答え、あるいは推測である。実際、『自伝』によれば、そのような格式の高いお見合いを二回されて、二回目の相手で、都留さんにとって正に理想のパートナーのイメージにピッタリの和田正子さんと結婚されたのである。

英語の“the best and (the) brightest”（最良の、かつトップの秀才）という言葉は、いまや必ずしもその本来の素直な意味に使われているわけではないらしいが、都留さんの父上は、都留さんが幼いときから、やがては日本の“the best and brightest”に相応しい仕事・地位（例えば外交官）に就かれることを期待していた。そして都留さんが中学生のときには、名古屋高商の外国人教師だったアーネスト・ペンローズ（Ernest Francis Penrose, かなり優れたエコノミストだった）の夫人を都留さんの英語の個人教師として依頼され、都留さんは自宅で母上・姉上とともにペンローズ夫人から英会話・英作文を教えてもらった、と『自伝』に記されている。(9) その後、都留さんは旧制八高の「文科乙類」（文乙）に入学した。「乙類」は、文科でも理科でも、ドイツ語が第一外国語のクラスを指し、旧制高校の盛期の外国語教育はかなり水準の高いものだったから、都留さんは渡米前にすでにかなり高い、英語とドイツ語の双方の語学力を身につけていたのであろう。

都留さん自身が、日本の"the best and brightest"への道を進むと、ハッキリ決めておられていたわけではなかったにしても、父上達の期待は十分、都留さんに伝わり、都留さん自身もその期待に応えたいと思っておられた、と私は推測する。これが、時折は幾分か（あるいは、かなり？）「貴族的（aristocratic）」な雰囲気を発散される都留さんとの永年のお付き合いから、また最近、都留さんが書かれたものを多少、丹念に読んでみたことから、私が得た一種の「啓示」である。(10)

都留さんは、上記のような「志」と「自負」を持っていたので、引揚船で一番下の五層目の階の船室という最低の待遇でも、(11) あるいは帰国後に服した二等兵としての兵役の際も、あまり不平や苦情を持たずにそのまま受け容れたのではないかと思う。これらのことは、いわば一旦緩急の時の「エリートとしての義務」（noblesse oblige）の一部であり、都留さんのような「エリート」は、余計なことは一切言わずに、自ら進んで耐え忍ぶべきこと、と考えておられたのだろうと、私は推測する。

私自身が一九五九年にほぼ三年間の米国留学から帰国した頃(満三〇歳だった)のことを振り返ると、私は自分が“the best and brightest”への道を歩いてきたとも、これから歩けそうだとも、そうなるように努めようとも、思ったことはなかった。そのような自信、自負には私は程遠かった。一生懸命頑張って、何とか一人前の学者あるいは大学教授(当時は助教授であり、教授に昇任したのは十年後だった)になりたい、と考えていたように思う。したがって私は「(日本の)エリートとしての義務」というような観念とは無縁であった。

都留さんは時折、「われわれのような庶民から見れば、云々…」と言われることがあったが、私は、「都留さんも私も大学教授なのだから、『庶民の一人』とは到底言えないのになぁ」と反発を感じた。都留さんは、晩年に奥様が長く患っておられ、「医師の指示で四人の介護ヘルパー…の世話になってい」たとき、「一ヶ月間の料金は百万円に達する」と書かれた(『市場には心がない』二〇〇六年、一七九頁)。私自身は、まずそんな費用を何ヶ月も負担することは到底できないし、またもし仮に暫くでもそういう費用を負担したとしても、そんなことを都留さんのようにシャアシャアと他言しないだろうに、と思ったものである。その種のことでの都留さんの金銭感覚は、「庶民」の感覚とは大差があった。ただ、暫く経ってから、私は、都留さんがご自身を「庶民の一人」と言われるのは、政府高官・政治家など、国政の重要な仕事に関与する立場にいない、という程度の意味だと解釈すれば良さそうだと、思うようになった。

三　誤った都留重人像

都留さんが亡くなった途端に、私から見れば不当と思われる都留さんへの誹謗・中傷等を含む書物が出版され、またその種の記事がインターネットのホームページに現われた。私は、驚きもし、また憤慨もした。都留さんは、一方では、永年にわたって颯爽たる「左派」（あるいは「反体制派」、「反米派」）の論客であって、もう少しで東京都知事選挙に社会党等の推薦を受けて立候補するほど、「左派陣営」から強く支持され、期待された人であった。しかし他方では、一橋大学の学長その他の要職を務め、また都留家は裕福であり、さらに都留夫人等を通じて日本社会の最上層の人々との繋がりも濃かった。そのような両極が目立ったため、都留さんへの漠然たる反感が強かったのかもしれない。

いま一つには、都留夫妻にはお子様が無く、また都留さんを師として知悉し、尊敬している「直系」のお弟子さん…いかにも日本式の言い方だが…も今や数少ない（これは都留さんが一橋大学で学部所属の教授ではなく、研究所所属の教授だったことにもよるだろう）。そのため、ご本人の亡き後、都留さんについて「気楽に」批判・誹謗的なことを書いても、抗議されたり、手厳しく反論されたりする可能性が少ない、と批判者達が安易に考えているのかもしれない。

誤解（もしくは誹謗）の一例は、都留が共産党員であったとか、米国で日中戦争に関連して反日工作を行ったとか、(12) さらにはソ連のスパイであった、(13) 等々の主張である。しかし、そんなことは、何れも誤りであることがハッキリしている。「都留は共産主義者（コミュニスト）だったことがあるか？」との問いに対する明確な答えは「否」である。都留さんは、一九五七年三月二六日、二七日に米国議会上院の国内治安小委員会（SISS、Senate Internal Security Subcommittee）で証言を求められた。[14]この委員会は、いわゆるマッカーシズムの流れが次第に先細りになっていったときの、最後の尻尾《しっぽ》のような部分である。マッカーシズムは、米国内における反政府活動、もっと限定して言えば、ソ連のスパイ活動、親ソ反米政治活動の調査と排除（いわゆる「赤狩り」）を目的としていた。都留さんは、かつてハーヴァード大学の大学院学生時代に共産主義運動に関わったのではないかという疑いで、上記のSISSの召喚を受け、証言を求められたのである。

この時には、マッカーシズムの張本人のジョウゼフ・マッカーシー（Joseph R. McCarthy）はすでに上院で「譴責決議」を受けて失脚しており、SISSはマッカーシーとは関係がなかった。しかも、小委員会のメンバーである上院議員はもう誰もあまり熱心ではなかった。委員会の開催には委員会メンバーの上院議員が少なくとも一人は出席してチェアマン（議長）を務めることが必要だったが、そのチェアマンはほとんど毎回交代しており、毎回の出席者のうち上院議員はしばしば一人だけとか、二人とかで、しかもその顔ぶれは毎回替わることが多いという有様だった。

SISSの会議に常時出席していたのは、SISSの主任顧問で弁護士のロバート・モーリス（Robert Morris）他、小委員会のスタッフ数名である。この段階で誰が赤狩りを熱心にやっていたかといえばこのモーリス等であり、上院議員はつけ足しのようなものだった。そして、都留喚問以後の時期には、SISSの活動は活発でなくなっていった、と私は理解している。結局、都留さん

1948年秋、鈴木安蔵宅にてハーバート・ノーマンと

は、マッカーシズムの「赤狩り」の「尻尾」のようなところで喚問されたという感じであった。それ自体としてはあまり重要な出来事ではなかったのだが、それがやや大きく…ことに日本で…報道されたのは、一つには日本のマスコミがこの「マッカーシズムの尻尾」のようなところの出来事に不慣れであったことと、もう一つには、SISSが米国だけでなく、他国、ことにカナダでの共産党とソ連の工作も追及していたことによる。そしてカナダの外交官であり、かつ都留さんの親友であって、当時カナダのエジプト駐在大使であったハーバート・ノーマンが、SISSの「赤」疑惑の対象に含まれていて、「都留証言」後、十日も経たないうちに自殺したからである。

都留さんは、一九三〇年代のハーヴァードでのマルクス主義の研究会（スタディ・グループ）の、何人かの主なリーダーの一人だった。この研究会は、共産党と関係のある組織ではなく、経済学の分野の年長の大学院学生が中心になって、マルクス主義、なかんずくマルクス経済学を研究しようということが目的だった。[15] また、都留さんが当時かなり熱心に協力していた「サイエンス・アンド・ソサイエティ（*Science and Society*）」という、今でも続いている雑誌も、コミュニズムの雑誌というよりはマルクス主義の雑誌であった。

もっともこの雑誌は、一九三六―三七年の発足当時には、コミンテルンと密接な関係があったようだ。また当時この雑誌はスタートしたばかりで、同誌の編集者や寄稿者の中には、共産党員や党に近い人が多かった。都留さんは同誌が順調に発展してゆくように、方々の学者等に協力・勧誘の手紙を出されていた。その相手方には、共産党員もいた。

SISSは、一九三〇年代における都留さんとその友人たちの中には共産党や「反米活動」に連なる者が多かったと推定し、その確証を得ようとして都留さんを喚問したのである。そして都留さんは、様々の人物の名前について、「この人物を知っているか、この人物は共産党員か」と訊かれている。しかし、都留さんがそれらの人たちの名前を自分の方から進んで出して共産党員だったと述べているケースは皆無と言ってよい。せいぜいのところ、SISSのスタッフ側から共産党員かと聞かれた名前について、党に「かなり近かったかもしれない」と答えている程度である。

ちなみに、都留証言の際に登場した様々な人物の氏名に関して、「都留はSISSでの証言でたくさんの共産党員あるいは同調者の名前を『自発的に』提供した」という（あるいは提供したかのような）記述がしばしば見かけられるが、それは上記のロバート・モーリスの策略にまんまと引っかかった、まったくの間違いである。[16] それらの名前のほとんどは、都留さんが証言のなかで出したものではない。一九四二年（都留証言の十五年前）に都留さんが住んでいたアパートメントを、都留さんが帰国のために引き払った後にFBIが捜査して、都留さんの所有物であったものを押収したが、その押収物の中には都留さんの古い書簡類（発信のコピーと来信）があった。SISSが都留さんに対する訊問中に出した名前の多くは、それらの書簡類の中にあった名前である。都留さんはそのような書簡類がFBIを通じてSISSの手にわたっていることを、証言当日まで知らなかった。モーリス達は、都留さんも当然、嘗ては共産党員だったのだろうと推測して質問した。しかしモーリスが、都留さんに「共産党員だったことがあるか、また『青共』のメンバーだったことがあるか」と質問したのにたいして、都留さんはどこの国でも、そのいずれのメンバーにもなったことはない、と明確に「ノー」と答えた。

この、都留さんの断固たる答えに対して、[17] ロバート・モーリスは何らかの疑問を呈する根拠になるような情報を、何も持っていなかった。したがって二日間にわたった「都留証言」は、「都留は、共産党員であったことも青共のメンバーであったこともない」ことを確認して終わった。その後、SISSを初め米国の公的機関は、都留さんに対してこのような問いを二度と発していない。FBIも、CIAも、都留さんを疑わしい人物とは考えないようになったのである。実際、都留さんは、一九四二年に交換船で帰国したあと、一九五六年まで、何故か（？）、米国へのヴィザ（入国査証）が得られなかったのだが、一九五七年のSISSの喚問以後は、米国に自由に出入国することが出来るようになった。

SISSでの都留さんに対する質問は先述の「反帝同盟」にも及んだが、都留さんは、それは「日本帝国主義の対中国侵略に反対しようということで学生たちが自発的につくった団体であった」と答えた。都留さんが八高から「除籍」処分になった理由は、「反帝同盟」に所属して活発に活動していたからであった。日本共産党や、その他左派の政治活動家によって、ラディカルな政治活動のための様々な団体がつくられてきた。戦前の治安維持法の下で共産党が非合法だった時代も、GHQ（米国の日本占領時の総司令部）の指令で治安維持法が廃止された第二次大戦後も、左派の政治活動団体は様々につくられ、また消滅していった。「反帝同盟」も、そういう団体の一つだった。都留さんは「反帝同盟」のメンバーとしては活動したが、共産党に入党しなかった(18)。都留さんは、八高生の頃はともかく、その後は共産党のような組織に属することは、考え方の違いということからという以上に、自らの気質、性格から避けていたのではないか、と私は思う。

戦前の日本では共産党は、党そのものが非合法の存在だったから、党員になると上からの命令に従って役割を分担し、それを守って万事極秘裏に行動しなければならなかった。その仕組みは基本的に軍隊と同じであり、組織系統が全部キチンと決まっており、各メンバーが組織の上からの命令どおりに行動しないと組織全体が崩れてしまう虞れがあった。もし仮りに思想的にはかなりの程度、共産主義に同感したとしても、自主的にいろいろなことを決めたい、自由でありたいという考え方を強く持っていた都留さんは、党には入らなかっただろう。「豚箱」から出てきた後は、米国に行ってからも、学業と研究に専念することが自分の使命と考えて、共産党組織には一切近付かなかった、と私は推測する。

私は、都留さんが偽証罪で告発されるリスクを犯して、虚偽の証言をするはずが無い、と思う。また、この種の喚問・証言では、証人のなかにはしばしば米国憲法修正第五条の「自分に不利な証言を強制されることはない」という規定を援用して、回答を拒否した人が多数に上り、喚問した側はそのような証人は共産党員であるか、あるいは嘗て共産党員であったと推定してきた。しかし都留さんにとってはそのような規定を援用する必要がまったく無かったのである。

こういうわけで、「都留はコミュニストだったことがあるか」という問いに対する本人の答えは「ノー」、「ネヴァー」であり、その答えに対してマッカーシズムの「残党」(?)のモーリス等は何らの疑問も呈することが出来なかったのである。そのことは、米議会の議事録を見れば明白なことである。[19] その議事録を調べもしないで「都留は嘗て共産党員だった」などと、いい加減な記事を書いている人は、まともな「歴史家」(historian)とは到底言えないし、マッカーシズムの協力者だといっても差し支えないと、私は思う。マッカーシズムは、この種の無責任な人や付和雷同者が多数いることから起こり、また拡大して行ったのである。

四　国際的知識人としての活躍

嘗て自民党と社会党が与党と最大の野党として対立していた時期に、もし社会党が政権に就いたとしたら、外務大臣、あるいは駐米大使として、誰が日米間の困難な問題の交渉の衝に当たり得るだろうかと、私は考えたことがあった。そのとき私は、それは都留さん以外にはいないだろうと思ったものである。もし今も存命で、かつ活躍できる年齢であったら、現在の時点でも、中央よりはレフトの政府では、駐米大使あるいは外務大臣には都留さんが最も適任だったのではなかろうか。

何故そのように私が思ったかについて、一つの根拠は、一九五六―五七年の学年のある時の私の経験である。都留さんが、(どういう機会だったか覚えていないが)ハーヴァードでかなりの数の教師・学生の聴衆を相手に、何故日本で「反米の風潮が強いのか」というテーマについて話されたことがあった。それは、論理がキチンと組み立てられていて、実に堂々たるものであった。

その前後に、ドイツのコンラート・アデナウアー首相と日本の岸信介首相が相前後して訪米し、何れもワシントンでの首脳会談のあと、ニューヨークで恒例のマスコミ関係者の大きなディナー・パーティーがあった。そこでのスピーチは、米国のマスコミではいつもかなり重視されてきた、と私は思う。そこで、アデナウアー首相に対しては当時の西ドイツの、岸首相に対しては日本の、いずれも「反米風潮」について質問が出た。そのときアデナウアー(Konrad Adenauer)は、自分の党は米国と協調して様々なことを進めようとしているが、西ドイツには社会民主党という有力な野党があり、その考え方・政策はこれこれしかじかと、多数のドイツ人が時として「反米」の流れに向かう理由を詳しく、かつ滔々と説明した。これに対して岸首相は、「日本の『反米風潮』は大したことはない」というような、いい加減な、はぐらかすような答えしかしなかった(出来なかった?)。

都留さんは、ハーヴァード学内での上記の集まりの時、日本の「反米風潮」に関する同じような質問に対して実に明晰に答えられた。一例を挙げれば、米国は一方では、日本に「平和憲法」の制定を求めておいて、他方では、その後間もなく日本の再軍備や、日米間の軍事的同盟の締結、日本における米軍基地の配置を強く求めた、等々のことが、日本における「反米感情」生み出し、「反米」の流れを強めて行った、というのである。それらは、都留さんが長年にわたって日本の論壇で主張し、その論理を組み立ててこられたことに他ならなかった。その主張を、理路整然、そして滔々と述べられた。その都留さんのスピーチに対して、時折、聴衆の学生達から拍手があった（私自身はそのすべてには必ずしも同意しなかったが）。

『自伝』によると、都留さんの父上は、一人息子が「将来外交官になることを期待」しておられた（三八頁）。都留さんは、中学時代からそのような目標に向かって外国語の教育を授けられ、おそらくご自身もいくらかは、そういう場での活躍の可能性を考えて、外交官に相応しい資質・能力・見識を身につけることに努めてこられた、と私は推測する。嘗ての社会党の政治力は、今の民主党の力には遠く及ばなかったが、その頃、米国の政府首脳・政治家・マスコミ関係者に、日本の「左派」の外交・防衛の基本的な考え方を説得的に説明できる人は都留さん以外にいないだろうと、永年、私は思っていた。都留さんが実際に歩んでこられたのは、通常の（あるいは一流の）外交官以上の、八面六臂の、波乱に富んだ国際的知識人としての活躍の道であった。

五　若輩を相手に対等、真摯に向き合う

最近、日本経済新聞社の花淵敏氏が、一九七一年のお正月に『日本経済新聞』の二面をフルに使った都留・小宮の対談記事を見つけて、マイクロフィルムから複製して送って下さった。[20] それを読んで私が改めて深く感銘を受けたことは、都留さんが私をまったく「対等の人格」として扱って、議論して下さっていることである。一六歳も年下の人物で、しかも自分が嘗て「世話をした」（これは日本語独特の言葉であり、英語にも中国語にもピッタリとは翻訳できない）者を「対等」に遇し、丁々発止の真摯な議論を辞さない年長の日本人を、私は都留さん以外には知らない。都留さんのこのような態度は、何事につけても「長幼の序」を重んじて、論理以外の序列等で議論の方《かた》を付けがちな日本人の間では、驚くべきことではなかろうか。この対談記事を今の時点で読んで、その内容とは別次元のことだが、都留さんの正々堂々たる態度に対して、深い敬意を新たにした。

抑々、歳の差のことは別としても、日本人は議論が得意でない。議論することは不吉なこと、また議論に負けるのは嫌なことだと考えて、議論を避けて通りがちである。「大和の国」では「言挙《ことあ》げせぬ」ことが美徳であり、「理屈（屁理屈？）を言う」ことは、悪徳と考えられがちである。しかしキチンと論理を組み立てて、お互いに議論をしないようでは、経済学のような学問は進歩しない。また何事についても、国際的な討議の場などで、相手に、そして参会者の多くに、印象を残すことは出来ない。ともあれ、都留さんと私は日本経済の具体的なことになると、しばしば意見がハッキリ違っていた。

上記の『日経新聞』のお正月の対談でも、経済成長に関する考え方は、ほとんど正面衝突だった。このときに限らず、都留さんは、日本経済について、高い成長は続かないこと、また経済成長は

（必ずしも？）望ましいものではないことを、強調された。「くたばれＧＮＰ」という言葉は、都留さんが最初に言われた言葉ではないと思うが、都留さんもその言葉が表している考え方、あるいは当時の気分・思潮のリーダー格の一人だったと言って良いだろう。そしてある時期からは、経済成長（［実質］ＧＮＰの増加？）に伴う「公害」を重視されるようになり、公害問題の論議・研究の日本における先駆者、リーダーになられた。

経済成長に懐疑的な都留さんの考え方の源は、一九三〇年代から四〇年代にかけて都留さんがハーヴァード大学で学んでいた時期に遡ると、私は思う。一九三六年のＪ・Ｍ・ケインズの『一般理論』の刊行によって始まったいわゆる「ケインズ革命」が進行中の時期に、ハーヴァードの経済学科の教授たちの多く、Ｊ・シュンペーター、Ｇ・ハーバラー（G. Haberler）等の“old-timers”は、その「革命的思潮」に対して懐疑的・批判的であり、ケインズ理論を受け入れなかった。Ｗ・レオンティエフ（W. Leontief）も、懐疑派だったのではないかと思う。

何故、それらの“old-timers”が「ケインズ革命」に同調しなかったかという「理由」は様々だっただろうが、経済学では（また、他の社会科学でも）、革新的な新理論が、その分野の学者の多数派によって受け入れられるのには、ほとんどの場合、ある程度の時間がかかる。若者は新しい考え方・理論・手法等を早くに積極的に受け入れ、年長者はスローであり、しばしば取り残される。また、ある年齢を過ぎた者は、基本的な理論・思想に関して保守的であり、簡単には「革命の流れ」に入ってゆかない。都留さんは、クラスメートないし大学院学生仲間のＰ・サミュエルソン、Ｊ・トービン（J. Tobin）等、「革命」の歓迎者・推進者とも親しかったが、「ＧＮＰ・国民所得」といった、一つの「集計指標」(aggregate) によって一国の経済活動の水準を表示し、いくつかの「マクロ経済変数」と呼ばれるそのような指標を使って「マクロ経済理論」を構成することを疑問視する「反革命派」の"old-timer"達とも親しかった。

詳しく調べてみなければ分からないが、都留さんは、結局のところ、ケインジアンの「マクロ経済理論」「マクロ経済学」に対して、懐疑的・否定的な「反革命派」からハッキリとは抜け出なかった、つまり端的には言えば都留さんは結局、「ケインジアン」にはならなかったのではないか、と私は思う。私は都留さんがケインズ流の「マクロ経済学」に基づいて日本なり米国なりの経済問題や、また例えば日米貿易摩擦等を論じられたことを、聞いたり読んだりした記憶が無いのである。ケインズ流のマクロ経済学に懐疑的、否定的ということと、公害その他の理由で経済成長に消極的ということとは、別次元のことだが、都留さんの場合には、それが何ゆえかはともかく、繋がっているように、私には思われた。

都留さんは親友のポール・サミュエルソンの『経済学』を、何版にもわたって邦訳され、多くの初学者がそれを買ったので、その印税は膨大な額に達した。都留さんはそれで渋谷の近くにアパートメントを購入されて「ミリオン・ハウス」という"joking"な名前を付け、そこに外国の友人・賓客を泊められた、という噂を聞いた。サミュエルソン著・都留訳の『経済学』は、日本の初学者の経済学学習にはかなり役立ったが、都留さんご自身のマクロ・ミクロの経済学の理解にはあまり役立たなかったようである、と言うのは、辛口に過ぎるだろうか。

都留さんと私がともにハーヴァードに滞在していたとき（一九五六―五七年）、都留さんがケンブリッジ在住の日本人夫婦を何組か自宅に招いて下さる機会が度々あった。そういうときに都留さんは、米国は物質的に豊かになっているけれども、米国人が消費している財貨・サービスの中には、実につまらないものが多い、ということを、しばしば言われた。たとえば、ラーフィング・ボックス(laughing box)という箱があって、蓋をあけるとそこから顔が出てきて笑ってくれる[21]。ああいうものは一体、何の値打ちがあるのかとか、テレビの視聴率を調べて一体何の役に立つのかとか、大体、広告はムダなものだとかと言っておられた。私が「それでは、都留先生の本の広告もムダですか」と言うと、「まあ、本の広告はいいだろう」というお答えだった。

精神分析(psychiatry)というものは、一体、何の役に立つのか、とも言われた。精神科の医者(あるいは精神分析の専門家、psychiatrist)のところへ三〇歳台の女性がやってきて、"I am rich, I am beautiful, I am still young. What's wrong with me?"(「私はお金もあるし、美人だし、まだ若い。どこが悪いんでしょうか?」)と質問している漫画を紹介された。要するにこれは精神分析医をからかっている漫画なのだが、精神分析というのはその程度のものではないかと言うわけである(そのころ、日本にはpsychiatristといわれるような人はいなかった)。

一九五〇年代後半当時、一人当たりの米国の国民所得(あるいはGNP)は統計では日本の国民所得の一〇倍とか一五倍とかであったけれども、国民所得の中には上記のようなまったくつまらないものが含まれているのだから、この種の数字はあまり意味が無い、というのが、都留さんの考えだった。これに対して私は、確かに国民所得統計にはいろいろな問題も限界もあるが、生まれてから小中学校に通うくらいまでの子供の場合、体重や身長が子供の成長・健康の指標として重要なのと同じようなものであり、マクロ経済指標は経済問題を考えるときにかなり意味のあるものだと申し上げていた。それでも、都留さんも私も、お互いに相手の主張にあまり説得されたという気はしなかった。

米国から帰ってからも、都留夫妻と同じ時期にケンブリッジに夫婦で滞在していた者を、自宅に招いて下さったことが何回かあり、奥様にお会いする機会があった。そのような時に都留夫人が私の家内に「都留は小宮さんのことを恐れていますよ」と言われたと、家内は記憶している。これを聞いたときに私は、一六歳も年上の都留さんに対してもう少し言葉を慎しまなければいけなかった、と反省させられた。おそらく、私のように正面から「都留さん、それは間違っていますよ」というようなことを面と向かって言う人は、他にはあまりいなかったのであろう。

もし都留さんが私を「恐れた」とか、私に対して「憤慨された」とかということがあったとしたら、その一つの理由として私が推測するのは、例えば、私が

「経済成長はほどほどにしろというのも、質素な暮らしをしている禅宗のお坊さんが言うのなら分かるけれども、非常に裕福な人がその種のことを言うのは倫理的に正当でない（unethical である）。自分はお山のてっぺんに先に登っていて絶景を楽しんでいながら、後から登って来る者に、もう登るなと言うようなものだ」

という趣旨のことを何回か言ったり、書いたりしたこと(22)ではないかと思う。

また、何処だったか、別荘地のあるところへご一緒に旅行したときに、都留さんが「小宮君も、そろそろ別荘を買ったのかな？」と言われた。私は、「いや、そんな余裕はとてもありませんよ。

それに、東京に自分の家を持つのさえみんな、なかなか出来ないのに、別荘なんか持つ気はありません」と答えた。都留さんはそのとき憮然としておられたが、カチンときたのではないかと思う。ともかく、私は当時少しずつ都留さんに対して「突っ張って」いたようである。

都留さんは、資本主義については膨大なページ数にのぼる著作を書かれたが、社会主義についてはあまり書かれていない。ところが一九九二年に、都留さんと私がご一緒に、日本学士院の会員に選定されたあと、都留さんは学士院での最初の「論文報告」で、「資本主義と社会主義は今後、収斂する(収束に向かう)であろう」という趣旨のことを話された。その時、私が、多分、フロアからの質問として、「都留先生は、資本主義と社会主義は収束すると仰っしゃったが、社会主義はもう崩壊してしまったのではありませんか」と申し上げた。しかし時間の制約で、その場では都留さんが私の質問に答えることが出来なかった。すると、すぐにやや憤然とした葉書を頂いた。それには、「スウェーデンなどのように立派な社会主義がちゃんと存在し、発展しているではないか」という趣旨のことが、書いてあった。

これは私にとっては、甚だ意外というか、拍子抜けという感じがした。「都留さんの社会主義はマルクス主義の社会主義ではなかったのか」というのが、私の率直な反応、あるいは驚きだった。北欧諸国の社会民主党は、共産党のみならずマルクス主義とハッキリと一線を画する長い伝統を持っている。(西)ドイツの社会民主党も、一九五九年の「ゴーデスベルク綱領」(Godesberg Programme)によって、「階級闘争」をはじめとするMarxist ideasとハッキリと決別して、東西ドイツの統一を経て今日に及び、ドイツでは「マルクス主義はもう懲り懲りだ」という風潮が強いと聞く。

しかし振り返って考えてみると、日本フェビアン協会という団体があり、都留さんは私のゼミの先生の木村健康先生等とともに、そこの研究所であった日本フェビアン研究所の理事を務めておられたと記憶している。フェビアン主義、フェビアン協会（Fabianism, the Fabian Society）は、一八八〇年代以降、英国に登場した自由主義的・理想主義的な社会主義とそのための協会であり、英国労働党と密接な関係があり、その知的・精神的基礎と言えるものである。フェビアンの社会主義は、共産主義・共産党とはもとより、マルクス主義とは厳しく一線を画する思想であり、政治運動であった。木村先生とその師の河合栄治郎教授、そして河合ゼミ出身の多くの方々は、この英国の理想主義的社会主義思想と英国労働党に深い関心を寄せておられた。

私が旧制高校の理科から東大の経済学部に入学した当初は、経済学・社会主義・マルクス主義等々について東も西も分かっていなかった。木村ゼミに入れてもらって、河合・木村両氏の理想主義的社会主義や英国労働党に私は関心を持つようになり、経済思想等について学び始めた。そういうことから、英国労働党や北欧諸国の社会民主党は、私にとって懐かしい存在である。

都留さんがその日本フェビアン研究所の理事を務められ、またそこの雑誌『フェビアン研究』に寄稿されていたことを考えれば、都留さんの社会主義がマルクス主義的な社会主義だけではないことは当然である。しかし憤然とした葉書を頂いたときは、都留先生の社会主義観は、第二次大戦後は、北欧型を理想とされていたのか、「なぁんだ、そうだったのか」と思った。(23)

1957年3月、ケンブリッジ・マサチューセッツの都留宅にて。長女を抱いている著者、右隣が都留夫人、左端は小宮夫人

六 「面倒見」の良い都留夫妻

都留さんが、私と同じ時期にハーヴァードに滞在しておられた間の私の印象では、日本人の留学者や短期の訪問者に対して都留夫妻はとても「面倒見」の良い方だった。このとき都留さんがハーヴァード（マサチューセッツ州ケンブリッジ）に滞在されたのは、一九五六年九月下旬から翌五七年六月初めまでの八ヵ月余であり、その間、都留さんは正規の講義その他の授業の負担のほか、米議会での証言のための喚問や、日本経済新聞社の求めによる何回かの米国の著名な経済学者との対談・鼎談等で、連日多忙な日々を過ごしておられた。当時、私はロックフェラー財団の奨学金をもらっていて、自分の研究以外には格別の負担は何も無かった。その私と比べれば、都留さんは雲泥の差の多忙な日々

を送られていた。

ところが都留さんがハーヴァードに来ておられるということは、日本の多くの人に周知であって、都留さんの許には様々な要請が届くのだった。それほど懇意ではない日本の学者が、ハーヴァードに行くからこれこれの教授に会わせてほしいとか、何人かのエコノミストのグループが行くからこれらのハーヴァード教授と会談する機会を設定してほしい、等々である。例えば、日銀のある著名な、都留さんと旧知の「エコノミスト」がやってきたときには、

四、五人の教授に会いたいと事前に言ってきたから、やっと約束（appointment）をとったのだが、何を質問するのかと思っていたら、「あなたはケインジアンですか（Are you a Keynesian?）」と訊いて、相手が「ある意味ではね（Yes, in a sense.）」とか、「というわけでもありません（Not quite.）」とか、「いまやわれわれはみんな多少なりともケインジアンですね（We are now all Keynesian more or less.）」とかという返事をすると、どの答えに対しても、それっきりなんだ。それで終わりなんだよなぁ。

と、都留さんは紹介のし甲斐が無いことを嘆いておられた。

都留さんへの要請の中には、知己の経営者や、中京の著名企業のオーナーから、息子がハーヴァードに留学するので宜しく頼むとか、都留さんとそれほど親しいわけでもない経済学の教授から、二週間ほどケンブリッジに滞在したいので泊まるところ（部屋）を見つけておいてほしい、などといった、私の感覚からすればかなり厚かましいものもあった。都留さんはそれらを無下には断らずに、かなり丹念に引き受けられた。そのような折には、（都留夫人が自動車の運転免許を取得される前

には）数回、私が都留さんの（依頼者のための）「部屋探し」をお手伝いしたことがあった。(24)

留学のために初めて米国の大学町に到着した日本人の学生・学者にとって、最初の、一番シンドイ仕事は、住む所を探すことである。これには、大別して、単身のごく短期の訪問者が探す「部屋（room）」と、家族持ちかつ少なくとも半年以上の滞在者が求める「アパート（apartment）の区別がある。ハーヴァードの場合、何れもまず大学の学生部（Students Office）に行き、借り手を求めている貸し手が届けているリストをもらって、それを片手に自分の必要に合いそうな所を訪ねて、アパートあるいは部屋を見せてもらい、気に入ったところがあれば、そこに決めて契約（と言っても、たいていの場合、それほど面倒なことではなく、当時は「口約束」で済んだ場合が多かったが）するわけである。しかし、初めて米国に来た留学者にとって、この「アパート探し」「下宿探し」（「下宿」と言っても食事付きのところは無い）は、留学生活における最初の、面倒で、かつ不愉快な「仕事」であった。

何故、面倒かつ不愉快かというと、今日の東京で、例えば東南アジア諸国からの家族持ちの留学生、あるいは学者が、アパートあるいは下宿を探すときの状況を考えてみれば、ある程度理解されるはずである。家主は、外国人よりも日本人に貸したいと思うであろうし、外国人の中では、多分、より経済的に裕福そうな欧米人に貸したいと思うのではなかろうか。

上記の学生部では、家主（landlord または landlady）がそこに「貸しアパート」「貸間」の広告を出す条件として、「借り手の人種によって差別してはならない」ということが、重要かつ厳しい条件として書いてあるのだが、それがなかなか守られなかった。みすぼらしい（あるいはやや奇妙な）

身なりで、下手な、よく分からぬ英語を喋る、当時の私のような借り手を敬遠したいというのは、貸し手の家主の立場から考えれば、ごく当たり前のことであろう。リストに載っている所を探し当てて、やっと家主に会えた途端に、「もうふさがりました（It has already been taken.）」と言われ、しかし一週間後にまだ同じアパートが学生部のリストに載っていた、と言うような経験は、少なからぬ留学生が経験したことであった。

アパートや部屋を探すとき、われわれ（あるいは少なくとも私）は、リスト記載の番地に行って、貸主の家主に初対面のときには、（大体、その種のことの「先輩」に教えられた通りに）「アパートを探しているのですが（I am looking for an apartment.）」と切り出していたように思う。ところが都留さんは、まず、「始めまして、ジョンソン夫人（How do you do, Mrs. Johnson?）」というように、大学の学生部のリストにある、貸し手の名前をメモしておいて、その名前を呼ばれるのである。そして肯定的な返事か仕草があれば、次には「私は、ハーヴァードで教えている都留博士です（I am Dr. Tsuru, teaching at Harvard University.）」と名乗られるのである。それで相手は初めからかなり打ち解けて、話しやすい雰囲気になり、その次に都留さんは「私の友人、何々教授がケンブリッジに来ますので…（My friend Professor so-and-so is coming to Cambridge...）」と、実務的な話を進められたのであった。それで私は、米国では（あるいは欧米世界では）、未知の人との最初のコミュニケーションの際には、相互の名前をハッキリと言うこと、ことに相手の名前をよく覚えておいてそれを間違いなく言うこと、そして簡潔に自己紹介をすることが、大切だと知ったのである。

都留さんの話される英語（spoken English）は、すぐにそれが母国語（native tongue）ではないことが分かるものであり、発音そのものは必ずしも流暢とは言えなかった、と私は思う。都留さんの英語の強みは、書くにしても、話すにしても、必要に応じて無限に適切な英語の言葉が湧き出してくることである。単語の知識や込み入った表現などの「英語の知識」の深さと、上記のようなコミュニケーションのための態度、手段を身に付けておられた点にあった、と私は思う。

私共夫婦は在米中に、都留夫妻にとてもお世話になった。せっかく来たのだから、米国の社会にできるだけ溶け込んでいろいろなことをしなさいということで、ティンバーゲン（J. Tinbergen）、サミュエルソン、レオンティエフの三夫妻を夕食に招かれたときに、私ども夫妻も招いてくださった。このときノーベル経済学賞はまだ始まっていなかったが、間もなく同賞の第一回、第二回、そして第六回の受賞者となられた方々である。「赤ん坊がいますから」と遠慮したら、「いや、赤ん坊はうちの寝室に寝かせておけば大丈夫ですから」と都留夫人が仰っしゃったのでお招きに与った。赤ん坊が泣いたりしていると、米国人の来客が「オリエンタルの赤ん坊がどんなのか見たい」と、物珍しげに見に行ったりした。都留さんは、米国人を招いて招かれて、ということをしなければだめだと言われ、都留夫人は、簡単な料理でもみんな喜んでくれるから、このようにすればよいのですよと家内に教えてくださった。私も家内も、随分無理をしてそれを見習うように努めた。簡単なパーティーに友人・知人を招くことを教えていただき（私の家内はお料理までも教えていただいた）、それを努めて実行し、米国人の生活を知り、友人を得て、大いに有意義だった。さらに帰国してからも、何回か都留邸にお招きに与った。

都留正子夫人は、実に立派な方であった。「明治維新の三傑」の一人、木戸孝允の曾孫であり、最後の内大臣木戸幸一（侯爵）の姪に当たる。名誉ある武家、そして華族の伝統を身につけておられ、一方では慎ましやか、聡明で、他方ではイザという時には多少のことに動ずることなく、敢然と対処された（『自伝』二〇八―二一〇頁を参照）。私は都留さんと同時に学士院会員に選ばれ、ご一緒に参内したときには、都留さんの人脈は宮中にも四通八達していることを知ったが、都留夫人は学習院の同級生はもとより宮中・旧華族にはお知り合いが多いので、これは当然のことであった。

私は二七歳から三〇歳にかけて、すでに大学の教員であった者としては比較的若いうちにほぼ三年間も米国にに留学し、様々なことを得てきて、それがその後の私にとって大きなベネフィットをもたらした。それは都留さんご夫妻のお蔭に負うところが大きい。最初の在米期間だけに関しても、三年のうちの後の二年は都留さんがレオンティエフ教授に「小宮を雇って下さい」と強く頼んで下さったお蔭である。いま、振り返ってみて、お二方に対し、深い感謝の念を新たにしている。

〔注〕

＊ 本稿作成に当たり多大のご支援を賜わった尾高煌之助氏、西澤保氏、および平素、研究上の支援・便宜を頂いている独立行政法人・経済産業研究所の及川耕造理事長、藤田昌久所長に、厚く御礼申上げる。また、浅野健君（東京大学院）の有能な研究アシスタントとしての優れたサポートに感謝する。

（1） その記録は、例えば http://homepage3.nifty.com/kanotadashi/tsuru%20shigeto.htm. [Jan. 10, 2010] を参照。

（2） 治安維持法違反による逮捕・拘留は、それだけでは逮捕された者の公式の経歴に残ること（「履歴書」の「賞罰」の部分に記載すべきこと）ではない。しかし teenager の若者およびその家族にとって、逮捕されて警察署に長期間にわたって拘留されることは、非常にショッキングなことであり、当局は本人や他の若者達への「見せしめ」の効果を期待していた。なお、以下、これらのことは『都留重人自伝・いくつもの岐路を回顧して』(岩波書店、二〇〇一年)による。

(3) 当時の大学卒業者は、第二次大戦後「大学」に格上げされた高工、高商、医専等の卒業者を含めても、同年輩層(age cohort)の僅か五—八パーセント程度に過ぎなかったのではなかろうか。

(4) 都留さんは八高で「文乙」に所属し、「乙(類)」は、文科でも理科でも、ドイツ語が第一外国語のクラスを指した。

(5) ハーヴァードで学士と博士の学位の双方をとった人は少ない。ハーヴァードで学士号(BA)を取得する人の多くは、ニュー・イングランド等の名家の息子が多く(授業料が高い)、他方、博士号(PhD)を取得するのは、全米の中での秀才である。後者は奨学金をもらって授業料・学費を賄うのであって、自費で払う人はごく少ない。

(6) この時期にドイツに留学した日本人には、日本共産党やその他左派政党との繫がりがあった人が少なくなかったらしい。

(7) 鶴見氏の場合は、FBIの取調べの際に自分は無政府主義者だと言ったので、強制収容所に入れられてしまい、米国に残留する余地はまったく無かった。鶴見氏は哲学者であり、また日本政府(あるいは如何なる国の政府についても)の中に入って「復興に寄与しよう」というような考えは全然持っていなかった。鶴見氏は「不良少(青)年」のスピリットを一生持ち続け、共産党には同調しないが、自由主義者として「反政府的」立場を貫いてこられた、と私は理解している。都留さんのように、日本復興に寄与したい、というのとは、まるで気分が違う(しかし、ハーヴァードで、「ツル・ツルミ」と言われ、またその後『思想の科学』等で協力し、鶴見氏は都留さんを最もよく理解し、熟知していた、いまやほとんど唯一の方であろう)。

(8) 米国のカレッジでは、学年・学期の初めなどには、男女の新入生等が互いに知り合うように、校内でダンス・パーティーが開かれる。しかし都留さんは、そのようなパーティーに誘われても「渾身の力をふるって逃げてきた」(『自伝』六三頁)。

(9) このペンローズ夫人は、(『自伝』三八頁に書かれているように)「企業の理論」等で「著名な経済学者」であるイーディス・ペンローズ(Edith Tilton Penrose)とは別人である。私は後者の企業理論、直接投資の理論にかなり早くから注目し、かつ引用していたが、ジュネーヴでのあるコンファレンスで初めてお目に掛かった。都留さんの個人教師は、アーネスト・ペンローズの最初の夫人であり、『自伝』には、彼はその最初の夫人とは別れて(最初の夫人は、亡くなったのかもしれない)、一九四五年にイーディスと再婚したのだと思う、と記されている。

(10) このような都留さんの生い立ちや「志」は、日本語の文献との距離の遠い外国人や、日本人でも都留さんの人柄(personality)を良く知らない人々(しかも都留さんについていい加減なことを書いている人々)には、ほとんど理解出来ないだろう、と私は思う。

(11) これは、日米間の交換船グリップスホルム号に乗船した千五百人ほどの引揚者の中で、都留さんが(そして都留夫人も)まだまともな職業を持っていない「留学生」という身分だったことによるのであろう。

(12) この種のインターネット記事が、かなりの数見られた。

(13) 工藤美代子『われ巣鴨に出頭せず』(四〇二—四〇三頁)は、都留さんが一九四五年一〇月に米占領軍の戦略爆撃調査団の視察に参加して、「B29に乗って爆撃対象となった名古屋や阪神地区を視察」したことに関して、「アメリカ政府に協力しておきたい何かが都留の胸中にあって引受けたか、あるいはモスクワへ情報を流すためだったとしか考えられない」と記している。米ソ双方のスパイ疑惑を受けるような行動をするとは、都留さんも忙しいことだっただろう。

(14) 小委員会の上の委員会（本委員会）は司法委員会であった。ちなみに、当時のSISSの委員長はかなりの年輩の上院議員ジェイムズ・イーストランド（James Eastland）だったが、この人はSISSの会議にあまり出席していなかった。

(15) ローリー・ターシス（Lorie Tarshis，後にスタンフォード大学教授）か、ロバート・ブライス（Robert Bryce，後にカナダの財務次官、さらにはカナダの公務員として最高の地位と言われる"Clerk of the Privy Council"というポストに就いた人）かの何れかは、このマルクス主義の研究会に誘われたときに、出てほしいなら出てもよいけれども、その交換条件として、自分が参加しているケインズ経済学の研究会に出てくれと言った、という記述を見たことがある（残念ながら、いま、その所在が分からない）。このことからも、都留が熱心に関与していた上記のマルクス主義研究会は共産党傘下の組織ではなかったことが推測される。

この上院SISSの都留喚問（およびほぼ同時期の）で取り上げられたハーバート・ノーマン（当時エジプト駐在カナダ大使）は、都留喚問の数日後にカイロの高いビルから投身自殺を遂げた。だが、そのノーマン自死の原因が都留の米議会での証言だったという説は全くの誤りである。（これらのことについては、『日本学士院紀要』に掲載予定の小宮の別稿「都留重人とハーバート・ノーマン」に記す。）

(16) ロージャー・ボーウェン（Roger Bowen）は、一九八四年の編著でも、一九八六年の著書（E・H・ノーマンの伝記）でも、都留が喚問中にハーバート・ノーマンの名前を自発的に出したという誤解に基づいて、「都留はノーマンを裏切った（betrayed, betrayal）」と記しているが、これはまったく間違いであり、「甚だ不当な（名誉毀損を含む）誤認」というべきである。上記二つの著作、中でも一九八六年の「ノーマン伝」は、他の点では優れた著作であるだけに、甚だ残念である。

上記のような誤解は、当時かなり広くあった（ことに日本で）。それは、先に触れたSISSの主任顧問のロバート・モーリス等の策略にまんまと嵌められているという面がある。すなわちモーリスは、都留喚問直後の記者会見（都留は出席せず）で、自分達が予め集めておいて喚問中の質問に際して挙げた名前を、あたかも証人（都留）が証言中の回答で提供したかのように発表したようである。そこで、都留と親しく、またSISSの手口をよく知っているハーヴァード大学の四人の教授J・フェヤバンク、S・ハリス、J・ガルブレイス、E・ライシャワー（J. K. Fairbank, Seymour Harris, John Kenneth Galbraith, Edwin O. Reischauer）は、都留への誤解を解消するために、SISSの手口を説明し、厳しく批判するレターをニューヨーク・タイムズ紙に投書し、それは一九五七年五月二〇日付けの同紙に掲載された。このうち優れたsinologistであったフェヤバンクは、SISS等による「赤狩り」の著しい被害者の一人であり、都留さんが米議会への喚問状を受け取ってから指定された当日に出頭するまでの、多忙な僅か数日の間に、アドヴァイスを受けに行った何人かのうちの一人であった。

(17) 都留さんが青共・共産党のメンバーであったか否かという問いに関して、最も信頼しうる重要な文書であるSISSの公式議事録も見ずに、正反対のことを書いているJ・バロス（James Barros）の著書（他にもそのような著作・記事が少なくない）は、そのことを書いた箇所だけでなく、全体として信頼するに足りない、というのが私の見解である。例えばJ・バロスは、「都留は青年共産同盟（日本では初め「青共」、のちに名称が変わり、「民青」［日本民主青年同盟］と略称された組織）のメンバーであり、共産党員であった」と書いている（Barros 1986, p. 41）。

(18)　戦前に、反体制派（いわゆる「左翼」）の思想・運動に惹きつけられて共産党員になった若者の多くは、「社研」や「青共」、「反帝」等、共産党の周辺組織のメンバーを経て党員になった。一九二〇―三〇年代の英・米・カナダでもその状況は類似しており、Young Communist League や、スペイン・中国の内戦の反政府派を支援する団体等、共産党の周辺組織が若い共産党員の「温床」になっていたようである。なお、戦前の日本共産党や「反帝」は、ソ連を中心とする「コミンテルン」(Comintern, Communist International) の傘下にあった。

(19)　なお、このSISSの記録を読むときに念頭に入れておくべきことは、一般の人々にとっては、社会主義、マルクス主義、共産主義、共産党の区別がほとんどつかないことである。これは日本でも…ことに治安維持法の時代には…同様だっただろう。戦前から戦争直後にかけて、これらの「左派」は一括して「アカ」と言われていた。米国でも、共産党等を一括して「レッド」と言っている人々には、これらの違いが理解されなかった。SISSは、そういう大雑把な（誤った）理解を巧みに利用して、召喚した人々を追求し、反共の世論を盛りたてようとしていたのである。

(20)　「〝未踏の国〟築く政策の選択」『日本経済新聞』一九七一年一月一日、三二面―三三面。

(21)　〝laughing box〟は、缶詰のような外観をしていて、一人暮らしの人の孤独感を和らげるためのものだというのが、都留さんの説明だった。一人暮らしの人が勤めから帰宅した時に、帰宅を察知して、缶詰のようなボックスから顔が出てきて、〝Hello darling!〟（お帰りなさい！）と言ってくれるということだった。「そんなもの日本では要らないね、米国にそんなものがあるからといって、それだけ米国の国民所得が多く、米国人がヨリ豊かだとは言えないね」と、都留さんは言われ、その種の様々な例を挙げられた。

(22)　例えば、小宮隆太郎「現代資本主義の展開―マルクス主義への懐疑と批判」『エコノミスト』一

九七〇年一一月一〇日号（一〇—四八頁）の、「注26」（四八頁）を参照。

（23）都留さんは、一九五七年の米議会での証言の中で、「…私の態度も変化してゆき…現在の信念は民主主義的社会主義（democratic socialism）とみずから特徴づけているもので」ある、と述べている。

都留さんはこの研究所の雑誌『フェビアン研究』（一九六九年に廃刊）に米上院での都留喚問のことなどについて寄稿され、それが『都留重人著作集』に収められている。

（24）なお、都留夫人の運転免許取得は、当時、東大鉱物学教室の伊藤順氏がかなり手伝われた。伊藤さんは、普段は謹厳なのだが、時折、滑稽な話をした。都留夫人は小柄で華奢な方なので、米国人の体格に合わせて作られている車を運転しようとすると、座席等をどのように調整しても、夫人の背丈では顔の位置の高さが足らない。それで都留夫人は顔を出来るだけ上げて、かつ眼の位置を上げて前を見ようとされる。ちょうど、背の低い人が、何かの事件の見物の群集の中で、何とか見物の対象を見ようとして「背伸び」をするときのような格好になる。伊藤さんはそういう都留夫人の運転の姿を真似して、われわれを笑わせていたことを思い出す。伊藤氏は、後にハーヴァードのピーボディー博物館（Peabody Museum）に勤務し、月面から採取された岩石の保管・研究に従事した。そして月の岩石に関する報道に登場されたことがあったが、残念ながらかなり早くに亡くなられた。これらはいずれも今から五十年以上も前のことである。

〔引用文献〕

Barros, James, *No Sense of Evil: Espionage: The Case of Herbert Norman*, Toronto: Deneau, 1986.

Bowen, Roger, *Innocence is Not Enough: The Life and Death of Herbert Norman*, Vancouver: Douglas & McIntyre, 1986.

Keynes, John M., *The General Theory of Employment, Interest and Money*, London: Macmillan, 1936（間宮陽介訳『雇用、利子および貨幣の一般理論』岩波文庫、二〇〇八年）。

工藤美代子『われ巣鴨に出頭せず―近衛文麿と天皇』日本経済新聞社、二〇〇六年。

Samuelson, Paul A., *Economics, an Introductory Analysis*, 7th edition, N.Y.: McGraw Hill, 1967（都留重人訳『経済学：入門的分析』岩波書店、一九六八年［都留邦語訳の最初の版］）。

『都留重人交遊抄』（非売品）、一九七六年。

都留重人『都留重人自伝・いくつもの岐路を回顧して』岩波書店、二〇〇一年。

都留重人『市場には心がない』岩波書店、二〇〇六年。

ファミリーとしての都留重人――義弟が観た六十八年

和田　昭允

都留重人は、私の十二歳年上の姉正子の主人です。

二〇〇六年一月一二日の早朝、書斎から車椅子で出てきた重人――例によってキチンと蝶ネクタイを締めて――は、すでに寝たきりになってしまっていた正子のベッドの脇を「じゃ、一寸行ってくるからね」と手を振りながら通り、病院に向かいました。そしてそのまま再び家に帰ることなく、また正子にも会うことなく、三週間後の二月五日に病院で亡くなりました。

そのとき車椅子を押していた私は六十八年前の二人の出会いにも立ち会っていましたから、この〝互いの長所を認め合っていた〟夫妻の初めと終わりの瞬間を見たわけです。

二人は結婚後すぐ渡米しましたが、交換船で帰国してからは、空襲に焼け残った和田の家に同居し、終戦も一緒に迎えました。一九五二年に父（和田小六）が亡くなってからは隣り合って家を建て、六十年近くを至近距離で過ごしました。ですから、「起—結」だけでなく、都留夫妻の「承・転」もつぶさに眺めてきたことになります。

まずその「起」ですが、一九三八年夏の二人の〝お見合い〟には私も同席しました。重人の自伝『いくつもの岐路を回顧して』（岩波書店、二〇〇一年）の一節はつぎのように述べています。『一九三八年の初夏、（中略）太田亥十二さん（京浜コークス社長）が和田正子の写真をもって訪ねてき、例によって強引にお見合いの日程まで決めてしまった。場所は原田氏（男爵・西園寺公秘書）の大磯別邸で、和田家の皆さんのほか太田さんも同席され、原田氏の気さくで洒脱な取り持ち役ぶりは、たしかに見事だった。そして、この席での原田熊雄と和田小六という義兄弟であるお二人の冗談を交えた掛け合いに、私はあたたかい家庭的な親密さを感じていたし、特に正子にたいする父君のゆるぎない父性愛の片鱗をかいま見る思いがしていた』。この〝和田の皆さん〟の中に私もいたわけです。小学三年生だった私の初印象は「これは大した人が出てきたぞ、それにしても秀才面だな」と、まさにカルチャーショックでした。前々から「ハーバード大学で経済学の研究をしている、ものすごく頭の良い人だ」と聞かされてはいましたが、これまで見たことも聞いたこともない人種でした。

その原田家でのもてなしで、色とりどりのプディングが出ました。これが、平塚——当時は今のように開けていなかった——で誂えた、変な臭いと毒々しい色合いの大変なシロモノでした。不評の声の中で重人氏ひとり平然として言われたことは「こういうものは、美味しいと思って食べれば美味しいものですよ」。外観から見る限りクソ真面目かと思っていたのに、そこはかとないユーモアがあって、親しみを感じた次第です。いま思えば、買ってきた使用人に対する同情と配慮だったのでしょう。

父は東京帝国大学工学部の教授を長くつとめ、当時は大学付属航空研究所の所長でしたから、学者や大学人についてはそれなりの鑑識眼を持っており、重人の優れた資質を一目で見抜いたことは間違いありません。これは、重人と父との間で理路整然と続く話しのやりとりを聞いていて、子供心にも直ぐわかりました。

新しい家族を加えて記念撮影
(後列：都留正子・重人、前列左より：和田春子、昭允、小六、綾子)

しかし右の文にもあるように、父は子煩悩でした。重人が左翼運動で牢屋に入れられた経歴は、やはり心配だったでしょう。当時の〝アカ〟のレッテルは、今日では想像もつかないほど社会的マイナスでした。父はひとつ違いの兄でファミリーの長である木戸幸一(当時第一次近衛内閣の厚生大臣)に相談します。その時の返事は「良いじゃないか、出来る人は若いときは左に走るものだよ」だったと、後日父から聞きました。一九三八年八月三一日の木戸幸一日記には「和田夫妻来訪、正子、都留重人氏との間の縁談に付き相談あり、快諾す」と書かれています。ファミリー・メンバーの結婚には家長の了解が必要だった時代でした。

この〝快諾〟は、重人の思想を考える上で注目に値します。木戸幸一は、皇族・華族に関する監督組織だった宮内省宗秩寮の総裁として、華族の赤化を厳しく取り締る立場にいました。事実、築地小劇場を中心に新劇運動で活躍し「赤い伯爵」と言われた土方与志――私の母の従弟で、木戸家とは縁戚になる――の爵位を、赤化を理由に剝奪。平沼騏一郎内閣では内務大臣として内務官僚の中枢に座り、思想問題にはもっとも敏感な地位にあって多くの情報を握っていた人です。木戸日記を見ると、その緻密な情報網のすごさが伺われます。その彼の厳しい目から見て、重人は教条的な主義者とは見えず、何の心配もなかったのでしょう。いまと違ってそのころは、もし何かあったら幸一の地位はもとより木戸侯爵家の存亡にも関わる大問題です。この判断は「木戸・ザ・クロック」と言われた伯父の、慎重で論理的な調査と熟慮の結果として信頼が置けますし、結果として正解でした。これが、木戸孝允と山尾庸三(1)以来の開明性と親英・米の自由な雰囲気を持った木戸・和田ファミリーと、都留重人という稀に見る知性の出会いでした。

結婚後直ぐ米国に行った重人・正子は四二年八月に交換船で帰国します。それからの重人の履歴の紆余曲折は彼の自伝にあるとおりですが、四三年八月には、その後三十二年お世話になる一橋大学との最初の出会いがありました。しかし平穏な生活は長く続かず、四四年六月に教育招集を受け、陸軍二等兵として宮崎県都城の部隊に入隊。前歴から〝要注意人物〟として扱われたようですが、三ヶ月で除隊となり外務省に入ります。

部隊で彼が属した班の班長だった増竹成紀軍曹が七六年に書かれた「都留二等兵の想い出」は、次のように始まります。(カッコ内筆者)

『(中隊長から)「本日入隊する初年兵の中に、アメリカ帰りの者がいる。本人をどの中隊に配属するか、中隊長会議の結果、君(増竹)に預けることで当中隊に決った、ついてはいろいろ問題がある。十分注意して教育するように」(と命令された)。――(中略)――やがて、(都留は)私の同僚各班長の目にとまるようになった。「あれが問題の兵隊か」。だが、都留二等兵に対するいろいろな危惧は、初年兵の基礎訓練、演習の中で、他の戦友よりも速く、より確実に会得しようとする積極さと、真摯な動きを、観察した時から、彼を要注意として見ることが、全く杞憂に過ぎないのではないかと思うようになった。』

重人はその頃のことを次のように記します。

『空軍基地に私たちは狩り出されて、航空機掩体壕の掘削に携わったとき、銃を「えんぴ」と「もっこ」に替えての炎天下の土方作業であえぎあえぎの状態だった私を、真近に目撃された増竹班長は、「都留にこんな仕事をさせて置くよりも、彼本来の外務省の仕事に戻した方がよい」という趣旨の進言を中隊長にされたとのことだった。この進言が効果あったのかどうか、私は知るよしもないが、――(中略)――増竹班長は、編制名簿から「都留二等兵は、外すように」と命ぜられ、私の除隊予定を察知されたとのことである。――(中略)――私が例外的に三ヵ月で除隊になったのは、外務省からの要請を参謀本部が諒承したためだったということを、私は後日聞いた。おかげで私は、一九四四年一二月九日付けで、大使館二等書記官の辞令で外務省役人となり、以前嘱託をしていた政務局第六課に机をあてがわれ、主としてはアメリカの経済事情を調査する事務にたずさわったのである。』

「都留に土方作業をさせるより……」の判断は、戦争末期の陸軍にも常識があったことを思わせますが、もっと勿体ない使われ方をされた方々が大勢おられたことを考えると、その損失の巨大さを思わざるを得ません、残念なことです。

なお重人が、入隊中に覚えた軍人勅諭の「軍人は信義を重んずべし」の一節を「人生哲学の指針として大いに参考になる」と自伝の中で記していることは、彼が「自分の考えよりも教典を重んじるタイプ」の観念的思想家ではないことを証明しています。

増竹氏については、「縁は異なもの」を地でいった後日談があります。戦後、帝国銀行木挽町支店長になられた氏に敬意を表し、正子――クジ運が恐ろしく強かった――はヘソクリを賞金付きの「ホームラン定期」にしました。そうしたらなんと、当時（一九五〇年頃）では大金の五〇万円の一等賞、愛称「赤バット」に当たったのです。当選の電話があったとき丁度私は都留家で重人と、私の友人で東大生だった服部一郎（後の第二精工舎社長）と栗山尚一（後の外務次官、米国大使）両君とブリッジをしていました。電話に出た正子がビックリして悲鳴に近い大声を上げたので、当選が皆に露見してしまった次第です。この資金で赤坂の和田の隣接地を購入し、都留の白い家が建ちました。

戦争中は、内大臣だった木戸幸一と重人の間で当然、米国の事情についていろいろな会話があったでしょうが、まだ中学生だった私の知るところではありません。覚えているのは、重人が外務省のクーリエとして訪れていたソ連から帰国したのが、一九四五年五月二五日の大空襲の直後であったこと、そして、一軒だけ焼け残った和田の家に避難していた木戸の家族と皆で「無事に帰れてよかった、よかった」と言って祝ったことです。五月三〇日の木戸日記に『都留重人君、ソ連より帰朝す。一同安心す』とあります。以後八月一五日の敗戦の日まで木戸一家と都留・和田は同居生活をします。

敗戦となり伯父は連合国からA級戦犯に指名されます。一九四五年一二月一〇日の『木戸幸一日記』『和田を訪ふ。都留君より米国の考へ方は内大臣が罪を被れば陛下が無罪とならると云ふにはあらず、内大臣が無罪なれば陛下も無罪、内大臣が有罪なれば陛下も有罪と云ふ考へ方なる故、充分弁護等につき考ふるの要ある旨話あり。何か腹の決まりたる様な感を得たり』。これで、それまで天皇に代わって罪を被る気でいた伯父は弁護方針を一八〇度転換し、徹底的に無罪を主張し極刑を免れました。木戸日記の、七年を隔てた二つの記事——結婚を快諾した都留からのアドヴァイス——に歴史の因縁を感じる次第です。

昭和史の第一級資料と言われる『木戸幸一日記』の東京裁判への提出にも、重人は深く関わります。正子や私の従兄弟になる木戸孝彦（木戸幸一次男で東京裁判の弁護人）の手記には『私（孝彦）は一九四五年一二月二三日に都留重人氏を訪問し、日記提供の方法について相談した。その際、キーナンの取調べに同席されていた都留氏より米国の追及の主要点は、天皇の開戦責任と真珠湾攻撃の二点であることと、内大臣の常侍輔弼の客観的責任の解明が重視されるとの内話を受けたのである。これらはほぼ、巣鴨拘置所入所前に父の考えていたことと一致するものであった。日記は都留氏経由米国検察官に提供した』とあります。木戸孝彦『東京裁判と木戸日記』（独歩書林、一九九三年）。

最近、都留重人とハーバート・ノーマン、それに木戸幸一が、近衛文麿公爵を自殺に追い込んだという説が出ているようです。これが学問的論説であれば、門外漢の私として何も言うところはありません。しかし、〝のではないか〟〝にちがいない〟〝はずだ〟〝と思う〟などの憶測が多く、想像と真実の境がよくわからない。基本的な事実の誤認も見られる。こんな〝感想〟に対しては、身近にいた私も感想を言わざるを得ません。

私はサイエンス（物理学）の研究者です。言うまでもないことですが、サイエンスで結論を導くためには、十分な根拠とそれを結論に結びつけて行く綻びも曖昧さもない論理が〝真実〟を訴えるための必要条件です。しかし上記の説では、多くの可能性のひとつをあげ、それが唯一の結論であるように見せている。始めに結論ありきであることは誰が見ても明白です。科学的で厳密な考察には耐えられない筋書きで、〝してはならない〟と大学の講義で教える初歩でさえ、守られていません。

登場人物の木戸幸一、都留重人と数十年間も至近距離の付き合いをしてきて、二人の論理的で、誤魔化しを極端に嫌う性格を熟知している私としては、とても納得できる話ではありません。同じ屋根の下に住み、また、隣同士密接な関係で暮らしてきたものが感得する情報量は膨大で、文献調査の情報量——それも、ある先入観をもって集めたもの——を遥かに上回ることは自明です。長いこと一緒に暮らせば、長所も欠点も全てわかるし、出るボロは全部出ますよ。加えて、木戸幸一は克明な日記を残しているし、重人は自伝を含む多数の学問的著作を残しています。それらを読めば人物が判る。その人物像の基盤なくしては、本人たちに会ったことのない人の奇を衒う文献解釈は公正さを欠くことになりかねません。もし木戸・都留の二人がこれらを読んだと想像するのも一興ですが、多分一笑に付するでしょう。私も仕事の上で嫌になるほどの経験がありますが、思い込みに対して科学的議論をしても水掛け論となり、時間の浪費以外の何者でもありません。誤解のないように申しますが、私は科学者として新説の登場は大歓迎です。ただそれは、正しいデーターおよび曖昧さのない明確な論理で展開されることが必要不可欠の条件です。

　時間を戻します。大磯でのお見合いの後に、重人は私に一冊の本をプレゼントしてくれました。多分、自分のフィアンセの弟が驚くほど幼稚であることを見抜き、もっとしっかりしてもらねばと思ったのでしょう。そういう教育的配慮も繊細でした。それは山本有三の『心に太陽を持て』でした。そのほかにも、小学生の私を相手にして、いろいろ遊んでくれるのですがそれが噛み合わない。たとえば「神経衰弱」という、伏せたトランプをめくって数字を併せて取ってゆく記憶テストみたいなゲームがあります。私などは、二枚合えばよいルールでしたが、重人のは同じ数字四枚を合わせるもの。子供だからといって手加減する人ではありませんから、それをほとんど一人で取ってしまう。でも直ぐに分かったことは、子供や弱者に対しては心底からの思いやりがあり、優しくて親切なことです。

　正子の妹の二人の男の子をとても可愛がり、彼らも「ツーじーじ（都留伯父）」といって懐き、赤坂の家の芝生でクロケーをしたり、輪投げをしたりしていました。輪投げでは段位を付けて免状を出し、自分はその最高位〝名人〟を自称し、それは確かに実力をともなっていました。正子の出身校である学習院の園遊会があると、甥二人を引き連れて行って商品を掠っていました。〝輪投げコーナー荒らし〟として注意人物になっていたかもしれません。

また、私の長男が中学生の時に「本を読んでその感想を書け」の宿題が出たので、早速「ツージ」の講談社現代新書『経済学は難しくない』（一九七四年）を選び、厚かましくも著者ご本人にインタビューをしたところ懇切丁寧な説明を受け、先生から高い評価を貰ったという、いささか出来すぎた話もありました。

とにかく夫婦とも、空疎な権威や理の通らないこと、曲がったことは大嫌い。口先だけの誤魔化しなどは直ぐ見抜くし、不正に対しては生理的な嫌悪をもつ真面目を絵に描いたみたいなカップルでしたが、それだけに重人と正子は互いの特質を発見し、評価し合っていたと思います。とくに正子は、重人を学者として大成させることに強い使命感を燃やします。鶴見俊輔さんが『日米交換船』（新潮社、二〇〇六年）の中で『都留さんは望めば地位上のエリートになったんだ。夫人は、木戸幸一の弟・和田小六の娘なんだけど都留さんが大臣などのポストにつくことを断じて望まなかった。――（中略）――安本長官のあと、横滑りして経済閣僚で吉田内閣に入ることもできたでしょう。東京都知事なんて、美濃部亮吉のあと、楽になれたと思う。三木内閣で文部大臣になる可能性もあった。海部俊樹がさそいにいったんだから。三度そのチャンスがあったけれども、ぜんぶ都留夫人がつぶしたんだ（笑）。それは都留さんにとってよかったんだよ。逆に、都留さんがもしアメリカにとどまっていたら、ノーベル賞をとったと思う。結果から言えば、都留さん自身が、その両方をつぶした（笑）』には、近くから眺めていた私には実感があります。

重人の自伝には、共産党の上田耕一郎氏が、重人に対する都知事選への出馬要請の戦略として「都留夫人を攻略することが最も有効」と鋭く見抜かれて正子に電話攻勢をかけられ、それを正子が二時間の長電話の末に断念していただいたと書かれています。重人が「清濁を合わせ飲まなければならない仕事」には向いていないこと、それは彼の生き方を歪めてしまうだろうと正子は感じていました。さらに、たとえ彼がそれをうまくこなしたとしても、そのような都留重人は幻滅だと考えていたに違いありません。

私は、文・理の専門の違いはありますが、重人にずいぶん世話になりました。ここで「有難い話」と「困った話」を、ひとつずつ紹介させていただきます。

まず有難い話――私が関係したヒト全遺伝子（ヒトゲノム）解析で日本が米国に遅れをとり、世上で「ゲノム敗北」などと言われた数年前、重人はある種の義憤を感じたのでしょう、まことに彼らしい意見を書いてくれました。少し長いですが、都留重人が私のことを書いた最初で最後の論文だと思いますので、肝心な部分を引用させて下さい。

『（前略）しかし依然として、科学者の側の開示性の要請が強いことから、かえって国際的競争に立ちおくれたという重要な分野が、現にあるのだ。それは、ライフサイエンスの分野での応用が無限に近いとまで言われるヒトゲノム（人間の全遺伝情報）の解読という分野にほかならない。ヒトゲノム解読とは、遺伝子の情報を含んだＤＮＡ（デオキシリボ核酸）の「三十億対もの塩基配列を読む作業のことで、二〇〇三年四月に完全配列の解読成功が正式に発表されたのだが、その解読作業の先駆的研究は日本であったにもかかわらず、解読の貢献度はアメリカが六五パーセント強であったのに対し、日本のそれは六パーセントにすぎなかったという事実の故に、巷間「ゲノム敗北の教訓」と呼ばれている。それは、なぜ「敗北」と言われるのであろうか。ほかでもないScience誌（二〇〇〇年六月号）が「ヒトゲノム解読史年表」において理化学研究所ゲノム科学総合研究センター所長だった和田昭允博士を「解読作業の自動化を提案し、そのロボット作りを考案した」最初の功労者としたのだったが、その和田氏自身が、基本的には科学者として開示性を重視し、そのオリジナル構想を和田グループで独占しようとしなかったからである。

和田構想の発足は一九八〇年初頭のことであった。開示性の問題以外に、一つには、解読作業の重要性についての認識が不十分だった行政当局側による予算の出しおしみがあったし、そのこと自体の背景として、当時の文部省と科学技術庁とのあいだの確執があり、その点に劣らず重要だったのは、日本のアカデミーに古くからあった構造的後進性（たて割りを背景とした独善的な専門意識等）がわざわいしたのではないかと思われる。しかし、客観的には、「ゲノム敗北」ではなく「ゲノム勝利」の記録として残っている日本科学の成果である。』（都留重人『科学と社会――科学者の社会責任』岩波ブックレット No. 622、岩波書店、二〇〇四年）

つぎは困った話――一九五四年に博士研究員としてハーバード大学に留学した私のところに、MITのポール・サミュエルソン教授から「シゲトから、マサコの弟がいるからと連絡があった。二人の近況などを、MITのファカルティー・クラブで食事をしながら聴きたい」と電話がありました。この経済学の巨人との会話は、たとえば、「日本の農民の生活はいまどうなっているのか？」

といった調子で、日本語でも答えられないものばかり。それに渡米して一月かそこいらの私の英語力が対応するのですから、食事どころではなく、まさに拷問でした。サミュエルソンさんも、シゲトもとんだ義弟を持ったものだと思われたことでしょう。

重人は、二〇〇四年に前立腺ガンが見つかり、診断によく使われる腫瘍マーカーの前立腺特異抗原（PSA）の値が正常値の限度の三（単位：ナノグラム／ミリリットル）を遥かに超えて、一四〇〇にもなりました。数値が好きな彼はそれを皆さんに話して楽しんでいるようでした。それがホルモン療法で劇的に小数点以下まで下がってしまい、これもまた子供みたいに喜んで自慢していました。しかし、すでに拡がっていたガンは周辺を犯しており、約一年後の二〇〇五年暮の大出血となりました。直ちに入院しなければならなかったのですが、岩波書店から出版予定の『市場には心がない――成長なくて改革をこそ――』の最終稿の締切が二〇〇六年一月一〇日なので、それが終わるまでは家にいると言ってガンとして動かず、一二日の入院となったわけです。

入院してからも、付き添っていた私の家内に「机のこれこれに……があるから」といって仕事関連のものをもってこさせていました。そしてベッドの上に起きあがり、ペンをもって最後の校正刷りに目を通す努力を何回か繰り返しましたが続かず、最後は燃え尽きるようでした。経済学と私の理学とは分野は違いますが、卓越した研究者としての彼の長い旅の終焉を目の当たりにして、感慨無量のものがありました。

学問の場では厳しくて大変怖い〝都留先生〟だったようですが、われわれ近親のものにとっては怖かった思いは本当に全くありません。公平・公正で、意地悪なところは毛筋ほどもない。何時も

都留家の1998年のクリスマスカードの写真
「MASAKO's two life-long companion-partners: Bösendorfer piano (70 years since acquisition) & SHIGETO TSURU (married for 59 yaears)」と書かれている。

理詰めだけれども、相手の感情を充分考え、どんなときでも懇切丁寧に理を尽くしていました。

重人のアルコール好きは知る人ぞ知るところですが、健康を心配した正子がウイスキーボトルの中身を水で薄めていたことは、気がついていたかどうか？　逆に、重人がファイルボックスの中にボトルを隠して適当にやっていたのが正子にバレてしまって、始末書を書かされる大騒ぎになったこともありました。さすがに、しばらくは謹慎していたようです。

そんなことを思い返すと、今更ながら重人がお酒を楽しむときの、あの独特の表情や仕草が懐かしく目に浮かびます。私も甥たちも重人とレストランなどで食事をする時、もう一緒に出かけられなくなった正子から「お酒が過ぎないように厳しく見張ってくれ」と言いつかったものです。そこで日本酒や紹興酒のお銚子をそれとなく彼から離すわけですが、それをめざとく見つけていつも自分の前に戻す——とくに晩年は、本当に子供みたいな所がありました。

アルコールを巡っての緊張関係はそれとして、重人の愛妻ぶりは終始一貫していました。この点について、生来病弱・多病だった正子も『重人が大事にしてくれたからこそ、九十歳近くまで生きられた』と折に触れて述懐し感謝していました。

葬儀でのお別れのときは、お棺に「大関」のパックを入れました。本当は一升瓶を入れたかったのですが、ガラスはいけないと断られてしまい、故人も残念だったことでしょう。でも皆で、大好きだったウイスキーでたっぷり唇を湿してあげました。

感謝：重人と正子が亡くなってから「都留先生と奥様には本当にお世話になった」と言って下さる方が多くいらっしゃいました。と言うことは二人も多くの方にお世話になったと言うことで、長い間のご厚誼に対し厚く御礼申し上げます。詳しくお名前をあげてお礼申し上げるには紙幅が許しませんので、それら多くの方々、それから組織として「一橋大学」、「同経済研究所」、「都留・背広ゼミ」、「学部・大学院都留ゼミ」、「一橋陸上競技倶楽部」、二人が仲人をして差し上げた方々の「さつき会」、の皆様、また「岩波書店」には長年にわたって、そして葬儀に当たっても大変お世話になりました。二人に代わって厚く御礼申し上げます。

なお、この文は（財）統計研究会出版の「学際」No.19（二〇〇六年十一月）に書いたものに大幅に加筆したものです。転載の許可を与えて下さった同誌の宮川公男編集長に感謝します。

〔注〕

（1）幸一・小六の母方の祖父。江戸末期、国禁を犯して英国に密留学し、明治政府の工部卿や法制局長官となる。東京大学工学部や東京芸術大学を設立した。

「背広ゼミ」から見た教育者　都留重人先生の横顔

塚本　文一

私の手許に一冊の年表がある。題して、『「都留・背広ゼミ」五十七年の歩み』。その年譜の第一行目は、「一九四八（昭二十三）・九・二十一　第一回ゼミナール　都留重人先生宅　出席者六名　テキスト　Seymour E. Harris ed., The New Economics, 1947.」に始まり、最後の行は、「二〇〇五（平十七）・十・二十一　秋季ゼミナール　如水会館　出席者十一名　テキスト　都留先生「孫の世代と内外世情を語る（草稿）」で終わっている。(1) この「背広ゼミ」はまだまだ続く予定になっていて、次のテキストも、またゼミのメンバーによる共同翻訳もその候補書がほぼ決まっていたのだが、(2) 二〇〇六年二月五日都留先生のご逝去によってこのゼミも五十七年五か月の歴史を閉じることとなったのである。

このように希有な長い歴史を持つに至った「都留・背広ゼミ」とは一体どういうゼミナールだっ

1949年、背広ゼミ（都留宅にて）
（前列左より大友敏一、都留重人、河村慶三郎、後列左より地主重美、秋葉節一、江川俊夫、桜井欣一郎）

たのだろうか？　先ずは都留先生から紹介していただくこととしよう。

「大学を出て銀行や会社などに就職した若い人たちが、大学時代の勉強をすこしでも続けたいとて、代表者三名が拙宅に来られ、私の自邸での研究会開催を要請された。それを私は承知し、そこで呼称も「都留・背広ゼミ」ということにし、第一回は四十八年九月二十一日のことだった。最初は一週間おきの火曜日午後六時半からということで、ハリス編著の『ニュー・エコノミックス』(3)をテキストにしたが、以後、今日まで五十数年間、会合の頻度は少なくなったが、この「背広ゼミ」は続いており、第一回会合に出席した諸君のうち三名が、現在もレギュラー・メンバーである。テキストとしては、原則として新刊の洋書を使った。そして、折角だからということで、一同が分担翻訳をして出版したらどうかということとなり、その最初だったのがアクリーの『マクロ経済学の理論』[4]三分冊である。この共訳出版のしきたりは現在まで続いていて、最近のものとしてはジョゼフ・サックスの『「レンブラント」でダーツ遊びとは』[5]が第十七冊目となっている。……」[6]。

ところで、どうしてこの「背広ゼミ」がこんなにも長い歴史を持つことができたのだろうか？それにはいくつかの要因があったように思われるが、先ず第一には、「一旦引き受けたからには最後まで完うす」という都留先生の強い責任感によるものであることは論を俟たないところであろう。それにしても、学者、研究者としての都留先生にとっては極めて貴重な夜の数時間を、月に二晩ずつ、かくも永年に亘って「背広ゼミ」のために割いていただいたことには、ゼミ同人一同深い感謝の念を禁じえないところであるが、また時として、先生のご好意にこんなにも甘え続けてよいのだろうか、もうそろそろ一同このゼミを卒業すべきではなかろうか、と話し合ったことがあったのも事実である。

それでは、都留先生にとっては「背広ゼミ」とは一体どういう存在だったのだろうか。先生に改めて伺ったことはないので憶測の域を出ないのだが、先生は次のように述べておられる。「一橋大学には、周知のように、ユニークな学部ゼミ制度があるが、研究所の教官は学部で講義をしたり「ゼミ」を持ったりはしないという「鉄則」みたいなものがあって、私も変則的な形で五回ほど「都留ゼミ」をもったが、それは例外だった。もしも年々「都留ゼミ」を担当していたら、あるいは「背広ゼミ」は生まれなかったかもしれぬ。」[7]

また、こういうこともあった。「背広ゼミ」が始まってからもう可成りの年数が経った頃のことだったが、先生は何かの折にフト次の言葉を洩らされた。「はじめて君たちが訪ねて来られて話を聞いた時には、これが大学を卒業した学力なのだろうかと疑ったが、しかし卒業しても勉強を続けたいという熱意は、これは本物だと感じたのでお引き受けすることにした」と。私たちの学力の不足は勿論自覚はしていた。私の例で言えば、戦時のこととて旧制大学の予科三年のところを一年半で繰り上げ卒業させられて学徒出陣となり、二年余りの軍隊生活の後に復員して大学に戻ったのは学部一年の後半だったので、大学予科学部合わせて六年の課程を四年余りで卒業せざるをえなかったのだから、先生に学力不足と言われたのは当然のことだった。

こうして考えてみると、先生は先ずは「教育者」としての立場から私たちのために貴重な時間を割こうと考えられて「背広ゼミ」が始まり、そしてこのゼミが、都留先生がそのすぐれた「教育者」としての力量をいかんなく発揮される場となったのであって、こうした事情が「背広ゼミ」の大きな効用を生み出し、このゼミをたいへん魅力的なものとしたのだと考えたい。そしてこのことが、この長い歴史を持つことができたもうひとつの要因だったのも確かなことである。

また先生はこうも述べておられる。「「背広ゼミ」発足当初はそうでもなかったが、だんだん年数がたつにつれて、私よりもゼミ同人のほうが実社会の実情にも通じるようになり、このゼミは私が諸君から貴重な示唆を得る機会にもなったわけで、これがこの「背広ゼミ」を長続きさせているゆえんでもあると思う。」(8) このゼミの時間の後半はいつも自由討論の場となり、各官庁、銀行、メーカー、商社、新聞社などの各分野の実務家のメンバーたちが、その時々の経済上のあるいは社会的なホットな問題点について談論風発の談議を行うのを聞けるのもこのゼミの魅力のひとつでもあったが、経験的事実を大切にされ、実証的な研究によって現実と理論の間を埋めることを重視されていた先生が、私たち実務家の意見にも耳を傾けられ、それが多少なりとも先生のお役に立っていたのであるならば、それは私たちにとって大きな喜びであり、それがこのゼミの長寿のもうひとつの要因だったのかも知れない。

「都留・背広ゼミ」のこの希有な長寿の要因はこのようにいくつか考えられるのだが、私たちゼミメンバーから見ると、やはり都留先生のすぐれた「教育者」としての力量がこのゼミの大きな効用と魅力の源泉であり、長寿のもっとも大きな要因であったと考えられる。いくつかの例をあげてみよう。

例えばテキストの選定である。このゼミのテキストは原則として、「最新刊の洋書で、日本語訳が出ていないもの」の中から先生が選ばれた。末尾に「背広ゼミ　テキスト一覧」(単行本のみとし雑誌論文などは省いた)を付したので、これをご覧いただけばお判りになると思うが、サムエルソンの『経済学』(9)やアクリーの『マクロ経済学の理論』(10)といったいわば基礎的なものから、その後の経済学の中心テーマとなるような内容のもの、その時点時点での世界の政治、経済、社会の思想や理論の新しい展開とか変遷がよく判るような本、さらには私たちの常識とか通念といったものを打ち破るような刺激を与えてくれた本、例えばシューマッハーの『スモール・イズ・ビューティフル』(11)とかミシャンの『経済成長の代価』(12)などなど私たち社会人、実務家という環境、立場などもよく勘案されたまことに適切な都留先生のテキスト選定であって、私たちはまったく労せずしてこれらの名著にめぐり合うことができ、何とも有難いことであった。

ここで思い出したことがある。私の大学卒業が間近にせまった頃のある日、ゼミでたいへんお世話になった杉本栄一先生（東京商大、一橋大教授、一九五二年に五十一歳で急逝された）から次のようなお話があった。「君たちは大学を卒業して社会人になっても『改造』とか『中央公論』を読むような人間にはならないで欲しい。」（当時は『世界』などはまだ発刊されていなかった。）一瞬、私の聞き違いかとわが耳を疑ったが、しばらくしてこれは「それがどんなに良い内容の論文であっても、雑誌論文を読んだだけで勉強をしたと思って満足するな。たとえ仕事が忙がしくても、すぐれた内容のあるまとまった本を読み続けて欲しい。」と言われたのだと理解することはできた。と同時に、これはたいへんな生涯の宿題をいただいてしまったと考え込んだものである。はからずも都留先生のテキスト選定のお蔭で、多くの「すぐれた内容のあるまとまった本」にめぐり合うことができて、この宿題もどうやら果たし終えられそうであるが、何か杉本先生から都留先生へ「この大学劣等生をよく教育してやって欲しい。」と申し送りでもされたのかと勝手に空想したりもしている。

さてこれらのテキストの輪読に当っては、原文の一言一句もおろそかにしない読み方を教えられたし、時には単語の発音やら語義の解釈も直されたりもしたが、先ずは私たちの解釈や意見に辛抱強く耳を傾けられた。それにたいする先生のコメントはたいへん懇切、明快であり、それによって著者の主張なり問題点なりが鮮明に浮かび上がって来るとともに、先生の鋭い問題意識にも触れることができて、日常の仕事で頑になっている私たちの頭の中が柔らかく解きほぐされる又とない機会ともなった。さらには、経験的事実を大切にせよという意味から、統計資料の数字やらグラフについてその具体的な説明を詳しく求められたことも再々であり、時には討議時間の大半をそれに費やされたこともあった。こうして私たちは統計数字の裏側にある具体的な事実を詳しく読み取る習慣も身につけることができたといえよう。

また、冒頭の文章の中でも先生が述べておられるように、これらのテキストの中で先生の監訳でゼミのメンバーが分担翻訳して出版した本は十八冊に及んだ。（末尾の「背広ゼミ・テキストおよび翻訳書一覧」参照。）ゼミのメンバーには英語に自信のある者も多かったが、それでもこの翻訳を通じて私たちはまた多くのことを教えていただいた。先生の手によって朱筆訂正された翻訳草稿が手許に戻ってくる度ごとに翻訳能力の至らなさを改めて痛感させられたものであった。先生が直接ご自身で翻訳される場合にくらべれば何倍もの時間とエネルギーを費やされた訳で、こうした先生のご配慮によって私たちはたいへん貴重な語学教育をも併せて受けることができたし、翻訳の難かしさも楽しさも体験できたのであった。また、この翻訳作業は時として思わぬ「ウィンドフォール・プロフィット」（と、先生は呼ばれた）[13]をもたらしてくれたこともあった。特に話題を呼んだのは、ガルブレイスの「不確実性の時代」であり、四十万部を超える意外なベストセラーとなったので、当時先生が会長をしておられた国際経済学協会（ＩＥＡ）に応分の寄付をするとか、「不確実性の時代に生きて」という主題の懸賞論文を募集してその賞金に当てるとか、まったく予想を超えた体験もできたのである。

「都留・背広ゼミ」の五十七年という希有の長い歴史を振り返ってみて、都留先生がこの「背広

ガルブレイス教授を囲んで。左より大友敏一、平木俊一、土志田征一、石川通達、都留重人、大場康正、背中向きは塚本文一（1978 年 10 月 9 日、経団連ホール）

ゼミ」にたいして、どうしてこんなにもご尽力いただいたのだろうか、という問に直接答えていただく機会を失ってしまった今、その答えを少しでも見付けたいと試みてみたのが如上の拙文であるが、とても十分な答えとは思えない。ただ「背広ゼミ」から見た先生は、偉大な学者、研究者であるとともに極めてすぐれた「教育者」としての面もお持ちだったことは確かめられたと思っている。

最後になってしまったが、この「背広ゼミ」の長寿は、都留先生の奥様、正子夫人のたいへんなご厚意とお心くばりにも支えられて来たものであった。冒頭に述べたようにこのゼミは一九四八年に都留先生のご自宅で始まった。それから一九九二年にご自宅の新築工事のために南青山へ一時転居されるまで、実に四十四年にわたって、毎月二回、先生のご自宅で開かれたのだが、毎回リポート前にウィスキーで咽を潤す時の奥様ご手製のお摘みから、自由談義に入ってからの紅茶とケーキのおもてなしに至るまで、時には十数名のメンバーがたいへんなお心くばりをいただいたのであって、またそれが、このゼミの厳しい中にも暖かい家庭的な雰囲気を醸し出して、ゼミをいっそう魅力的なものとし、このような長寿の大きな要素ともなったのである。改めて深い感謝の意を表したい。

奥様のまさにプロ級のピアノにはとても及びもつかないながらも、多少楽器を嗜むゼミのメンバーも居て、ひそかに「ホーム・コンサート」の実現を期してもいたのだが、それも夢に終ってしまった。

都留重人先生、正子夫人、長い間本当にありがとうございました。

〔注〕

(1) 都留重人『市場には心がない』岩波書店、二〇〇六年、の第Ⅰ部、第Ⅱ部の草稿。

(2) ポール・サムエルソンが二〇〇五年に九十歳の誕生日を迎えるに当たって、一国一名ずつの寄稿者に依頼して記念論集を出すこととなり、都留先生も早速に寄稿されたので、この本を「背広ゼミ」で共同翻訳しようと楽しみにしておられたが、この本の出版を待たずして、先生は逝去された。

(3) 「都留・背広ゼミ」テキストおよび翻訳書一覧1。

(4) 前同10。

(5) 前同52。

(6) 都留重人『いくつもの岐路を回顧して』岩波書店、二〇〇一年、二七一頁。なお、この共訳出版はその後さらに一冊増えて合計十八冊となった(「都留・背広ゼミ」テキストおよび翻訳書一覧54)。

（7）都留・背広ゼミ編『背広ゼミ小史』、一九八一年、一頁。
（8）前同、八頁。
（9）「都留・背広ゼミ」テキストおよび翻訳書一覧5。
（10）前同10。
（11）前同17。
（12）前同13。
（13）前同25。

「都留・背広ゼミ」テキストおよび翻訳書一覧

1 Seimour E. Harris ed., *The New Economics*, 1947.
2 R. F. Harrod, *Towards a Dynamic Economics*, 1948.
3 T. Wilson and P. W. S. Andrews eds., *Oxford Studies*, 1951.
4 Bent Hansen, *A Study in the Theory of Inflation*, 1951.
5 P. A. Samuelson, *Economics*, second edition, 1951.
6 J. Tinbergen, *International Economic Integration*, 1945.
7 M. Kalecki, *Theory of Economic Dynamics*, 1954.
8 G. Myrdal, *Economic Theory and Underdeveloped Regions*, 1957.
9 D. MacDougall, *The World Dollar Problems*, 1957.
10 G. Ackley, *Macroeconomic Theory*, 1961. 都留重人監訳『マクロ経済学の理論』岩波書店、（Ⅰ）一九六四年、（Ⅱ）一九六五年、（Ⅲ）一九六九年。

11 A. H. Hansen, *The Dollar and the International Monetary System*, 1965.

12 H. G. Johnson, *U. S. Economic Policy towards the Developed Countries*, 1965.

13 E. J. Mishan, *Growth: the Price We Pay*, 1969. 都留重人監訳『経済成長の代価』岩波書店、一九七一年。

14 K. K. Kurihara, *The Growth Potential of Japanese Economy*, 1971.

15 B. Gold, *Explorations in Managerial Economics*, 1971.

16 J. K. Galbraith, *Economics and the Public Purpose*, 1973.

17 E. Schumacher, *Small is Beautiful*, 1975.

18 J. K. Galbraith, *Money—Whence It Came, Where It Went*, 1975. 都留重人監訳『マネー　その歴史と展開』TBSブリタニカ、一九七六年。

19 Paul Streeten, "Policies towards Multinationals," *World Development*, June 1975.

20 Johan Galtung, *Alternative Life Styles in Rich Countries*, 1975.

21 Harry Magdoff, Capital, Technology, and Development. (*Monthly Review*, January 1976.)

22 James S. Hanson, Transfer Pricing in the Multinational Corporation: A Critical Appraisal. (*Wolrd Development*, 1975.)

23 Hugh Patrick and Henry Rosovsky ed., *Asia's New Giants*, 1976.

24 Fred Hirsch, *Social Limits to Growth*, 1976. 都留重人監訳『成長の社会的限界』日本経済新聞社、一九八〇年。

25 J. K. Galbraith, *The Age of Uncertainty*, 1977. 都留重人監訳『不確実性の時代』TBSブリタニカ、一九七八年。

26 Kurt Dopfer ed., *Economics in the Future*, 1976. 都留重人監訳『これからの経済学』岩波書店、一九七八年。

27 J. K. Galbraith, *The Nature of Mass Poverty*, 1979. 都留重人監訳『大衆的貧困の本質』ＴＢＳブリタニカ、一九七九年。

28 Wassily Leontief and Herbert Stein, *The Economic System in an Age of Discontinuity—Long-Range Planning or Market Reliance?*, 1976.

29 Fred Hirsch and John H. Goldthorpe eds., *The Political Economy of Inflation*, 1978. 都留重人監訳『インフレーションの政治経済学』日本経済新聞社、一九八二年。

30 Jeremy Rifkin, *Entropy*, 1980.

31 P. A. Samuelson, *Economics from the Heart*, 1983. 都留重人監訳『心で語る経済学』ダイヤモンド社、一九八四年。

32 L. A. Tavis ed., *Multinational Managers and Poverty in the Third World*, 1982.

33 G. Crough and T. Wheelwright, *Australia: A Client State*, 1982. 都留重人監訳『オーストラリア―今や従属国家』勁草書房、一九八七年。

34 N. Macrae, *The 2025 Report: A Concise History of The Future 1975-2025*, 1984.

35 E. J. Mishan, *Economic Myths and Mythology of Economics*, 1986.

36 P. F. Drucker, The Changed World Economy, *Foreign Affairs*, 1986.

37 S. B. Linder, *The Pacific Century Economic and Political Consequences of Asian-Pacific Dynamism*, 1986.

38 E. J. Lincoln, *Japan Facing Economic Maturity*, 1988.

39 B. M. Friedman, *Day of Reckoning: The Consequences of American Economic Policy under Reagan and After*, 1988.
40 A. David and T. Wheelwright, *The Third Wave: Australia and Asian Capitalism*, 1989. 都留重人監訳『日豪摩擦の新時代』勁草書房、一九九〇年。
41 S. Tsuru, *Japan's Capitalism: Creative Defeat and Beyond*, 1993. 渡辺敏・石川通達訳『日本の資本主義 創造的敗北とその後』岩波書店、一九九五年。
42 D. L. Commons, *Tender Offer, The Sneak Attack in Corporate Takeovers*, 1985.
43 Arthur M. Schlesinger, Jr., *The Disuniting of America—Reflections on a Multicultural Society*, 1991. 都留重人監訳『アメリカの分裂——多元文化社会についての所見』岩波書店、一九九二年。
44 Ignacy Sachs, *Transition Strategies towards the 21st Century*, 1993. 都留重人監訳『健全な地球のために——21世紀へ向けての移行の戦略』サイマル出版会、一九九四年。
45 M. Szenberg ed., *Eminent Economists: Their Life Philosophies*, 1992. 都留重人監訳『現代経済学の巨星 自らが語る人生哲学』(上)(下)、岩波書店、一九九四年。
46 R. Eisner, *The Misunderstood Economy*, 1994. 都留重人監訳『経済の誤解を解く』日本経済新聞社、一九九五年。
47 Wu Jing-lian, *China's Market Economy*, 1992.
48 A. P. Carter ed., *Technology, Employment and the Distribution of Income; Leontief at 90*, 1996.
49 R. Eisner, *The Great Deficit Scares—The Federal Budget, Trade, and Social Security*, 1997.
50 R. G. Rajan, "Do We Still Need Commercial Banks ?," *NBER Reporter*, 1998.
51 S. Tsuru, *The Political Economy of the Environment*, 1999.

52 Joseph L. Sax, *Playing Darts with a Rembrandt—Public and Private Rights in Cultural Treasures*, 1999. 都留重人監訳『「レンブラント」でダーツ遊びとは——文化的遺産と公の権利』岩波書店、二〇〇一年。

53 Ronald Dore, *Stock Market Capitalism: Welfare Capitalism—Japan and Germany versus the Anglo-Saxons*, 2000.

54 J. K. Galbraith, *The Economics of Innocent Fraud—Truth for Our Time*, 2004. 都留重人監訳『経済学が気付かずして犯す欺瞞性——今日の時代のための真理』（私家版）、二〇〇四年。

55 都留重人『戦後日本のインフレーション』一九四九年。

56 笠信太郎『〝花見酒〟の経済』朝日新聞社、一九六二年。

57 宮崎義一『複合不況——ポストバブルの処方箋を求めて』中央公論社、一九九二年。

58 田中直毅『最後の10年——日本経済の構想』日本経済新聞社、一九九二年。

59 速水優『円が尊敬される日』東洋経済新報社、一九九五年。

60 加野忠『金融再編』文藝春秋社、一九九九年。

61 都留重人『21世紀日本への期待』岩波書店、二〇〇一年。

62 都留重人『体制変革の展望』新日本出版社、二〇〇三年。

63 都留重人「孫の世代と内外世情を語る」（遺著『市場には心がない——成長なくて改革をこそ』岩波書店、二〇〇六年、第Ⅰ部、第Ⅱ部の草稿）。

都留重人、ただ一人の私の先生

（話し手）鶴見　俊輔
（聞き手）尾高煌之助
西沢　保

一　都留さんとの出会い

鶴見　初めに、都留さんとのつながりというのは長いんですよね。一九三八年の一月からなんですよ。それから亡くなられるまで続いてるわけですから。なぜ都留さんが私にとってただ一人の先生だったか。これは三八年から去年（二〇〇六）まで続くわけですから、割合に日本の現代史ではそういうことが少ないと思うんですよ。

それはなぜかと言うと、私がメキシコで教えていたときに、同僚だったキングさんという人が話してくれたんですが、その人は台湾から来たんです。彼のお父さんは台湾に大陸から来たわけです。ですから大陸でそのお父さんは日本人とずっと交渉も持っていた。そして移ってきたわけで。で、息子にこういうことを言った。「日本人はどんなによくても、殊に知識人は信用してはいけない。国の政策が変われば、クルッとそれに同調して変わるから。」それを親父の遺訓として彼はずうっと持ってるわけですよ。

私はそれを聞いて、なるほどと思った。日本の知識人の定義としてぴったり。私は日本の知識人に対してそういう偏見を持ってます。もともと持ってたんです。で、そのキング教授が言うのは当たってると思ったんですよ。そういう偏見を私は日本の知識人に対して本来持ってます。

ところが都留重人という人は、一五歳のときに私が初めて会ってから死ぬまで、全くその範疇の外にいる人なんです。一五からほぼ七〇年、そのカテゴリーに入ったことがないんですよ。

尾高　なるほど。

鶴見　このことは私が都留さん一人を先生としているという理由なんです。ほかの人はみんなキングさんの言う条件をぴったり満たしている。都留さんはそれを満たしたことがないんです。

初めて会ったのは一九三八年の一月。何時だったかはっきり記憶はないんですけども。

私の後見人は、アーサー・シュレージンガー・シニア、親父のほうなんです。なぜ後見人かと言うと、それはビアードの紹介なんですよ。つまり、ビアードが私の祖父（＝後藤新平）に招かれて東京に来たでしょう。恐らくビアードを推薦したのは私の親父だと思うんですけどね。私のじいさんというのは英語ができなかったから。わずかにドイツ語を解した。どのぐらいかわかりませんけどね。

東京市を考えるときには、市政の専門家でチャールズ・A・ビアードという人がいる。これを親父は知ってたんですよね。この人を呼ぶのがいい。これはタマニーホールの研究をやっていて、ニューヨーク市の腐敗をきちんと考えて、腐敗から自由なニューヨークの道を開いた人です。東京市も同じような腐敗が起こり得るし、もう起こったのかもしれないんですが、それから自由な道を設計してくれる人だ

1941年9月16日
（前列左より、都留重人、須之部量三、鶴見俊輔、後列左より、都留夫人、本城（東郷）文彦、西堀正弘）

と。

そこで、震災前の最初の東京市長に後藤新平がなったときですが、ビアードに来てくれという招請状を出したんですね。そしたらビアードは条件を一つつけたんです。金をもらいたくないと。旅費以外は何にも金は要らないと。つまり金をもらうことで腐敗が起こるんだと。

尾高　なるほど。

鶴見　その条件を満たして、ビアードを東京市に後藤新平が呼んだんですね。呼んだときに横浜にちゃんと迎えに行くんだけど、親父は気をきかせて、横浜からの自動車にビアードと後藤新平だけを乗せちゃったんですよ。そしたらビアードだったらドイツ語がいくらかできるだろうし、何とか話をするだろうと思って、親父は乗らないで別に来たんですが、いくらか話をしたんでしょう。しかし東京に戻ってからは、いつでも親父が通訳してたわけですね。

話は飛びますが、ビアードが、「自分の若い友人が、一年大学を休んで世界漫遊の旅に出て日本にも来るから、彼の世話を引き受けてやってくれ」と言

1957年、アーサー・シュレージンガー・シニアと

って、私の親父に手紙をくれた。そこでシュレージンガー・シニアが一家を連れて世界旅行に来る。息子アーサー・シュレージンガー・ジュニアを連れて。（日本で翻訳されてるのは大体ジュニアですね。）それで付き合いが生じた。

シュレージンガー一家の旅行は何年か確定はできませんが、ほぼ戦争にかかってたところだと思うんですよ。彼は日本でいろんな人に会うんですが、近衛文麿に会いますね。近衛は自分の息子の留学についての相談もシュレージンガーにかけるんです。どういう子供かというのを聞いていて、シュレージンガーはそのときに「プリンストンがいい」と勧めるんです。で、息子文隆は、やがてプリンストンへ行きます。プリンストンで彼は大きな業績を上げるんですが、それはスポーツのほうなんですよ。特に彼はゴルフがうまいんです。プリンストンでゴルフのキャプテンだったと思いますよ。だからゴルフではものすごい成績。しかし学業のほうは落第が続いて、嫌になっちゃって、文隆は途中で日本に帰ってきちゃうんです。それは大変不幸なことで。総理大臣の秘書になるんですけども。英語はできるでしょう。だけど兵隊にとられますね。で、シベリアで死にます。何かこれは芝居になってるんですね。総理大臣の息子だから、かえってソヴィエトで虐待されたんでしょう。

私の親父は、シュレージンガーに同じ質問を出すんです。自分の子供をアメリカに留学させたいから、自分の子供の性格とかそういうことをシュレージンガーに説明するんですね。親父は大衆小説と同じように誇大に説明するほうなので、シュレージンガーは「そういう子供なら、近衛の息子にはプリンストンを勧めたけども、あなたの子供にはハーヴァードを勧めたい」と。彼はハーヴァードの教授なんですよ。

親父がどういうふうに説明したか、大体想像つくんですが、私は小学校のビリから六番で出るほどの不良少年なんですよ。ビリから六番というのは全然誇大でもない、嘘じゃないんです。ほかの人を例にとるとわかるんですけども、永井道雄は同級生で二番です。嶋中鵬二は一〇番ぐらいです。男は二一人しかいないんですから、ビリから六番というのは二一人の中のビリから六番ですよ。なかなかビリにはなれないんです。

同時に、私は小学校を出る前にほぼ一万冊の本を読んでました。それは一日に四冊必ず読むわけですから、単純に算術計算でそのようになるんです。読んでた本というのは『宮本武蔵』とか『梁川庄八』とかそういう本ですよ。だから本を読むのは大変速いです。まあ、そういう子供なんですよ。

二歳、三歳から猛烈に本を読んだ。だから小学校卒業の頃にはほぼ一万冊。算術計算で確実。そういう人間。だから成績は悪いですよ。だけど、親父から見て、「(親父の) 大衆小説の技法から言えば、自分の息子はこういう人間だ」と言ったら、シュレージンガーは私に会ったことがないから、「ああ、そういう人間だったらハーヴァードが向く」と。

尾高 プリンストンよりはハーヴァードがいいということですか。

鶴見 そう。プリンストンはやっぱり遊び上手な人に。

尾高　ああ、そうなんですか。

鶴見　プリンストンにまだアドバンスド・スタディーズがなかった。それはアインシュタインもいないころですよ。結局ハーヴァードというのはそういうことが物を言うところなんです。

ですから私に国債をつけてアメリカに送るというのは、親父がもう窮余の一策で。つまり不良少年に対する彼の処置だったんです。

だけど、実際にはカレッジボードという大学入学試験がありますからね。それで一九三九年の六月に入るんです。その前に私は、一年ほどプレパラトリー・スクールで英語だけはちゃんと物にしてるんですが。

尾高　それは日本で？

鶴見　いや、米国マサチューセッツ州のコンコードです。それからカレッジボードで入学試験を受けてハーヴァードへ入るんですよ。

尾高　そこで都留先生にお会いになった。

鶴見　で、ハーヴァード入ることになったから、三八年に親父が私をアメリカへ初めて連れていったときに、シュレージンガーに預けるんです。シュレージンガーは「自分の息子の同級生でものすごくできる日本人がいる。紹介しよう」と言うので、そのものすごくできる同級生が暮らしているアダムス・ハウスの食堂に私を連れていくんです。で、シュレージンガーと都留さんと私と三人で会うわけ。それが初対面です。

そのとき都留さんは幾つかと言うと二六歳なんですね。私が一五歳なんです。一九二二年六月生まれですから。だから都留さんと私との年齢差は一一歳です。この関係が都留さんが死ぬまで、やっぱり人間関係として、何か作法として続いちゃうんですよ。都留さんは私のただ一人の先生ですから。都留さんは経済学者で、私は偶然後の経歴から言って哲学科の学生になるということを飛び越えちゃう。

日本の学界の常識から言えば、経済学科の教授の弟子は経済学科の学生。だから、都留さんに対して私が師弟関係をほぼ七十年持ってるということは理解できないし、全然そういうことを考えないでしょうね。だけど、実はそうなんです。そういうふうに確定してるわけ。
都留さんはそのころ大学院の学生で、細入藤太郎と一緒にアパートに住んでた。これは立教の教授で、もう死にましたが。

尾高 そうですね。立教の英語の先生におなりになりましたね。

鶴見 そうです。これはトマス・ウルフの研究者です。そこに呼んでくれたんですよ。都留さんが自分で飯をつくって呼んでくれたの。
「君はかしわを食べるかね」と聞かれたのを覚えてる。「かしわ」というのは名古屋の方言でしょう。私は東京育ちだから「かしわ」と言われるとわからなかったのを覚えてるね。だけど名古屋だったら鶏の肉というのを「かしわ」と言うでしょう。で、「食べます」と言って行ったら、かしわの水炊き、鶏の水炊きがあったんだ、都留さんと細入さんが用意したのは。それを都留さんのアパートで食べたのを覚えてますよ。

尾高 二人は自炊をしていらしたんですね。

鶴見 ええ。そのときはアダムス・ハウスを出て、院生として細入さんと一緒にいたんだ。そのときにポッと都留さんが聞くんですよ。「君は佐野碩の従弟だろ」と言った。「そうです」と言った。
そのとき都留さんが話をしてくれた。「僕が日本で捕まったとき、名古屋の高校で捕まった。反帝同盟のビラをまいた。捕まえた警官が僕にお説教をするんだ」と言うの。「こんなに簡単に捕まっちゃだめだ」と言われた。「佐野碩だったら、そこの公衆便所に入って、出てくるときはもう女になって出てくるんだぞ」と。これはもう都留さんの耳に残っちゃったらしいんだね。そういう人間がいたんだ、と非常に敬意を持ってるわけよ。
私が会った段階では、佐野碩はロシアへ行って、ロシアからスターリンに追放されて。演出家メイエルホリドの助手だったんですよ。メイエルホリドは粛清されて殺された。
スターリンは碩のじいさんに会ったことがある。つまり日露国交の準備に、後藤新平は晩年ロシアへ行ってスターリンに会いますね。そういうことを覚えてるんですよ、家系や何かを。だから、佐野碩と土方与志は殺さなかったんです。国外追放にした。

そのとき、土方与志は妻君と一緒に日本に帰ってきてすぐに捕まった。牢屋ですね。だけど碩は日本に帰らなかったんです。彼はアメリカに入ろうと思ってエリス島で捕まっちゃったんですね。エリス島からアメリカ国内へ入ることは許されるんだけども、長期の無期限滞在を許さなかった。彼はエリス島から私の親父（私はそのとき親父と一緒にいるんですが）に、ホテルピエールまで電話をかけてくるんですよ。碩はもう何年も前に日本から離れてるから、親父を大正時代の親父として覚えてるんですよ。「ウィルソン」と言ってる時代。「これからは人民戦線であなたのような自由主義者と一緒にやっていきましょう」と、碩は電話をかけてくるんですよ。しかし、残念ながら親父は、もう別の人間ですよ。

考えてみると、私は碩がかわいそうだ。だけど碩がその後どうなったかと言うと、じゃあメキシコに行こうと考えるんですよ。貨物船に乗ってメキシコに行く。メキシコでまた日本領事館に邪魔されるんですよ。だけど碩がそれを越えて、大統領のラサロ・カルデナスに手紙を書くんです。カルデナスは人民戦線に理解があって、人民戦線で亡命者を引き受けて、エル・コレヒオという大学をつくるくらいですからね。碩の訴えを認めて入国を認めるんです。碩はそこでメキシコ演劇の父になるんですけどね。日本に生涯帰らなかった。

そういうことはそのとき、一九三八年の都留さんの耳にどのぐらい入っていたかは知りませんよ。しかし少なくとも佐野姓を名乗る中で、ただ一人の非転向者であるということは耳に入っている。あとは佐野学、これは共産党の委員長でしょう。それからもう一人は佐野博、これもまた青年同盟のほうの長ですよ。佐野文夫、これも委員長だった。みんな転向してます。だけど碩の転向のことは聞いてないから、都留さんは知ってたと思う。だから都留さんが私に「君は佐野碩の従弟だろ」と言ったときに、（碩はそのときにメキシコで生きてたんですよ）敬意を持って言ってるんだよ。私は「そうです。」ということで、都留さんと私のつながりは佐野碩だったと思いますね。私の親父ではないし、私のじいさんでもありません。

二　ハーヴァードにおける都留さんの「名声」

鶴見　それが都留さんとの最初の出会いですね。そのとき都留さんはハーヴァードで名声を持ってた人なんですよ。どうして名声を持つかと不思議に思うかもしれないんですけども。

都留さんは、ウィスコンシンを通して入ってきましたね。

尾高　はい。

鶴見　最初は経済学じゃないんですよ。まずマルクス主義の系統があって、そして哲学者のマックス・オットーに接触しているんです。それからそのときに妙なことで、経済学者のホワイト、っていましたよね。

尾高　はい。

鶴見　ホワイトと接触したのもウィスコンシンだったと思うんです。だからものすごくいい人間とぶつかってるんですよ。都留さんができるから向こうも注目したんでしょうね。それから、ハーヴァードへ来て最初に接触したのはハドリー・キャントリルなんですよ。『社会運動の心理学』(南博他訳、岩波現代叢書) の。キャントリルと都留さんは共同署名で論文を書いてますよ。これは都留さんが英語で書いた最初の論文です。その論文自身の名前は、「オブ・ミーニング」。

尾高　そうですね、「ミーニング・オブ・ミーニング」(1)。

鶴見　これはよく引用されてるんですよ。モリスの『サインズ・ラングウェジ・アンド・ビヘイビア』(C. Morris, *Signs, Language, and Behavior*) を見ても、文献のところへちゃんと「ツル」で入ってます。だから国際的に引用されている論文です。内容はどういうのかと言うと、都留さんはセットをつくったんですね。「やわい」「かたい」というセットなんだ。どっちがそれに属するかというテストをハーヴァードでやったんです。ほぼ統計的に正確。というのは、音韻から言って、意味というのはその言語を越える射程を持ってるんじゃないかという仮説を都留さんはそこから出した。このとき統計をつくったりいろんなことがあるから、協力者がハドリー・キャントリル。この人は火星人のうわさがあって死傷者を出した事件のときに、すぐに『火星からの侵入』という有名な本を書いた。これは社会心理学の書。私がいたころまだ社会心理学の教授だった。都留さんと合作したころはどういう身分だったか知りませんが、助手以上だったことは確かですね。

そういうことで、都留さんの実力が学部のバリアを越えて広がるんですよ。とにかく、アメリカ人の学生に比べて数学ができるんですね。それからマルクス主義をドイツ語で読んでるから『資本論』に通じてるんですよ。それでマルクスがかった人間と話をするときに、びっくりさせる。その中にスウィージーもいるんです。

尾高 ああ、そういうことでしたか。

鶴見 スウィージーがびっくりするんですよ。そういうふうに都留さんは、三年生で転校してから大学院生のレベルで大変な名声を得ているんです。ですから、シュレージンガーの息子ジュニアは、アメリカ史の学生なんですが、彼のところにも名声は届くんですよ。都留さんは、インターディシプリナリーに名声を持った学生だった。だから、院生になるとそれはハーヴァードにもう四、五年いるわけですから、断然有名な人になってる。

七〇年都留さんを知ってるんですが、日本に帰ってきてからの都留さんは何となく不当な扱いを受けてきたというのが私の正直な感じですね。ハーヴァードの院生から助手、講師になったときの都留さんのあの名声には、日本に帰ってからは及びもつかない。

日本だったらどういうふうに見るかと言うと、戦後、安本副長官をやめたすぐ後のこと都留さんを私が偶然訪問したとき、一遍怒ってたことがあったよ。出版社が来たんだって。それは、全集を出したいと話をしてたらね、「今出さなきゃだめです」と言うの。三〇代で副大臣になった名声のある人でしょう。だから全集を出せば売れると。その言い方が都留さんは気に食わなかったんだよ。今でなきゃだめだというそのやり方。私もそれを聞いて、ああ、編集者は、都留さんを「今の人」だと思ってると。

初めは、アメリカへ行ったときの院生として知ってたわけ。助手として、また後は講師として都留さんがどう評価されてるかを見てたら、ああ、日本に来てから全然評価されてないよ、嫌な感じというかね。私は都留さんが怒るのは無理ないと思った。だって、ハーヴァードの院生の中にいたら、歴史学であれ、心理学であれ、経済学であれ、「都留」って言ったら知ってたんだから。

尾高 今のお話を聞いて、都留先生がハーヴァードで学生の間で非常に有名な方であったということが、僕も初めてわかりました。

鶴見 だから、シュレージンガーが「自分の息子の同級生で、ものすごくできる日本人がいるから紹介したい」と言ったのは当たり前なんですよ。ノーマンとの付き合いも、もちろんそれで当然できるでしょう。ノーマンはカナダ人だけど、ハーヴァードでPhDを取った。

尾高 はい。

鶴見 いろんな付き合いがそこで生じるんです。戦争が終わったときも、あれは何と言ったっけね。高度からずうっと日本を撮影してた爆撃降下団の人間が都留さんを訪れてくるでしょう、敗戦から数日たって。

西沢 はい。戦略爆撃調査団ですね。

鶴見 そう。かなり有名な経済学者なんだ。これも都留さんが三〇年代の終わりに持っていた名声を考えれば、そこまで行くのは当然なんだ。

西沢 経済学者のバランですね。

尾高 後のスタンフォードの先生ですね。

鶴見 バランはかなり名前のある経済学者でしょう。それが訪ねてくるんですよ。

だから、私のように一五歳から見てる者にとっては、日本に戻ってきてから不遇だね。副大臣になるってことは、実は都留さんにとって大したことじゃないんだよ。

西沢 さっきのお話ですと、都留先生は数学ができて、それから『資本論』をお教えになった。

鶴見 そう、しかも『資本論』をドイツ語で読んでるんだよ。

西沢 それは、当時のハーヴァードの学生の間に、割合マルクス経済学が……。

鶴見 スウィージーみたいなのがいたわけ。スウィージーは兄弟なんだよ。兄貴(Alan Sweezy)のほうは、マルクス主義のゆえにハーヴァードを追われたの。それは、スウィージー＝ウォルシュ・ケースと言うの。そしてウォルシュ(J. Raymond Walsh)はやっぱり一緒に追っ払われていった。

尾高 大学が追っ払ったんですか。

鶴見 そうです。そしてそれは思想差別だと言って大学の中で反対が大変起こったの。それは、ハーヴァードの歴史の中にも出てきますよ。

さて、元に戻ると、都留さんの友達であるスウィージーは、弟です。その弟は思い出に書いてますね。資本論について正確な理解を持っている学生がここへ出てきたので驚いた、と書いてるでしょう。スウィージーの最初の著書『資本主義発展の理論』の付録に都留論文というのが入ってますね(2)。

西沢 都留先生と三〇年代のハーヴァードと言うときに、経済学者が出てくることが多いんですが、シュレージンガーは歴史家ですね、これはどういう意味を持っているんでしょうか。

鶴見 都留さんは息子のほうを最初に知った。息子が三年生で同級だったんじゃないかな。その息子はものすごくできるんですよ。出るときも、最高優等賞スマ・クム・ラウディだったと思う。

ハーヴァードは千人一クラスですからね、トップというのは五〇人以内なんですよ。それがスマ・クム・ラウディ。都留さんは百人以内ですよ。だから都留さんの卒業成績というのは、三年編入であるにもかかわらず、マグナ・クム・ラウディです。スマ・クム・ラウディ、マグナ・クム・ラウディ、その次は普通のクム・ラウディなんですよ。そこまでが優等生なので、大体千人のうち四百人ぐらいは優等なんですよ。

都留さんは三年編入でしょう。二年しかいないうちにマグナ・クム・ラウディで出たんだから、もう大学生のうちに大変な名声を持つ、できる学生なんですよ。で、同級生のアーサー・シュレージンガー・ジュニアと友達になるんですよ。

そのころは「ニュー・ディール」の初期ですから、シュレージンガーの家は親父も息子も「ニュー・ディール」に対するシンパシーを持ってます。「ニュー・ディール」のブレーンの中にスウィージーがいるんです。

尾高 ああ、そうなんですか。

鶴見 ルーズベルトは、彼自身は金持ちの子なんだけども、危機を乗り越えるため、不況を越えるために、アイデアのイデオロギーの出自を問わないというのがルーズベルトの考えなんですよ。ですからマルクス主義であるとか何とかいうのはもう問わない。その前のサッコ＝ヴァンゼッティの時代からもう時代は一変したんですよ。

だから、アーサー・シュレージンガー・ジュニアと都留さんは親しくなる。息子と話してみて、ものすごい、できる学生が自分のクラスにいるということが親父まで届く。で、シュレージンガー・シニア、親父のほうは、都留さんは初めは息子の同級生の友達であり、私はビアードの紹介というつてで入ってくるわけ。私にこのできる日本人学生を紹介したいと言うわけ。それがアダムス・ハウスの出会い。

三　コミンテルン・テーゼと都留さん

尾高 鶴見さんが都留先生を唯一の先生とおっしゃるその先生という意味は、どういうところにあるんでしょうか。

鶴見 私は都留さんの講義を聞いたことがない。私は経済学の学生ではない。だから先生というのは、メキシコであった台湾出身のキングが定義した意味で、七〇年間決して私の考えてる未来というものを裏切ることはなかった。七〇年間というのは、日本と世界の歴史を見れば、その変動の中で言えば大変珍しいことなんですよ。

初期に、私は都留さんと皇室について話したことがあるんだよね。私は「皇室が財産を投げ捨てれば、それでいいんじゃないか」と言ったんですよ。そしたら都留さんは同調したんだよ。つまり皇室が持ってる山林、膨大な財産というものを、はっきり捨てるという声明をすれば、別に追及しなくてもいい。ロシアのやり方のように天皇一家を殺してしまうなんてことを都留さんは考えてなかったね。

そのときに考えてみると、都留さんはソビエトロシアのコミンテルンの思想からはっきり離れてると思った。どこで離れたかは私は確定できません。これはとても重要なことです。伝記としたら推定する必要があると思います。

そのとき都留さんは、「近衛の系統で西園寺公一というのは面白いよ」と言った。ゾルゲ事件にひっかかる前に、西園寺公一は割合に自由に動いていたらしいね。だから尾崎は近づけたんだ。だから、「西園寺一族の中に面白い人間がいるよ」と言った。

都留さんの考え方というものは、コミンテルンのテーゼを信奉する立場ではなかったね。いつからその立場をとるようになったか。

私は、推定でしかないんですよ。あるとき都留さんに、私が自分で調べた熊沢光子の話をしたら、都留さんの顔色が変わったね。大変に衝撃を受けていた。熊沢光子を知っているんだ。名古屋の同時代で活動をしている同じ年配の若い女です。彼女は、共産党による組み合わせでハウス・キーパーになった。組み合わされた相手がスパイだったんだ。それがばれて査問にかかって、彼女は恥じて自殺した。とても大変な事件ですよ。

都留さんは、同じときにビラをまいて駆け回っていて、熊沢光子の自殺に大変な衝撃を受けた。牢屋に一遍入ってるでしょう。出たときに高校の学籍を消されてるんだよ。

都留さんのお父さんというのは、左翼でも何でもないんだけど、合理主義者なんだよ。裁判も何にもないのに息子の籍を消すとは何だと、高校に対して大変に怒ったんだよ。で、親族会議を開いて、金をやって、都留家からは離してアメリカ留学を決めるんです。だから都留さんの姉さんの旦那さんが都留家の跡取りですね。

その段階で、都留さんは熊沢光子のことを知ってた。だから衝撃を受けたと思う。これは、私が都留さんから聞いたことじゃありませんよ。ただ熊沢光子の話をしたら顔色が変わったから、あ、知ってるんだなと思った。

熊沢光子の話は、『幻の塔』という本があって、これは山下智恵子が書いている。名古屋から出版されて、非常にいい本です。日本共産党はこの本にこたえることができない。この問題はやっぱり伝記の上でとっても重要なので、私はむしろ調べてほしいね。もちろん『幻の塔』は読んでほしい。非常にいい本です。

この種類のことは随分いろんなところであったらしいね。党の命令で誰かと合わされちゃって、しかもそれがスパイだったというケースは一つならずある。だけど、その『幻の塔』は名古屋で起こった事件だから、若い十八、九の都留さんの同時代に起こった事件です。これは共産党に対する都留さんのスタンスのとり方を決定したんじゃないかと、これは私の推定ですよ。

そのもとの原本をぜひ読んでほしい。これは同時代の人間として埴谷［雄高］にも影響を与えているし、平野謙にも影響を与えている。ほとんど近代文学という流派の成立の根拠になっている。都留さんも同じ時代の根を共有しているんですよ。

尾高 今、熊沢光子の話を聞かれて都留先生の顔色が変わったとおっしゃったんですが、それはいつごろのことでしょうか。

鶴見 随分後です。都留さんに会ってるのは、戦後で言えば『アメリカ思想史』四巻をつくったときに何度もと、その後で言えば朝日の書評委員会、これも一〇年。それから大佛賞の委員を一緒にやったでしょう。こういうので会ってる。その中のどれかだな。だから随分後です。

はっきりと都留さんの中にナイーブな記憶が残ってるという感じだったな。それがどういうふうに都留さんの中で作用したかはわからない。だけど、共産党と都留さんとの関係をその後ずっと見てみると、あのナイーブな記憶が働いていたと思う。

同時に都留さんは、ああ、この人はコミンテルンのテーゼなんかに縛られてないという感じがあったね。だから西園寺公一なんかとやっぱり気分が合ったんだね。あれは、翼賛会というものを、ある仕方でいいようにしたかったんだよ。日中事変を止めたかったし。その中心には風見章がいて、委員会の中に尾崎秀実も入ってる。その斡旋をしたのは西園寺公一だった。そういう空気が都留さんの中にあるね。

西沢 それは、ハーヴァードで都留先生と話したときの……。

鶴見 そう。そのコミンテルンのテーゼというものは、私はハーヴァードの学生だったときに知ってますね。これからはもう離れてる人で自由に考えてるなと。むしろ皇室なんか残したって構わない、経済的な締め上げと、経済的なブルジョワの支配から離れれば。

というのは、もう都留さんはそのときに「ニュー・ディール」の影響を受けてるんじゃないかな。ルーズベルトは金持ちの息子です。それはもう彼自身がそれを問わないんだもん。マルキストだって何だって構わない。やっぱりそこは、アメリカへ行ってからの都留さんの考え方が、殊にハーヴァードへ行ってから付き合いも、シュレージンガー・ジュニアとかキャントリルとか……。

都留さんは、クワインもよく知ってたな。クワインというのは私のチューターになった人で、ずぬけた記号論理学者なんですよ。クワインはそのころハーヴァードの組合の書記長。左翼的だったんだよ。割合に都留さんはクワインのことをよく言ってたな。それからノーマンでしょう、みんなその手の仲間じゃない。つまりリベラル左派で、マルクス主義というものから栄養を十分にとると、そういう立場。

四　歴史学ならびに哲学と都留さん

西沢 ノーマンはハーヴァードでＰｈＤを取ろうとしたのですね。

鶴見 ノーマンの話に移りましょう。ノーマンはカナダ人で、英国のケンブリッジで学んだ。ほぼ確実と思うのですが、ケンブリッジのときの仲間がカナダで開かれたノーマン・カンファレンスで言ったように、当時ノーマンは共産党のメンバーだった。

西沢 イギリス共産党ですね。

鶴見 詩人のオーデンやスペンダー、みんなそう。そういう時代。

いつノーマンは共産党を抜けたのかがハーバート・ノーマン・カンファレンスで話題になったんですが、ノーマンがカナダ外務省に入ったときはもう抜けていたというのが、ほぼみんなの推定です。ハーバート・ノーマン・カンファレンスは本になって出てるし、手に入るでしょう。その推定は、ノーマンはだから偽証はしてない。カナダ外務省へ入ったときには、もう共産党と関係なくなった、という推定。

ノーマンは宣教師の息子で、日本語は非常に早くから知ってるんだ。しかも、あと講座派の勉強をしてるから、楽々日本語を読めるようになっていた。それだけの知識を持って、IPR（Institute of Pacific Relations)、つまり太平洋問題調査会との関係でハーヴァードでPhDを取ろうとした。そのときのハーヴァードの日本学の先生は、教授はエリセエフ、講師はライシャワー、二人しかいない。

尾高 エリセエフは文化人類学者ですね。

鶴見 エリセエフは日本語はよくできた。だけど経済史なんて竹越与三郎しか読んでなかったという。英語の経済史があるから。ライシャワーは宣教師の息子で、唯物論者ではあるんだ。だけど、マルクス主義は嫌いなんだ。

エリセエフは、金持ちの雑貨店、食料品店の息子でしょう。ドストエフスキーに「エリセエフ」という店の名前が出てるんだ、そういう、本当に富豪の一人なのよ。彼は、最初のロシア革命は支持するんだよ、従軍すると士官になる。だけど第二の赤色革命のほうでは敵に回るわけだね。しばらく捕まってるんだ。それでも、私と話してるときには、赤色ロシアに対する反感をあらわにしなかったね。それは消えていったと思うんだけども。

しかし、ノーマンにとっては、審査員がエリセエフであるということは、ノーマンが読んでるような文献、学術的なものを全然読んでないんだ。ノーマンは講座派なんですよ。だから平野義太郎も読んでるし、羽仁五郎も読んでるんだよ。先生のエリセエフはそういう本を全然読んでないんだから、ただフニャフニャ言って。そら日本語はできるよ。実に嫌な経験をした。

ノーマンが都留さんのところへ行って、ものすごく怒るのよ。あんなものに審査されて、と。

尾高　それは、ＰｈＤ論文の審査ですか。

鶴見　そうそう。それもエリセエフとライシャワーと込みにして怒るんだよ。私は都留さんのところにいると、都留さんはノーマンと一緒になって怒ってるんだよ、エリセエフとライシャワーを。そんな記憶がありますね。

都留さんはノーマン譲りでエリセエフとライシャワー両者に対して大変な反感を持ってた。これは、かなり伝記としては重要なことでしょう。そんな証言をする人は、私以外にいないだろうな。

尾高　都留先生はハーヴァードに「明治維新」という講座があるといいとおっしゃったそうですね。そのことは、ライシャワーさんに対する反感と関係があるんでしょうか。

鶴見　ありません。

それはどういうことかと言うと、私はとにかく不良少年出身ですから、運がよくてハーヴァードに入っちゃったんだ。ものすごく勉強しなきゃならん。そうするとクラスの必読図書というのは大体、昼間はいろんな人が利用するから貸し出ししないのよ。夜の九時半になると持っていっていいんだ。

尾高　一晩貸し出すんですね。

鶴見　だから私は九時半にハーヴァードの校内に入って、それを借り出して出てくる習慣があった。出てきたら、都留さんも暗やみの中から出てきてぶつかっちゃったんだよね。すると都留さんは、「その辺を散歩しよう」と言うんだよ。歩いてたら、「僕は学問の目標を決めるのが非常に遅かった。それを今になって後悔している。君には学問の目標はあるかね」と聞いたんだよ。「そう言われればありますね」と。

私がそのとき自分の中に持ってた問題というのは、後でカルタというものにマテリアライズしたものがある。一〇歳の哲学、一五歳の哲学、二〇歳の哲学、二五歳の哲学というのを切り取って、こうやって一つの作品にしていくことだと。その変形を追う。私はそれを自分の非常に独創的なアイデアと思って、確かにそれは作品にしてるんだけれども、都留さんは余り感銘を受けてなかったみたいなんだ。
とにかく、グルグル回ってるうちに、「ハーヴァードにたくさん講座はあるけど、僕は明治維新という講座があっていいと思ってるよ」と。ロシア革命はある。「ジョン・リード・ソサイエティ」によると、ジョン・リードの最初の仕事は、メキシコ革命に行ったということなんだ。まだ彼はマルキストじゃないんだ。何かそういう背景があるわけでしょう。中国革命の研究もずっとやってるんだ。「明治維新があっていいと思ってるよ」と。だから明治維新というものはそれに値することであって、評価されていない。
都留さんが自分で論文に書いたのは、たしか松方デフレの研究ですよね。多分そういう資料がずっとあって、論文にも書き、セミナーでそれを出してるんだ。そういうものが自然に一つの講座になって、ハーヴァードの数ある講座の中の一つに「明治維新」が入ってもいいと、都留さんは自分の実績から言って自負心を持っていたことは確かだな。
尾高 そのお話は、僕らにとっては非常に新鮮というか、不思議に思えるんですね。戦後の都留先生を見ていますと、歴史家というイメージが全くないんです。
西沢 ドクター論文が、明治以降の日本の景気循環ですね。
鶴見 だけど、『アメリカ思想史』を都留さんが全く一人で指揮をとったんですよ。
尾高 そうですか。
鶴見 あれの事務をやったのは市井三郎なんです。これは日本評論社の中にいたの。あと、雑用をやったのは鶴見良行なんだ。二人とも非常に実力がありますよ。だけど都留さんとアメリカについての学力が違うからね。だから、全く都留さんの指揮のもとで動いてたの。
あれは、日本評論社から四巻、河出からのやつを入れると五巻物なんですよ。あれは、全く初めから都留さんと相談してやったものです。だから都留さんの実績なんですよ。『思想の科学』の中で都留さんがやったまとまった仕事というのは、あれだね。
日本がアメリカにかけていた期待と、政府筋がかけていた期待とどういうふうに違うかということは、そこで見れば面白いですよ。都留さんは、ニュー・ディールの実績をその中で言って、「これはかなりのもので、ごまかしじゃない。」これが、日本のマルキストと違うところなんだ。その点では、都留さんは占領軍の経済科学部にいた高橋正雄と似てるかもしれない。高橋は面白いですよ。

尾高 九州大学の……。

鶴見 ええ。昭和一二年、三年、ちょうど私がアメリカに行く直前に新聞を見てたら、帝大教授が捕まった、高橋正雄だ。横浜で捕まっちゃったんだな。彼は労農派でしょう。彼と偶然私は九州のユネスコで会うんだ。高橋正雄と一緒に飯を食うんだ。

尾高 福岡ユネスコ協会ですか。

鶴見 そうそう。で、話をすることがとっても面白いんだ。彼は丸山眞男と一緒に中国へ行った。で、丸山眞男をびっくりさせるんだよ。どうしてかと言うと、丸山眞男はずっと日本で勉強してたでしょう。

尾高 ええ。

鶴見 だから、一七、八歳からソビエト、ロシア革命というもの、赤色革命を擁護する立場になってますよね。一遍捕まったこともあるし、共産党員になったことはないけども、そういう前提を持ってるでしょう。

ところが、一緒に行った高橋正雄、これは戦争中に牢屋に入ったことがあるにもかかわらず、丸山眞男にこう言ったんだ。「もしレーニンの革命が起こらなかったら、ロシアではウィッテ伯みたいな者がゆっくり力を占めていって、ツァーのあの失策また失策の中からもっと堅固な基礎をつくったであろう。だからロマノフ王朝をああいうふうな仕方で倒したのは、ロシアにとって間違いだ」と。そういう立場を戦争中牢屋に入ってきた人が言うので、丸山眞男はびっくりしちゃったんだよ。

それで、今の話で都留さんにとって重大なことは、ノーマンとの関係で。ノーマンは高橋正雄と同じように占領軍で働いてたな。

高橋正雄がそこで働くというのは、彼のそのときの思想から言っておかしくない。つまり、彼はレーニン主義者じゃないんですよ。ロマノフ王朝からゆっくりと改革の方向、つまりウィッテ伯やなんかと協力しながらやっていけば、ロシアはもっと健全な社会主義国家になり得た。それは、マルクスの最後の往復書簡があるでしょう。ロシアはミールの発展。

西沢　ザスーリチですね。

鶴見　ね、言ってるでしょう。だからああいうふうなものと見合わせてみると、ロシアの選択肢としては非常に面白い考えが残ってると思うよ。

とにかく、高橋正雄は丸山眞男より右だったんだ。だから、戦後もずうっとアメリカさんべったりにならずに、貫いたでしょう。ああいうふうな人を日本の大学教授は評価しないね。やっぱり向坂さんのほうが偉いと思ってるんだよね。私は残念ですよ。

五　コンサヴェイションの思想と都留さん

西沢　先ほど『アメリカ思想史』の話をされましたよね。あれで都留先生が、たしか一九世紀の終わりから戦間期ぐらいのアメリカ経済史を書いてらっしゃると思うんですけれども。都留先生にとって経済史と言いますか、歴史というのはどういう意味を持っていたのでしょうか。我々は経済学者都留先生というイメージが強いんですけれども。

鶴見　都留さんは、アメリカへ行ってからはいろんな学問の中へ入っていって聞いてるから、下部構造が上部構造を規定するというふうなリジッドな解釈をとってなかったと思うよ。だから、レーニンの時代のマルクス主義の構造を、アメリカへ行ってからはもはや信奉してないと思う。

むしろ都留さんに影響を与えたのは、マックス・オットー。オットーは資本主義一辺倒じゃないですよ。オットーの考えというのは、その場のみんなの利益に近いものを合議によって考えていく。それが「ヒューマン・エンタープライズ」。もっとも書いた本の題は、都留さんの時代だと、私が古本屋で手に入れた本は『シングズ・アンド・アイディーアルズ』(*Things and Ideals*) という本。これが、都留さんに話をしてたころのオットーの思想だったんじゃないかな。その後、オットーは敗戦後になって

『ザ・ヒューマン・エンタープライズ』という本を書いてるんだよ。私が読んだのはこの二冊なんですけどね。

例えばオットーは、神の実在を信じるか信じないかということの問題はネグレジブルなの。だから、神の実在を否定する人間が非常によりよい政策をつくる場合がある。だから問題は、例えばガソリン・スタンドのそばの楡の木を切るか切らないか、これを例に挙げてるんだけども、そういう問題にしても、それの利害が絡まっている全体の合議を考えていて、ここでその合議のポイントを見つけることが、オットーの考えているプラグマティズムなんですよ。そういう意味で、オットーはデューイとちょっと違う。デューイより左の考えだな。むしろ、TVAの考えの原則。

つまり、現実、リアリティーというものは我々から独立したものじゃない。それは素朴唯物論ですね。そうじゃないんだ。自分たちと現実との交渉がリアリティーをつくっていくと。だから、いわゆる自然というものは、自然とどういうふうに交渉しているかという人間の活動によってつくられている。それはTVAのもとにある考えでしょう。その意味で都留さんは、まずオットーに接触して、リリエンソールを読むのがその後ですよ。都留さんにとっては、リリエンソールを読むよりも、オットーの話を聞いていて、哲学講義を聞いたことのほうが先にあるんだ。

私と会った時分、ハーヴァードだとオットーという名前も知られてないの。G・H・ミードの名前も知られてないの。何と言ったって、そりゃあウィリアム・ジェームズですよ。だけど都留さんは、「いや、自分がプラグマティズムを知ったのはオットーからだ」と言ってオットーの話をしてくれたね。だから私の最初の本には、オットーについての一章を入れたでしょう。あれは主として都留さんから来たものであって、米国東部の哲学科の学生だとオットーを入れる人は少ないと思うね。

尾高 なるほど。

鶴見 「プラグマティズム」という名前の本でオットーを入れるのは当時はいなかったと思うし、実は当時はミードを入れるのも少なかった。今はミードを入れると思うけどね。大体パースとジェームズ。で、もう一人入れるとすれば、オリバー・ウェンデル・ホームズ。みんなハーヴァードだ。だからハーヴァードから三人出すことでプラグマティズムの歴史が書けると当時私は思っていた。

西沢 先ほど『アメリカ思想史』をやられたのは、政府のアメリカに対するスタンスとは別の、というようなことをおっしゃったように思うんですが。

鶴見 敗戦のときに、アメリカがどうやるのかは全然わかってなかった。ただ木戸幸一だけは、隣が都留さんだから接触はあった。都留さんと何回も話してると思う。

都留夫人は木戸幸一の姪ですからね。右翼が木戸幸一を襲撃したときにも、木戸幸一邸から出てきたのは都留夫人でしょう。非常に毅然とした応対をしたらしい。都留夫人は、こういうときに勇気があるんだよ。

だから、木戸幸一には都留さんからいろんなことが入ってるね。木戸幸一の敗戦のときの覚悟は、現天皇の退位。それは、文献から見ても、木戸幸一のいろんな書類の中にあると思う。だけど現天皇が退位すれば、皇室そのものを全部つぶしてしまって天皇制をつぶすということは米国政府はやらないだろうという確信を木戸はもう持っていたと思う。

というのは、敗戦は一九四五年八月一五日でしょう。五月に、私はロシアから帰ってきた都留さんに会いに行ったんですよ。外務省の分室が青山師範のあたりにあったね。そこに行ったんだ。そしたら都留さんは出てきて、都留さんの事務室じゃなくて、人のいないところへ来て話をしたんだ。「連合軍側が、天皇制を残すことはもう決めたよ。あと、天皇制をどういうふうな形にするかは生き残った者の仕事だ」と言ったんだ。それは非常に強い印象に残ってるね。だから今の獄中の徳田の言うような天皇制打倒じゃないね。で、都留さんはそれを割合いい方向に解釈していて、これは木戸にはその考え方は伝わっていたと思う。そこまでは私の考え。

そのときの都留さんはやっぱり私の先生なんだよ。オリエンテーションは都留さんから出てるんだ。なるほどこういうふうに戦後に突っ込んでいくんだな、俺はどうしたらいいかなということを、戸山ケ原で一人で座って軍からもらった握り飯を食いながら考えたの。下手すると後まだ空襲があるから死ぬかもしれない。死ぬまでに俺は何にも仕事をしてないことになるじゃないかと思った。で、何か書いておきたいと思ったね。それから日吉まで用事があるので……。

尾高　随分遠いですね。

鶴見　そう。でも東横がありますよ。あれに乗って日吉の下宿まで帰ってきてから、その晩から自分で書き始めたんだ。それは一つの哲学論文『哲学の反省』なんだけども、敗戦までにほぼ書き上げられた。

だから、都留さんというのは本当に私にとっての先生なんですよ。ほかに誰もいないんだから。

尾高　今のお話で、都留先生に青山でお会いになったのは八月の何日ですか。

鶴見夫人　五月。

尾高　五月ですか。

鶴見　うん。五月であることは確か。何日とは言えないんだよ。そのときの日記帳があるかもしれないが、手に入れれば確定できる。五月の半ばです。

それから八月一五日の敗戦までに、私は『哲学の反省』というのを書き上げた。日本語でのただ一つの仕事。その前に英語の論文があるんですけど、日本語で書いた最初のパンフレットというのは、やっぱり都留さんの刺激を受けてるね。常に私にオリエンテーションを与えてる本当の先生なんですよ。七〇年間常に、しかもそれは私にとって哲学の先生なんだよ。

尾高　連合軍が天皇制について決めたことが、よく五月に都留先生にはわかっていましたね。

鶴見　それは、都留さんが電信傍受できたからです。外務省が持っている一番秘密の電信に都留さんはタッチすることができた。知ってた。

あのね、本当に、先生っていうのは都留さんしかいないんですよ。

日本の大学出てると、哲学科の学生だったら哲学の先生ってあるでしょう。確かに、哲学科の先生としては、六〇年代の、京都賞をとったクワインは、私のチューターだったんですよ。都留さん、彼ともよかった。都留さん、数学できるから話題があるんですよね。だからね、都留さんはほとんどインターデシップリーナリにハーヴァードの院生のレベルでの付き合いがあったんですよ。その大変なプレシティージを持ってたのね。

尾高 都留先生のアメリカでの交遊関係は非常に幅広いですね。僕もハーヴァードに二年ほどおりましたが、そのとき、都留先生にハーヴァードへ行くんだと言ったら、じゃあ自分の家財道具——お皿とか、お鍋とか——が預けてあるから貸してあげるとおっしゃって、そういうものを全部拝借した。そのときにも、本当に交遊関係が広いんだなと思って、びっくりしました。

鶴見 経済学で言えば、レオンティエフ、シュンペーター、ハーバラー、みんな都留さんの友人だからね。

尾高 そうですね。

鶴見 スウィージーからサミュエルソンまで。

尾高 あとトービンとか、若いところまで。

鶴見 きょう私が強調したいのは、今の社会心理学とか、サイン・エクスペリメントというのは、都留さんがデザインしてやったのが、ちゃんと学会誌に残ってるんですからね。

C・W・モリスの *Signs, Language, and Behavior* の索引から見るとね、文献で出ている日本人の名前は城戸播太郎と都留重人だけですよ。だからモリスにとっては都留っていうのは意味学者なんですよ。

尾高 都留先生をマルクス経済学者と形容したら間違いだとお思いになりますか。

鶴見 都留さんは後からやってくるんです。アメリカで言えば、マックス・オットーからは、どうしてもそこへいきます。つまり、TVAに関心持ったでしょう。マックス・オットー、リリエンソールという系列があります。

それは、アメリカ史で言えば、セオドア・ルーズベルトはその考えを最初に持った人です。つまりコンサヴェイションという考え方は、一九一〇年代のセオドア・ルーズベルトですから。フランクリンもそれに似たような考え方。C・C・C（Civilian Conservation Corps）というのをつくるから。少年のキャンプで森林のコンサヴェイションの考え方だから。だから、セオドア・ルーズベルトからフランクリン・ルーズベルトにいく流れもいくらかありますね。そういうものにマックス・オットーは呼応してるんですよ。自然はそのままであるんじゃない。今の日本の中で言えば里山ですよ。その考えは、まあ京大農学部はあるけどね。都留さんにはその里山的な考え方があるわけで。

西沢　一九一〇年代にコンサヴェイションという考え方があったと思うんですが、それがずっとTVAとかニュー・ディールへつながっているんでしょうか。

鶴見　セオドア・ルーズベルトの後に、第一次世界大戦への参戦ということがあって、アメリカの大勝利があって。実はその終わりのときに、USAというのは世界一番の富裕国になっていて、もう大変な好景気なんですよね。それは、わかってなかったんですよ。その自覚がなかったんですよ。自覚がゆっくり来るもんでね。一種のカルチュラル・ラッグですね。

で、ようやく第二次世界大戦になってくると、もう自分は一番富んでいて自分で一番強い。それは随分ゆっくり、浸透するのはゆっくりなものなんですよ。そしてしまいに自分が一番頭がいいと思う。これ間違ってます、最後のは。

それからアメリカの堕落というのは底知らず、今日に至るまで続いてるんだ。だけど百年前のUSAというのは、そこまで堕落してなかったから、中国に対する尊敬を持ってた。

六　戦後処理、ならびに上院喚問における都留さん

鶴見　都留さんの学籍簿の件は抹消されていたんで、大変に都留さんのお父さんは怒ったんですが、結局復権する手がかりになったのが、都留さんがインターハイの選手だったんだ。で、スポーツの記録に名前が残ってたんだ。それで消すわけにいかない

という、皮肉なことですね。だから駅伝が都留さんを助けたんだ。

西沢　先ほどハーヴァードの話があって、日本へ戻られてから都留先生は日本では冷遇されていたんじゃないかということでした。もし都留先生がずっとアメリカにいらしたら、どうなられていたんでしょうかね。

鶴見　それはノーベル賞をとったでしょう。日本に来てからも、例えば経済白書をつくったのは都留さんなんだけれども、そのことでは経済学のノーベル賞はとれないやね。だから幕末から明治、松方デフレまでの経過をきちんと分析できれば、ほかの人はしたことないんだから、それは珍しいと、そのことによってノーベル賞とったでしょう。

西沢　ところで、太平洋問題調査会というのは、割合マルクス主義的な人が多かったんでしょうか。

鶴見　一九三〇年代はそうだったですよね。ノーマンはあそこで働いていたでしょう。だからあそこから出してますね。

西沢　そのようですね。

鶴見　あと話題は二つです。

尾高　そこへ行く前に、木戸さんのことをもう少しお話いただけませんか。近衛さんのことも。このお二人に関して、最近新説を唱える人がいます。もしご存知でしたら鶴見さんのご意見を伺いたいと思うんです。都留先生が、そのころの政治的な動きに関係しておられたというか、責任があるというのです。

西沢　最近、工藤美代子さんが『われ巣鴨に出頭せず—近衛文麿と天皇』という本とか、それから鳥居民という方が近衛文麿について本を書いているんです。そこで、都留さんのことがいろいろ言われているようなんです。

鶴見　都留さんは接触なかったでしょう、近衛と。接触あったように書いてる？

西沢　接触があったと書いてるわけではないと思います。木戸幸一を守ろうとしたことが、近衛を悪く言わせたというような論調だと思います。

鶴見　都留さんが近衛を悪く言ってると言うんですか。

西沢　結果的に。そういうことだと思います。

鶴見　そういう証言があるんですか。

尾高　都留夫人（都留正子さん）は木戸幸一と縁戚関係にあった。しかも、近くに住んでおられた。ところで、その当時ノーマンはカナダ政府ではなくてGHQに勤務していた。で都留さんはノーマンと謀って、戦争中に内大臣だった木戸幸一の戦争責任を軽く、近衛文麿の罪状を重くするようにマッカーサーに報告した。これが原因で近衛は自殺したと、そう論じているんですね。

鶴見　それはエヴィデンスとして何を使ってるんですか。

西沢　直接のエヴィデンスというような話にはなってないんです。

鶴見　私は都留さんと近衛についての話をしたことはありませんね。直接の交渉はなかったんじゃないですか。

非常に早く、都留さんが持ち出したのは西園寺公一だ。それは今も記憶にある。西園寺公一というのは面白いキャラクターだと。都留さんは、皇室の財産捨てて残るというような考え方、そういうところまで西園寺公一とは話ができる関係だったんじゃないかな。都留さんが西園寺公一に対して好意を持ってるということは、一九三九年の段階で私は感じましたね。近衛についての話題というのは出なかったですね。

あのころね、西園寺公と政局というのが、原田熊雄、……。

尾高　はい。

鶴見　原田熊雄の日記が、占領軍の事務所に押収されていたんですよ。それは非常にたくさんの固有名詞が出てくるんで、占領軍が解読するのに大変困ったんですね。

尾高　なるほど。

鶴見　里見弴まで動員されて。そこでいろんな缶詰が食えるんで喜んで行ってたんです。久野収さんとか、渡邊慧までそこに引っ張られて、飯が食えるからそこで手伝ったのよ。

『西園寺公と政局』という原田日記、これは根本的な資料ですね。戦争裁判に使われたと思います。

そこでは、近衛は繰り返し出てきますね。近衛に対してそれは悪いエヴィデンスとして使われたでしょう。だけど都留さんが働き掛けたというエビデンスは何かと考えると、推定ではないんですか。

ノーマンは、マッカーサーに非常に信用されて、「彼を呼んで来い」と言われた頻度がGHQ司令部の中で非常に高かったんですね。マッカーサーは自分がとびきりの成績で出たから、成績のいい奴、秀才が好きなんですよ。で、もう非常に早く、日本の文献をちゃんと読み下して日本のことを判断できる人間は、今自分の知ってる中でノーマン一人しかないということを早くから知っちゃったんだ。

例えば、天皇は流刑にすべきだという見解をノーマンは持ってたんだ。で、いろんなことがあるけども、ノーマンは信頼されていた。だから、都留さんの意見がノーマンを通してマッカーサーまで行ったということは推定できますよ。

だけど、都留さんは大体自分のコースから離れてマッカーサーに何か直訴する人間じゃないね。マッカーサーへの手紙だって、ほとんど都留さんが書いたものはないでしょう。私の親父は書いてますよ。英語も割合ちゃんとしてるんだ。見てくれと言うから、私は見たんです。マッカーサーへの手紙というのは、そういう連中はいっぱい書いてる。都留さんはプライドがあるから、そんなもの書く人じゃないね。

尾高 わかりました。

鶴見 私はね、一遍都留さんに結局叱られたことあるんだよ。それはね、私は小学校しか出てないんですよ。だから大学なんか行けるわけない。私に最初に大学から声がかかってきたのは、京都大学、その次に一週間遅れて東京工大なんですよ。一週間ちがいでバタバタッと来たんだ。私に桑原さんが言ってきたの。「京大に自分が人文兼任されるから、講座をつくるんで、自分の助教授として来てくれ」と。私が引き受けた後に、東京工大から来た。

ちょうど『思想の科学』を出してるしね、私の不良少年の仁義にかけて、政府の機関の中の何かいい位置についたから、民間の雑誌『思想の科学』を潰しちゃうというのは、私のプライドにかかわる。だから断りに来たんです、京都まで。
非常に桑原さん困ったんだ。理由が、私は心臓を飛ばすようになったからという理由だったから。今も飛ばしてます。不整脈です。だけど、桑原さんは政治家なんだ。都留さんを通して私を引き止めようとした。私が都留さんに呼ばれて行ったら、「先約は重んじなければいけない」と。儒教的なんだよ。私はもう宮城音弥を通して、東京工大に引っ張られてたんだよ。しかし、先約なんだ、京大のほうが。しょうがない、私は東京工大を撤回した。だから都留さんはそういう意味で威力を私に対して持ってる。

西沢 ノーマンのことをもう一つよろしいでしょうか。
その当時の『中央公論』の特集「いわゆる都留証言の実相」に「自由主義者の試金石」というのを書いてらっしゃいますね。これにアメリカの上院のエマーソンの証言とか、都留先生の証言とかが載ってるんですけれども、その背景について。

鶴見 あのとき新聞がまず、都留さんを非難するほうに動いた。それは私すごく腹が立ったと言うかね。
そのときに、私が手に入れることができなかった資料が一つだけあるんですよ。それはね、まず向こうに引っ張られたときに、向こうが都留さんの若いときの手紙を持っていたということなんですよ。

尾高 すごいリサーチをしていたんですね。

鶴見 手紙をまず読み上げられて、「これがあなたの書いたものか」。イエスかノーかなんですよ。で、ノーと答えれば、やがて偽証罪に問われる。都留さんはイエスと答えたら、その中にいろんな人の名前が出てくる。その中には今も共産党員である人が含まれていたんです。それを東京の大新聞がいずれも取り上げて裏切り行為だとしたんです。そこの事情をもし私が知っていたら、枕の振り方はちょっと違えたと思う。
それだけですね、その論文について訂正したいところは。大体は、悪評を書いた連中の早とちりです。それは坂西志保までが向こう側に回ったんだからね、これ非常に……。

尾高 ああ、そうでしたか。

鶴見　あのときにね、三日ほどたって、こうやって見たらね、頭が白くなってるんですよ。びっくりしたね。『巌窟王』でそういうのを読んだことがあるけども、頭のところが白いんですよ。ものすごく私が苦悶したことは確かなんだね。ああ、都留さんは自分の中にそこまで入ってるのかと思ってね。つまり都留さんと私との間の心理的な靭帯ですね。まあそのように強かったということなんです。これだけ大新聞にやられて、都留さんは失脚すると思ったんだよね。

尾高　『中央公論』は、そういう批判の潮流を元へ戻そうと意図したんですか。

鶴見　『中央公論』が私に振ってきたのは、その当時嶋中でしょう。嶋中鵬二というのは、私の小学校一年生のときからの同級なんです。私は嶋中との関係から言って、ものすごく大きなスペースをそのときに確保して書いたんですよ。

西沢　証言が翻訳されて、そのまま載ってますね。これは鶴見先生の要請というか、そういうことがあったんですか。

鶴見　資料は、嶋中が手を打って手に入れてくれたんですよ。上院証言の実態です。そのときの、アメリカ人も手に入れることのできる、同じものでしょう。

だから、それに対して私が今訂正できることは一つだけです。向こうが手紙を持っていたというところから始まるのが、やっぱり都留さんの落し穴になってますね。

これは、私の役に立ってますよ。私は、交換船で帰ってきてから一歩たりともUSAの中に足を踏み入れてないです、断じて。それはヤクザの仁義ですよ。この裁判は私にはもう非常な衝撃でしたね。あんなところへ行くものかと思って。アメリカの大学には何度も呼ばれてますよ。全部お断りだ。

尾高　この論文を都留先生がご覧になって、何か鶴見さんにおっしゃいましたか。

鶴見　何も言わないね。

尾高　おっしゃらないんですか。

鶴見　それが都留さんなんだよ。ありがとうなんて全然言ったことないよ。都留さんはそういう人なんだ。

西沢　でも、かなり世論を変えたんじゃないでしょうか。都留先生とノーマンに関しての当初の新聞なんかの論調を、これはかなり変えたんじゃないでしょうか。

鶴見　それは、新聞の評価に対しては、こちらのほうは絶対的に正しいですよ。ただ私が持ってる怒りというのは理解できないわね。

尾高　それでは、先にいきましょうか。

七　ドイツ文化、プラグマティズム、そして都留さん

鶴見　二つあるんですよ、言いたいことは。一つはね、マイナーなことなんですけども、都留さんが高校一年のときからドイツ語がとてもできますね。私も外国語ってドイツ語なんですよ。ドイツ語の最初の教科書がね、アルトール・シュニッツラーの『プッペンシュピーラー』、人形師、人形操り師ですね。なかなか面白いんですよ。それを偶然持ってて見せたらね、「ああ、これは、僕は学校でやったことがある」と言うんですよ。役者としてね、この「プッペンシュピーラー」というのをやったことがあると。ウィスコンシンに行ったときに、ほかのアメリカ人に比べりゃドイツ語できるでしょう。だから役者として登用されたんじゃないかな。その「プッペンシュピーラー」の主な配役は三人なんだけどね、その一番年寄り役やったみたいなんだ。

それからね、交換船の上で私はドイツ語を何とか保ちたいと言って、同じくシュニッツラーの『フロイライン・イルゼ』というのを読んでたんだ。そしたら都留さんが通りかかってね、「うん、これ面白いよ」と言ったんだ。シュニッツラーは割合に読んでたんだ。シュニッツラーは割に短いからね、教科書に採用するのに役立ったんじゃないの。

それからね、もう一つはね、私は一年生のときからカントを読んでたんだ。『純粋理性批判』ですね。で、私は並行してね、カルナップの講義を一年でとってたんだ。論理実証主義をカントと並行して読むと面白い。つまり論理的芯と経験的芯でしょう。こ

れ、カントと区分が同じなんですよ。総合的芯と分析的芯。非常に細かいですよ、カルナップは。記号論理学で式にしていくわけだから。ああ、なるほど、カントのつくった構造的な分類というのは百年以上保つんだなと思って、私はとても感銘を受けたんですよ。

カントの『実践理性批判』のほうなんだけど、まずカントは分析的心理、総合的心理からさらに区別して、これは善であるという命題は、分析的心理も経験的心理も還元できない、別のものなんだ。で、これは善であるというものを、そこから分析していくんですよね。これが実践理性批判のやり方なんだ。私は、そういうやり方、これもG・E・ムーア(イギリスの哲学者)にとても形は似ているんだけども、その話をしてたらね、都留さんは突然に「僕だったら悪から始めるね」って言ったんだよ。何が自分にとって悪か、何が人間にとって今、悪か、その分析。そこから始めると言うんだよ。「おっ」と思ったんだけども、それは私の中に長い間、蓄積されていた記憶なんだ。

都留さんが公害研究のグループつくったでしょう。それを聞いたときに、「あっ」と思った。あの初心忘れず、同じ線でこうきてるんだなと。もう二〇数年たってますよ。だから都留さんの中にそれがずっと続いてる。

つまり都留さんは、私にとって一個の哲学者なんですよ。確かにハーヴァードの一年生や二年生のときに、私が講義を受けてるカルナップの話とかね、クワインの話とか、また自分で読んでるカントの話とか、都留さんとこへ行って話してるわけだね。で、そのときに都留さんが付けたコメントの傾向と、二〇数年たって都留さんが公害研究に手をつけるというのは、これは資本主義の悪の問題、現在の日本の資本主義の悪の問題というものをどういうふうに捉えるのか。具体的な悪の形は何か。それの分析、それを止める手続きというところ、にずっと入っていく。

ですから、哲学的に私から見ると、都留さんはずっと同じ道を歩いてる人に見えたんですよ。その意味で、哲学教師としての都留さんなんです、私にとって。なぜ都留さんが私にとって哲学教師かと言うと、そういう片言隻語が哲学的だからなんですよ。
また、日本文化についてだけれどもね、こういうことを都留さんは言ってたね。シュンペーターが日本に来たことがあるんだね。

尾高 そうですね。

鶴見 日本の感想を都留さんに話してるんだよ。日本は非常にたくさんのものを欧米から輸入したけれども、その非常に多くは(都留さんから聞いたシュンペーターの言葉は)ブランダリング(blundering)だと。ブランダというのは間違いということでしょう。ブランダリング。イミテーションと言うよりは、ブランダリング。

ブランダリングを越えてシュンペーターが感心したのは、巷の人の表情。これはシュンペーターが見ることのできた歌舞伎役者と似てるんだって。この演技力、これに無条件にシュンペーターは感心していたね。ブランダリングの例というのはいろいろありますが、シュンペーターにとって、ヨーロッパ文明をいろんな仕方で移植してるけども、大体がブランダリングに思えたんだ、日本を歩いているシュンペーターとっては。これはかなり面白い話のように私には思える。

尾高 鶴見さんのプラグマティズムの哲学とも関係がありますけれども、日本の教育では、言葉の意味とか、概念あるいはそれらの相互関係とかを教育の中で教える(または議論する)ということがほとんどないのではないでしょうか。

鶴見 それはね、字引的にね、ほかの同義語と置き換えることで、理解したことになっちゃう。同義語に置き換えるというのは、ある程度の論理なんですけど、論理的オペレーションなんだけども。プラグマティズムで言う底のほうの、どういう構造と結びつけるか。それを簡単に言えば、その言葉の使った命題が真理であるとすれば、その証明はどうするか、実験計画なんですよね。プラグマチックな革新がそれなんですが。そういうふうに教育するということはないですね。

尾高 そういう意味では、プラグマティズムは今でも日本では根づいていない。哲学というと、僕らは普通カントとかヘーゲルとか、ドイツ流のものを想像しますでしょう?

鶴見　だけどプラグマティズムをつくったパースは、そのプラグマティズムという概念をカントからとったんですよ。『純粋理性批判』の中にあるんです、プラグマティシュってのがあるんですよ。偶然私は都留さんが哲学の先生だったから、そのことによって、日本流の哲学とは全然違うところに来た。

なぜかと言うと、都留さんの哲学というのは、何かはっきりとした対象を見つけて、それと取り組んでいるときに、自ずからそれと取り組む方法が表れてくる。そのときのコツとかね、感想が固まってきて哲学になるんだと。だから、初めに問題があって、問題と取り組むことがなきゃいけないわけよ。その都留さんの哲学の概念というのは、ある意味で私を貫いてますよ。だから私の最初の本の『アメリカの哲学』は、明らかに都留さんの影響を受けてます。

都留さんは、私が哲学科に入ることに反対したんだよね。「でもまあアメリカに来たんだったら、プラグマティズムというのは勉強しといたほうがいいだろうな」と言ったんだ。そのときに都留さんが引用したのは、全然本なんか出さずに、ウィリアム・ジェームズの、「ピクニックに行った。ピクニックから帰ってきたら、中で何か論争があった。どういう論争かと思って入ってみたら、ここに、ニューイングランドのリスがいた。そのリスは、自分（その当人）がこっちに行くとそれとその逆のほうへ。こっちに行くとまた逆のほうに行くから、姿を見たことがない。しかし自分はその場合、このリスの周りを回ったと言えるか」と、そういう問題なんですよ。で、二派に分かれてワンワン、ワンワン論争してると。

ジェームズは、それは、意味が二つなんだ。そのリスの腹のほうからリスを見て、右手のほう、左手のほう、背中のほうからリスに対したというふうに言えば、あなたはリスの周りを回っていないと。だけど、そのリスの周り、北から西に回り、それから南に回り、そして南に回るとすれば、あなたはリスの周りを回っていると。で、解いちゃったんですよ、それを。

で、それがジェームズのプラグマティズムって本の中の一章の頭にあるわけ。都留さんは、それをすらすらすらっと言ってね、こういうところがプラグマティズムだと。

確かに私がそれを継承してるんですよ。プラグマティズムの定義の問題として出してるでしょう。だから私が書いた最初の本というのは、都留さん譲りと言っていいんです。だから今、私が日本で結局プラグマティズムが発達しなかったかと問われると、答えはイエスともノーとも言える。ノーのほうはね、日本で大学というのは箱別につくっちゃったんだ。文学部哲学科、社会学科。そういう意味で言えば、東大文学部哲学科出身の偉大なプラグマティストというのはいないんです、ゼロなんだ。

だけど、全くプラグマティクに、その働きによって見るとすればね、アメリカのプラグマティスト（これは当時だったらジェームズですね、後になるとデューイなんですけども）を読んでプラグマティズムを実行した人がいる。一人は夏目漱石、もう一人は柳宗悦、もう一人は石橋湛山、もう一人補欠として入れたいのは西田幾多郎なんだ。自分の経験の中でウィリアム・ジェームズのラディカル・エンピリシズム、『根本的経験論』を読んで、自分での哲学への一歩を踏み出したんだ。

つまりそれが私のプラグマティズムの評価で、都留さんから哲学の班に入った結果、最後の到達点でも、私は依然として哲学者としての都留さんの影響を受けてます。

都留さんは自分でその道を歩いていって、公害研究に達したということですね。

筆者近影、1976年、『都留重人著作集』出版記念祝賀会にて

尾高　鶴見さんは、ポッパーの論理実証主義は評価なさるんですか。

鶴見　いや、ヴィーナ・クライスというのは都留さんが大学にいた後に出てきたものだから、都留さんは論理実証主義てよく知らないんだ。あれはシュリックから始まってね、シュリックからカルナップ、ノイラーと、そしてクワインもそうなんですけども。クワインは後でかわって、ラディカル・プラグマティストと称する。だからクワインは系列から言えば、プラグマティズムなんです。

西沢　京大の哲学科の伊藤邦武さんが、『ケインズの哲学』という本を書かれ、パースとかアメリカのプラグマティズムとの関係を言われています。

鶴見　ケインズは哲学者でもあるんですよ。あれ、ブルームズベリー・グループですからね、『プロバビリティー』という本出してるでしょう。

西沢　ええ。

鶴見　ベルサイユ条約批判とか。やっぱりケインズは実践的な哲学者ですね、面白いんですよ。都留さんが既に哲学的な傾向を持っていたから、ケインズを哲学的に読めたのかもしれませんね。

むしろ人間的にはホワイトの本を最初に、後でケインズ。だけど、ケインズは非常に高く評価してるでしょう。ニュー・ディールの取り組みの中でね、古典的な資本主義の形にこだわらなくていいんだという考え方ですね。

都留さんに対するニュー・ディールの影響というのは大きいんじゃないのかな。つまり、スウィージーはニュー・ディールに対する一つのテキストブックを書いてたんですから。ニュー・ディールの担い手でもあったんですよ。

西沢　スウィージーが。

鶴見　弟のスウィージーですよ。教条的ではなかったな。決してスターリン主義に行かなかったでしょう。あれが雑誌を出したときに、雑誌の金を出したのはマシースン（F. O. Matthiessen）なんですよ。マシースンの影響を私は非常に受けてます。

ハーヴァードにいたときに、マシースンの、中国を支援する講座が実行されたんですよ。日本に対する中国の戦争を支援したいという、一五、六回の講座でしたね。マシースン本人が主催者として演説している。

マシースンは、マッカーシー狩りのときに追い詰められて自殺した。その意味で、ノーマンと同じような犠牲者です。

西沢 『サイエンス・アンド・ソサイティ』のお金を出したのは、その彼ですか。

鶴見 マシースンがね、偶然おばさんか誰かが死んで遺産が手に入ったんですよ。遺産がボーンと。『サイエンス・アンド・ソサイティ』じゃない、スウィージーのやってた『マンスリー・レヴュー』ってあるでしょう、あれの金はマシースンから出た。

『サイエンス・アンド・ソサイティ』のほうは、都留さんが準備委員であった時代があって、それが逆手にとられたんだけれども、これは金はどういうふうにしてつくったか知りません。これは、都留さんとは非常に関係が深い。ニーダムとかゴールドシュタインとかが寄稿してるんですよ。とっても面白いです。大変な学際（インタディシプリナリー）誌じゃないの。面白い雑誌でしたね。

経済学でも、スターリン時代の経済学者オストロヴィチャノフがいるでしょう。マルクス主義の経済学を計画経済学のほうに持っていくさまざまの論文は、『サイエンス・アンド・ソサイティ』に出ています。

都留さんを読んでたら、C・P・スノーの文体にとっても似てると思ったんですよ。*Science and Government* (Harvard Univ. Press, 1961: 朱牟田夏雄訳『科学と政治』音羽書房、一九六一年）もあります。彼はイギリス政府の高官になって、同時に物理学者でもあります。原爆のこともとても面白い小説に書いてるんですが。私がこの本読んだときに、都留さんの論文に似てるなと思いましたね。

尾高 ちょっと拝見いたします。

鶴見 もう一つ付随して。さっきシュニッツラーの話をしたでしょう。都留さんは自分のアパートに小さなライブラリーを持ってたんですよ。日本から持ってきたものでしょう。その中に本田喜代治他訳の『ディドロ対話集』が入っていた。

そのころ、ハーヴァードの大学院に東郷文彦が来てたんですよ。東郷文彦は東大出て、ハーバラーとか、チェンバレンの声を聞いてるでしょう。で、都留さんの話を聞きたいわけだ。

都留さんというのはね、必要に応じて即座に、自由自在に統計を引用できる人だった。ものすごく役に立つんだね。

東郷は、都留さんに一週間に二度飯を一緒に食えないかと。自分は外務省の在外研究員で給料とってるんだから、昼食代払わせてくれと。だけど鶴見は、あれ親がかりだから金を取らないでくれという契約を都留さんとしたんだよ。で、私は、東郷と一緒に週に二度、都留夫人の料理ですよ、昼めしを食ってたんだ。

そうするとね、あるときに、都留さんはもう学校に戻らないで済んだのでね、本田喜代治のこの『ディドロ対話集』を交読しようと言うんだよ。ね、『ダランベールの夢』とか、そういうもの。(本田喜代治の訳は必ず手に入りますよ。昭和三、四年に出てるんじゃないかと思う。)

都留さんはね、交読するとき、中将夫人なんて出てくると、ちゃんと女の声色使ってね、劇の脚本の朗読するんだよ。ちゃんと一つの劇を朗読しましたよ。そういう愉快な記憶があるね。メンバーは、都留さんと東郷と私。東郷も、後はアメリカ大使にもなるし、いろんなことになるわけだから、ちょっと考えられないでしょう。東郷としては、わずかな時間でも都留さんと雑談をする時間をほしいと思った。

本当に愉快な記憶ですね。あんまり学問的じゃないように見えるけど、学問的なんですよ。というのは、私が京大に来て最初に与えられた仕事というのは、ルソー研究なんです。ルソー研究の次の年は、フランス百科全集の研究、ディドロの。だから、都留さんのところで受けた訓練は、私にとって役に立ってますね。私は全くフランス語ができないままに、京都大学フランス思想史の助教授なんですから。桑原さんが教授だからなんですよ。

西沢 その京都の人文研には何年おられたんでしょうか。

鶴見 五年。それも初めに断りに来たんですよ。東京工大に行きたいと思ったの。でも、都留さんに言われて、しょうがないから。で、東京工大は空席のまま待ってくれたんですよ。

尾高 ああ、そうなんですか。

鶴見 京大辞めたらすぐに行った。で、あそこに六年いたんだ。

尾高 『思想の科学』の研究会員リストを見て、知ってる名前がたくさんあるのでびっくりしました。

鶴見 あのね、『思想の科学』に対する都留さんの貢献というのはあるんですよ。都留さんは、朝日新聞の論説主幹だったでしょう。

尾高 はい。

鶴見 だから、中央公論社から『思想の科学』が切られたとき、『思想の科学』は弱腰だといって本紙で批判したんですよ。で、私に電話くれということだったんで電話したら、「あそこで断裁されたものはどうするの」と言ったんですよ。私は「ガリ版で出そうと思ってます」と言ったら、「いや、あれは財産だよ」と言うんですよ。「あれを別に出すことにしたら。新しく会社をつくったらいいじゃないか、中央公論から離れて」と。「その話は井村寿二にしてあるよ」と。「そこに行けば、別に会社をつくって、そこから出すようにちゃんと自分がしておいた」と。

ですから、『思想の科学』の自主刊行は、都留さんはパッと考えて、まず朝日に『思想の科学』の弱腰を批判する論説を書いて、そのときにきちんと考えたことなんですよ。

尾高 へえー。

鶴見 日本で大学教授というのは、表《おもて》だけ見るでしょう。都留さんはそのときにもう既に手は打ってあった。そして事務所はね、銀座の井村寿二のビルにある、自分が使っている物置き、それを空けるから、そこを事務所にしたらいいじゃないかと。それを全部都留さんは自分で計らってたんですよ。そのようにして、表《おもて》の批判の裏に、それだけのことを用意して電話をかけるんです。これがプラグマティズムなんです。日本の大学出の人たちはそれだけのことをしません。ましてや哲学者出身だったら、そんなことするもんですか。都留さんと私との関係七〇年というのは、そういうものだったんだ。

じゃあ、どうも失礼しました。

（二〇〇七年七月五日、於京都大学会館一一五号室）

〔注〕

（1） "The Meaning of Meaning" 都留重人最初の英文論文。Horace Fries との連名で *Journal of General Psychology*, Jan. 1933 に発表。

（2） Appendix A, "On Reproduction of Schemes," in Paul M. Sweezy, *The Theory of Capitalist Development*, 1942. ケネーの経済表、マルクスの再生産表式、ケインズの集計概念の比較。

都留重人の周辺——伊東光晴教授に聞く

（話し手）伊東　光晴
（聞き手）尾高煌之助
　　　　　西沢　保

一　都留重人自伝

伊東　自伝『いくつもの岐路を回顧して』も都留さんにとっては書きたいことの三分の一ぐらいだと言っておられました。私が知っていることも書いてないことがある。肝心なことが書いてないという点もある（笑い）。あれを書くのに奥さんは反対された。私にそう言われた。

尾高　でも、そうですよね。日記は、政治家は別として、公開する前提では書かないのが原則ですよね。よっぽど後世になれば別として。

伊東　戦後初めて海外へ出たときの事件も軽くふれているだけです。

西沢　その事件というのは何なんでしょうか。
伊東　パンアメリカンでパリに飛んだ時のこと。荷物が出てこない。やっと、数日後に出てきた。
尾高　どこかで調べたんですね。
伊東　都留さんのトランクをパンアメリカンは別にしておき、アンカラでＦＢＩに渡した。パンアメリカンとＦＢＩの関係を都留さんは気がつかなかった。トランクをあけて、中の手帳などカメラで撮った。それが一九五七年三月二七日の上院国内治安小委員会のとき、出た。
尾高　それは知りませんでした。
伊東　上院国内治安小委員会は都留さんの証言から、その友人たちを引き出そうとしていた。
尾高　それで引き出したんですか。
伊東　いや、できなかった。それが予想されていたので、事前に大学関係者等と対策を考え、都留さんは出席している。
都留さんについては、自伝の他、もう一つある。
西沢　もう一つは何なんでしょう。
伊東　「社会科学五〇年の証言」『エコノミスト』一九七四年、三月一九日、二六日、四月二日、九日、一六日、二三日、三〇日、五月七日、一四日です。でも、ほとんど同じようなものです。

二　第二次物価問題懇談会

尾高　一つ先生に伺いたいと思ったのは、丸山さんの論稿についてなんですが、丸山さんが事務局を務められた第二次物価問題懇談会、これは先生もお出になったんですよね。
伊東　ええ、私がほとんど答申案を書いているのです。都留さんに届けて、それを都留さんがなおした。
尾高　そうですよね。「以下の提案文をみずから執筆された」と書かれているんだけれども、その草案は伊東先生がお書きになったんですね。
伊東　農業関係を除いて私が書きました。
尾高　伺いたいのは、最後のところです。各省庁間の意見調整が難しくて、伊東先生も含めて委員会が提案した政策提言は十分に反映されることはなかったと書いてあるんですけれども、「十分に反映されなかった」とは、どのくらい十分に反映されなかったんですか。

伊東　例えば、水道料金の安定のために、資本金のつもりで永久債の発行を地方に許せ。そうすれば借入金の返済が必要なくなり、ほとんどのところで経営が安定するという考えです。これは大蔵省が反対し、かわって三〇年債の発行になった。これは答申することはできなかった。

あの当時、大都市のサラリーマンの住宅問題は大変でした。住宅問題は土地問題です。土地問題についてどうしたらいいのであろうかということも議論の中心でした。開発利益の還元は答申に入ったが、未実現の利益に手をつけることで、大蔵省の反対で進まない。

今までのように土地を売りやすくするように譲渡利益を軽減するのではなしに、譲渡利益をきちんととって、保有税を重課せよ、という議論だった。

原案で、一番過激な政策は、都市における第二の農地改革を指向するというもので、首都圏における農地、遊閑地について二兆円の交付公債を出し強制買収しろ。すると、当時の税制では一兆円入ってくる。一兆円の交付公債で、首都圏の住宅問題を一挙に解決してしまえという方策もあると書いた。こんなものは通るはずがないと私は思ったのですがね。

賛成者は経団連の植村甲午郎さん。強くこれを推した。しかし有沢さんまで無理と言う。もちろん予想どおり、第二次物懇には危険思想の持ち主がいる、こんなものが通用するかという発言。土屋清氏です。私有財産権の侵害だと。直ちに丸山英人課長が立って、法律によって保護さるべき私有財産権とは何かということを憲法の宮沢俊義さんと民法の我妻栄さんの説を引用した。すると、「我妻栄とか宮沢俊義のような一部極左学者の主張が政府委員会で通用すると思うか！」と土屋清がいったのです。途端に中山座長が立ち上がって、「土屋君！　言葉を慎みたまえ！」と一喝した。それで土屋氏は退席した。

尾高　それは記録がありますか。

伊東　どうですかな。丸山さん書いてないですね。そもそも、中山さんに委員長を頼みに行ったとき、中山さんが条件を出しているのです。

尾高 最初はお断りになったそうですね。

伊東 ええ。そして、その条件は、都留重人を入れること。

尾高 それは丸山さんの中に書いてあります。

伊東 書いてありますよね。そして、二人で伊東光晴を使うことをきめた。

中山さんは私によくいいましたよ。都留重人の政策立案能力を自分はここで活用すると。だから、中山さんは、都留さんの一番いいところが政策的思考だということを見抜いていました。そのことは、シュンペーターも見抜いていることなのです。これは都留さんの自伝になかったですが。

西沢 伊東先生が書いていらっしゃいますね。

伊東 ええ。シュンペーターが、理論をやる人間はいる。現実をやる人間はいる。しかし、それを結びつけるのが一番難しい。これは非常に少数の人間に与えられた能力で、都留はその能力があるということをいったというのですよ。だから、初めから政策的思考があった。

それは中山さんも同じですよ。中山さんが私にいったことは、自分は理論をやりたいわけではなかった。政策をやりたかった。ところが、政策は一橋においては福田ゼミの系譜は扱うことができない分野だった。それを自分が嘆いたら、東畑精一さんが東大で講義しろといった。それで自分は東大で経済政策を担当するようになったと。一橋においては政策は上田門下の担当すべきものなのです。

尾高 それは縦割りだったんですか。

伊東 そうでしょう。そういうので、中山さんも都留さんも、シュンペーターに学んだ二人が政策志向をもったというのはおもしろいことですね。シュンペーターにはないでしょう。

尾高 でも、上田先生は福田先生の弟子ですよね。少なくとも卒論は……。

西沢 どういいますか、余り年齢も違いませんし、多分、福田先生が帰ってきて上田先生は一年ぐらい一緒に勉強して、もう卒業になったと思います。ただ、卒論は外国貿易論で、福田先生もそれを非常に高く評価されたということはあると思います。

三　都留思想の全貌を示す研究所ゼミナール講義

伊東　昭和二〇年代の初めに一橋の学生たちは、一橋にないアメリカの経済学の動向がどういうものであるかということに非常な関心をもっていた。中山さんの昭和二三年の授業の冒頭は一冊の本を携えて壇上に上り、「この本は永久に歴史の中に残るでしょう。著者は若きアメリカの経済学者ポール・サムエルソン。本の題名は *Foundations of Economic Analysis*」、これから始まった。

尾高　学部の講義でですか。

伊東　もちろん。

尾高　すごく難しい本を。

伊東　数回にわたってその本の内容を紹介したのです。そこで、数理経済学の久武さんの授業でこの本をとりあげ、久武さんと一緒に数年かけて読みました。学生は四人くらい。こういうことでわかるように、私たちの関心の中心は、アメリカの経済学はどういうものであったのかということと、当時の日本の状況を反映して、戦争に反対したマルクス主義者がどういう考えをもっていたのかと。この二つが私たちの関心の中心だったのです。

したがって、都留先生が一橋にみえるときの我々の関心は、アメリカの経済学はどういうものであろうかということをこの人から吸収しようと—それが、都留先生に対する私たちの期待でした。蝶ネクタイの都留先生が国立の駅から大学の建物に向かって歩いているとき、私は学生としてそれを迎えました。

尾高　先生はそのときに初めて都留先生とお会いになったんですか。

伊東　実はその前に、都留さんが発令になったというので都留さんの家に行っているのです。ただし都留先生に会う前に奥さんに会っている。上がり込んで、奥さんにお茶をごちそうになって都留さんを待っていたのです。そういうのですから二度目です。だから、都留さんがどういう顔をして、どうしているかというようなことは知っており、それで一橋へ来るとき、それを迎えていたのです。

尾高　先生お一人で都留家へいらっしゃったのですか。

伊東　同期の平野勝君（後にサッポロビール専務）と二人で行ったと思います。

西沢　そのとき先生は学生だったんですか。

伊東　学生です。一橋新聞の編集担当として都留さんの言葉をとりに行ったのです。

西沢　都留先生の存在というのはいつごろからお知りになったんでしょうか。

伊東　経済白書でしょうね。

西沢　アメリカ経済学を学びたいという意味での都留先生についてはどうなんでしょうか。

伊東　都留さんが経済安定本部で第一回経済白書を書きますね。それについて有沢広巳さんが、近代経済学とマルクス経済学の両方をやった秀才が書いたものだからよく読めと座談会で言っていた。それで、経済白書を読みました。ここで初めて日本に国民所得分析なるものが登場したのです。ケインズの、国民所得を分析の武器として使っているということは、ここでわかったわけです。

当時の一橋の経済学は、戦前の日本の経済学と同じように大陸の経済学は研究されていた。教授の多くは、独仏に留学していた。加えて、ケンブリッジの経済学研究も一橋は独走していた。ケインズ研究は東大も京都大学もだめだった。そのことは京都大学の菱山さんが言われたとおりでした。京都大学の青山秀夫さんがケインズの『一般理論』について、これはマーシャルの発展であると書いた。見当違いな解釈をしていたと。そのとき、ケインズを正しく継承していたのは一橋だと菱山さんは私にいいました。

尾高　確かに、戦争中の『一橋論叢』をみると、鬼頭仁三郎さんとか山田雄三先生もケインズを扱っていらっしゃいまして、僕はびっくりしました。

伊東　国民所得分析では山田雄三さんでしょう。

尾高　ええ。

伊東　私が国民所得分析について経済白書で、これは国民所得分析を使っているんだとわかったのは山田さんに予科で教わっていたからです。

ともかく、都留さんはアメリカ経済学の導入者と期待をもって我々は迎えた。

尾高　それで都留先生は学部の講義を……。

伊東　もちませんでした。

尾高　そうですよね。そうすると、伊東先生はそこをどういうふうに突破なさったんですか。

伊東　経済研究所のゼミナール講義というのが開かれたんです。

尾高　何年間もですか。

伊東　いえ。都留・ブロンフェンブレンナー共同講義は一年間だけです。総司令部ににらまれたんですね。

尾高　何で？

伊東　それは、あそこで危険思想を流布しているというのですよ。ブロンフェンブレンナーと都留重人さんが。

尾高　そうすると、既にGHQに何とかいう右翼の人が勢力をもつようになっていた。

伊東　もちろんそうです。

西沢　ウィロビーですね。

伊東　ブロンフェンブレンナーが講義できなくなったのです。それで一年間で終わった。あとは、日本経済の成長についての共同講義になった。一年間だけ、「国民所得と再生産」という題だったと思いますが、ブロンフェンブレンナーとの共同講義がありました。今思えば、都留さんの後の業績はほとんどその中にちりばめられています。つまり、外部性の強調、これは公害問題、環境問題ですね。日立の高煙突——つまり広く拡散する例で説明をしました。ピグー評価でした。一橋大学の歴史の中で研究所の講義の写真が載っていますけれど、都留さんの講義の、みました？

西沢　ブロンフェンブレンナーのいる写真（二一一頁参照）ですね。

伊東　ええ、あれは卒業アルバムのこともあって撮らせたのです。

尾高　先生は新聞に関係していらしたから。

伊東　そうです。私は頭だけ写っています。私は全時間出ましたが、非常におもしろかった。都留経済学とはどういうものであるかは、ほとんどこれでわかります。都留さんの勉強方法は、西沢さんはご存じだと思いますけど、読んだものをすべてメモにとる。カードにとる。それを分類しておく。そして、何かあるとそれが出てくる。だから、問題が何か出ると、いつでも同じものが出てくる。例も全部同じものです。それが、あのとき次々に出てきたのです。それ以後の場合も話をするときは必ず、何か問題があるとそのカードが出てくるのです。

尾高 そのカードはとってあるんでしょうね。

西沢 あると思いますけど。

伊東 これが、丸山眞男さん的な人の思考方法と違います。都留さんの場合はコンピュータ的現代主義です。対極は、日本的な人で、何かあると、そう、昔、あれがあったなといってその本をもう一度読み直す。すると、解釈が変わるかもしれない。だから、同じ本についても評価が時代とともに変わったり、変らなかったりです。ところが、都留さんは変わることがほとんどない。例もほとんど同じです。これが合理的・都留重人と丸山さん的な人との思考方法の違いだと私はみています。

尾高 でも、都留先生も、同じ本を後で少し評価が変わるということもあり得たでしょう。

伊東 あり得たでしょうけど、基本的には事例は同種のものです。

尾高 事例も変わらないのですか。

伊東 変わることもある。コンピュータ社会の先取りを都留重人の学問はしていたというぐあいに思います。極めて効率的です。

四 ニューディール時代のハーヴァード経済学部

伊東 当時はケインジアン全盛時代です。そこで都留さんは新古典派批判をまずやり、そしてケインズ理論というのはどういうものであり、それに対する限界はどこにあるかという講義から始められた。その段階で私は、都留さんはアメリカでケインズ経済学の洗礼を受けたと思っていた。

尾高 それは誤解だったと先生は書いていらっしゃいますね。

伊東 ええ。そうじゃない。当時のハーヴァードはニューディールに反対の保守主義の巣だった。このことは非常に重要なことだと思うのです。アメリカ経済学の歴史を考える場合、私たちは誤解をしていた。ニューディールを支えたのはコロンビアです。ブレーントラスト三人はすべてコロンビアの教授です。そして、ハーヴァードの考えは全く批判的だった。

尾高　ハンセン以外は。

伊東　いや、ハンセンはまだ来ていないから。そして、ニューディールにシンパシーを感ずるような理論を展開した経済学者は、ハーヴァードを首になっている。そして、ルーズベルト政権の経済顧問としてケインズ以前のケインズ政策を遂行しているのです。

だから、都留さんがハーヴァードでシュンペーターに学んだというのは当然なのです。つくべき人はいない。シュンペーターに本当に私淑していますね。

これはお二人にお聞きしたいんですが、シュンペーターは弟子をもたなかったでしょう。その継承者がいなかったでしょう。私も書きましたけど、シュンペーターくらい後継者をもちたかった人はいない。しかし、弟子は生まれなかった。都留さんも同じじゃないですか。都留さんの学問を継承するという弟子はいないんじゃないですか。なぜでしょう。

シュンペーターは強がりをいっておりまして、経済学は科学である。科学に学派はないということをいった。しかし、シュンペーターの経済学体系からいえば、一九世紀科学主義批判でしょう。一九世紀科学主義、それをもって解けないものがあるはずだと。そのベルグソンの思想に従って彼は発展の理論を書くのですから、科学なんていうはずない。それは強がりですよ。

都留さんも時々、経済学は科学なんだ、学派などはないというぐあいにシュンペーターの言葉をよくいいましたけど、しかし、どういうわけでしょうか。

尾高　都留経済学というものが少なくとも理論としてはないのであれば、つまり、都留先生のエコノミストとしての真髄は、さっき先生がおっしゃったように、政策思想あるいは政策実現の能力にあるのだとすれば、それは教えられるものではない。

伊東　都留さんは最後に本を書きまして、みずからを制度学派と呼んだのですね。制度学派は新古典派のように方法論に従って展開できないものです。みんな、その時代時代のエトスを抽出して、それを理論化しようということです。こういう学問は学派をつくり得ないのです。すぐれた人間が時代の核を抽出するというようなものなのです。だから、都留さんがやったものの中に、世界的にいろいろなものはあると思うのです。それは「無駄の制度化」とか。これも洞察でしょう。現実の時代的洞察でしょう。それから、「三面等価」というのも都留さんがつくり出した言葉です。

尾高　そうなんですか。

伊東　そうです。だから、都留さんは制度学派にみずからを位置づけたのは、意味があるのです。無駄の制度化であるとか、あるいは「包摂の論理」。これは創造です。新しくつくったものです。すぐれたビジョンです。

五　外部性とミシャン・パラドックス

尾高　外部性という言葉も都留先生ですか。もちろんマーシャルは使っているけれど、日本語ではどうなんでしょう。戦争前の日本にはなかったでしょう。

伊東　外部性について尾高さんがおっしゃいましたから、一つ補足しておきましょう。都留さんの環境問題、外部性の問題は、授業で初めてやったのですが、それについて重要なことは、マーシャルに注目したこと。ピグーを超えてマーシャルに注目したことだと私は思います。

西沢　ピグーを超えてマーシャルに注目されたというのは、具体的に都留先生はどこら辺でそういうことを書いていらっしゃるんでしょうか。

伊東　書いていないでしょう。私は都留さんの考えを私なりに解釈したのです。というのは、都留さんは都市問題で外部性に注目している。これはマーシャルでしょう。私の師杉本栄一はマーシャル研究

1950年2月、(左より) 杉本栄一、中山伊知郎と

家ですから。

厚生経済学で非常に重要な文献はミシャンです。都留さんがいち早くミシャンに注目したというのは、さすがだと思います。ミシャンの厚生経済学の歴史についての論文があるのです。厚生経済学をたどっていって、厚生経済学の限界に突き当たったというものでしょう。そこに何があるのか。私がミシャン・パラドックスと名づけたものが出てくるのです。

それは、二つの地点に定期的にバスが通っていて、住民は何の不自由もなかった。ところが、所得水準が上がった。すると、一部の人がマイカーを持ち出した。バスを待っている人の前にサーッとマイカーが走って、知っている人間をぽっと乗せていくと、こんちくしょうと思う。そのうちに、多くの人がマイカーに乗るようになる。だんだんバスは営業的によくなくなってきて、道路は渋滞になり、バスは定期的に走れなくなる。だんだんバスは経営不振になる。そして、ついに行き着いたときには、人々はもうバスを復活させることはできない。これがミシャンの本の中にある。これを私はミシャン・パラドックスというぐあいに呼んだのです。
私はこれを都留さんが海外に行かれたときに、一橋の大学院都留ゼミの学生に出したのですよ。厚生経済学を使い、初めの段階から、だんだん所得水準が上昇していくたびに、人々は次へ移っていく。それは、人々が好ましいから移る。そして、好ましいというのだから移る必然性がある。それを示し、その一つ一つは経済学的に、理論的に好ましいけれども、一番初めと後とは好ましい状態から好ましくない状態になる。それを説明し、結果は好ましくないということを経済学的に論証しろという問題を出したことがあるのです。これは都留さんがミシャン・パラドックスを重視していたからなのです。

尾高 先生はそのとき大学院の講義をしていらしたわけですか。

伊東 いえいえ。都留さんが海外に行っていた時ゼミの学生指導をしていたのです。この問題をどう解くかという問題です。

都留さんと話をしたのです。都留さんが、その問題はマーシャルだなと私にいう。そうです、これはマーシャルの問題です。つまり、厚生経済学というものの定理は動態的でない。選択の条件が変われば、それは全く意味がない。私の師杉本栄一はマーシャル研究でした。問題はマーシャルが提案した消費者余剰です。これは考え方で、生産者余剰が利潤という客観的実在であるのに対して、一種の考え方、フィクションです。それは選択の条件が変われば比較できない。これはマーシャル研究から出てくるものです。このミシャン・パラドックスというのは選択の条件が変わる問題です。

そういう点からいうと、都留さんはマーシャルに気づいたと思うのです。ミシャンを通じて。ただ、都留さんは学史研究家ではないから、マーシャルという学史から行ってはいない。

尾高 先生がその問題を出されたのはいつごろですか。おおよそ覚えていらっしゃいます?

伊東 そうですね。それは四〇年代でしょう。

尾高 昭和四〇年代?

伊東 私はそれで交通問題に関してのシンポジウムの報告をしています。そのときそれを使ったのです。

尾高　『経済研究』に、今、先生がご説明になった全く同じことを都留先生は書いていらっしゃいますね。例えば都電がなくなったというプロセスを書いて(1)。

伊東　そうですか。

尾高　伊東先生も、審議会か何かで、鉄道が道路に押されて国鉄がだんだんだめになることを問題にされたと、いつかいっていらしたのを伺いましたよ。

伊東　ええ。でも、私はバスでやったのです。それはミシャンがバスですから。

尾高　同じころかなと思ったんです。

伊東　同じころでしょう。私が運輸政策審議会に関係したときですから。

尾高　都留先生もですか。

伊東　都留さんが途中で座長をほうり出してしまった。やむなく中山さんが、次の部会長に私を指名したのです。それで私がやった。

尾高　都留先生は外国へ行くためか何かでおやめになったんですか。

伊東　けんかしたのです。私は都留さんと議論しながら、都留さんはいわゆる学史的思考ではないけれども、非常にいいところに目をつけている人だというぐあいなことを思いましたよ。

尾高　都留先生の書き物にマーシャルは余り登場しないですよね。

西沢　と思いますね。

伊東　ない。

尾高　全然登場しないんじゃないですかね。

伊東　たしかにない。これは、私が杉本ゼミで学んだことですが。

尾高　マーシャルのプリンシプルにそういうことは書いていないんじゃないかな。

西沢　選択の条件が変われば消費者余剰は使えないというようなことは書いていないかもしれませんね。

伊東　都留さんは、そうなんだというのです。そこに厚生経済学の限界があると。センのいっていることは、セン自身も意識していないけど、そのことなのです。貧しい人には選択の条件がないのですよ。

西沢　そういう意味だとすれば、都留先生がいつごろからラスキンに明示的に言及されるようになったのかよく知りませんが、ラスキンについては明示的に書いてもいらっしゃいますよね。恐らくセンなんかにもラスキンの影響ってあるんじゃないかと思うんですが。

六　都留重人とマルクス

伊東　都留さんは非常によくいろんな経済学を知っています。ただ、それを位置づけ、体系づけて一つに集約するということはなかった。そこで私は、都留さんというのは理論を自分の分析武器として政策に使うために適当にボックスから引き出してくる、そういう人だというぐあいに書いた。

もうちょっと違う視点でいいますと、都留さんをマルクス経済学者だとみるマルクス経済学者は、日本には一人もいないでしょう。ちょうどシュンペーターがマルクス経済学者だという人はだれもいないように。しかし、マルクス経済学の影響は若いとき非常に強く受けたわけですね。あの世代の人たちは、それが結局抜け切らない。

都留さんもある意味で恵まれた家庭だった。そして、その恵まれた家庭であるがゆえに、戦前の貧しさに義憤を感じ、マルクスを読んだに違いない。そう思いますね。それは一生を通じて彼をとらえて離さなかった。

あの人はマルクスの『経済学的哲学草稿』も知っている。だけど、日本のマルクス経済学はああいうような学問では認めない。しかし、都留さんはマルクスを現代に生かすのかもしれない。

尾高　どこが認められない理由でしょう。

伊東　やっぱり日本は文献学ですよ。佐藤金三郎君のような文献学ですよ。ああいうことをしないと日本では認められない。

西沢　でも、そういう意味では、高須賀先生とか置塩先生とかそういう方は、都留先生のようなマルクス研究のスタイルをある意味で発展させたんではないでしょうか。

伊東　どうでしょうかね。それは違うと思いますよ。置塩さんはヒックスからだ。置塩さんと初めて会ったのは、杉本研究室でした。昭和二五年か二六年だ。そのとき彼はヒックスでした。紛れもなくそれでした。

尾高　『価値と資本』ですか。

伊東　そうです。彼の先生がそうでしょう。ああいう考え方はレオンチェフみたいにある。高須賀君は、それは違うでしょう。都留さんが高須賀と私とは全く理論も何も違うといったでしょう。そういうことはなかった？

西沢　私はそこは直接は知りません。

伊東　直接みんなの面前でいわれたといって、高須賀はしょげかえって私のところに来ましたよ。

西沢　そうすると、都留先生の理論的かつ政策的思考を一番受け継いでいらっしゃるのは伊東先生でしょうか。

伊東　いや、どうかわかりません。そうでないでしょう。都留さんの偉大さを継承するような偉大な弟子はいなかった。それが都留経済学の特徴なのです。制度学派というのはそういうものですよ。時代が変わらないと出ない。新しい時代になったとき、その時代の核は何であるかというのを析出して、そこから展開するというのが制度学派の特徴です。ヴェブレンもみんなそうでしょう。

尾高　シュンペーターは制度学派でないんですね。

伊東　違いますね。だけど、都留さんの中では制度学派の中に入れてありますね。それから、ノーベル賞選考者たちは制度学派と同じにしていますね。そして、制度学派、括弧してシュンペーター、それはノーベル賞の候補者から外すと。資本主義の核は何か。それはシュンペーターの問題意識ですね。

七　現実知識の豊富な「経済の学者」

西沢　都留先生とブロンフェンブレンナーのゼミナール講義に出ていた方には、どんな方がいたんでしょうか。

伊東　学生ですからね、二、三〇人いたんじゃないですか。

西沢　その後、研究者になった方は。つまり、そこで国民所得と再生産など都留先生の考えがかなりいろんな形で述べられたということなんですが、それを……。

伊東　研究者になったのはいないでしょう。都留さんのときには研究者になるという人は来なかったのですよ。みんなジャーナリスティックに都留さんはもてはやしたから、そういうのに引かれた人たちですよ。

書いたのですけれど、経済学の学はいけないといったわけではありません。『経済研究』創刊の辞をお読みください。あれにはそう書いていない。そうじゃなくて、理論を現実に照らして真であるかどうかを確かめる勇気をもてと書いているのです。これはオックスフォード調査と同じです。

都留さんは、現実の経済を実際に調べたということとは公害研究までない。全部文献・資料を通じてやっているのです。ただ、都留さんの意図の中に経済の学という考えがあったことは確かです。経済の学でなければならないとは小宮隆太郎さんが昭和二八年の理論経済学会でいったことです。

尾高　そうですか。都留先生も経済学学じゃだめだとおっしゃったような気がしていましたけどね。

伊東　「現実に照らして理論が真であるかどうか」ということをいったのですよ。そして、経済学の学ではなくてというのは、宮崎義一さんが都留さんをそう解した。

しかし、都留さんが、経済の現実知識をもたなければだめだと考えていたのは確かです。それは、私への教育がそうでした。特別研究生の指導教授として都留さんのうちに初めて行った時です。そのとき、都留さんは、私が杉本のところでイギリス経済学史をやっている学の学だということをよく知っていたのです。私が杉本先生から与えられたのはイギリス経済学史研究です。

今でもはっきり覚えている。黒板に数字が並んでいる。「伊東君、これはアジアにおける一人当たり電力消費量である。どこがどこの国であるか、書け」、というんです。国の名前は書いてない。そんなこと、私はついぞ考えたこともなかった。杉本先生は、ケインズをやれ、マーシャルをやれ、ピグーをやれ。

ぱっとみたのです。断トツに一人当たり電力消費量が高い国がある。すぐに日本と書いた。あと、勘でずっと書いていった。そして終わったら、「はい、だめ」。一人当たり電力消費量の一番高い国、君、知らんのか。北朝鮮です。それで私は、わかった。「はあ、水豊発電所ですね」といったら、「そうだ、水豊発電所を知っていて、何でそれがわからん」と。アジア一の水力発電所を川の水を逆に流して日本はあそこへつくった。そして、その発電量でチッソがあこがれの化学工業会社になった。それは知っていたが、そこに及び至らなかった。という形で、何回もこういうことをやられたのです。それは、全面降伏でした。

あの人は、一度注意したことを二度注意しない人です。一度注意してだめだったら、見放す。ところが、私に三度同じことを注意した。それで私は宗旨がえをしたんです。都留さんはいったんですよ。「伊東君、学史は歳をとってできる」(笑い)。

尾高　そうでもないと思うけど。

伊東　若いうちにやるべきものではない。西沢さんに申しわけないけど(笑い)。そして、「自分はシュンペーターにいわれた。経済学の中で一番難しいのは政策だ。そして、君にはその能力があるというぐあいにいわれて、自分は政策をやった。同じ言葉を君にいう。政策をやれ。」

私は心の中で、「何をいっとるか」と。「私は、杉本の遺児といわれているんだ。だからイギリス経済学史をやる」というぐあいに思って、都留さんに内緒でイギリス経済学史を書こうとしていた。ところが岩波新書に穴があいたというんで、その一部のケインズのところを新書で出したわけです。都留さんは出るまで全然知らなかった。ですが三度目で私はイギリス経済学史をやめたのです。私は政策に転じます。しかし、都留さんのような能力はない。

ただ、例えば第二次物価問題の土地の問題のとき、保有税、つまり固定資産税を上げると、土地は売りにでるんですよ。逆に、譲渡所得税を重課するとロック・イン・エフェクト、つまり売らなくなる。政策的には、固定資産税と譲渡所得税を兼ね合わせて最適条件をつくらなきゃならない。そういうことを考え答申案を書いた。

都留さんはそういうことが好きです。

都留さんは分科会で、「今までの議論をもとにいたしまして、次回に座長私案を提出いたします。」と言い解散すると、「伊東君、三日間あれば書けるだろう、書いてもってきて。」、これなんです。この酷使に耐えたのは私です。もう本当に酷使に耐えた。丸山英人さんがそのことを知っているはずですがね。

ともかく、都留さんは原稿を書いたとき、直しのない人です。消しゴムというのをもったことがない。それで、「消しゴムをもって書いている人間ともっていない人間との差です。三日で書けますか」といったのですが。そういうことを僕はずっとやっていた。

尾高　それで、先生が書かれた、都留先生ならこう書かれるであろうという答案は、ぴったりだったんですね。

伊東　直しもあれば、直しなしも。

それは岩波の『経済学小辞典』を東畑精一さんが都留さんが書いた文章はわかりやすいと引用した。それは、私が書いたところでした。都留さんならこう書くであろうと書いた。

尾高　それもすごいですね。

伊東　都留さんは小辞典は何も書いていないのですよ。

尾高　でも、あれ、都留重人編と書いてあるじゃないですか。

伊東　そうです。だから、私は都留さんに、あなたは監修者ですね。監修者は監修者であって執筆者じゃありませんと。

そもそもあの本の出版相談は、岩波雄二郎さんが私に相談したんです。それで、うんと売れる本をつくりたいというんで、じゃ、小辞典だと。それで都留さんを担いでやろうと。都留さんは監修。

都留さんの監修には感心した。監修者は全部校正して、原稿をチェックしなさいといったんです。書いた人間の間違いを直しなさいといったのです。

それをやった。これは感心しましたね。例えば、私の書いたボトルネックは直されています。直されているというのは、この時都留さんは海外にいたのです。

海外から手紙が来た。「水の入ったボトルをひっくり返して水を出そうとすれば、どくどくどくとなかなか出てこないように」、と書いたんですよ。それで、「そういう状態をいう」と書いたんです。「状態ではない、調べよ。」千九百何十何年、イギリス大蔵大臣の議会報告でつかったのがはじめてであると書いてある。それで、私は調べた。そうしたら、そのとおり。阻害するものなんですよ。状態じゃないんです。

等々、正確きわまりない。あの本の辞書の執筆者のあやふやなところをきちんきちんと直したのは、都留さんです。

例えば、シカゴ学派について日本で初めて正確に書いているのはあれです。シカゴ学派というのはマーシャリアンなのですよ。ハイエクなどとは関係ない。

これは書いておいていただきたいのですが、私が若い時です。マーシャルの新古典派の理論について、マーシャルを体系化したのはアメリカではどういう論文を読めばいいんですかと聞いたら、すぐヴァイナーだといいました。日本ではそれまでヴァイナーは紹介されていないのではないですか。あのミクロの費用曲線。あれをああいうぐあいに制度化したのはヴァイナーです。マーシャルの費用曲線といわれているのは、マーシャルかどうかは問題ですが。あれはヴァイナーの考えです。

尾高　そうですね。僕もそう思います。

伊東　私は都留さんにいわれて、あの費用曲線がヴァイナーで、これはマーシャルとは違うというぐあいに気がついたのは都留さんゆえです。そういうぐあいに、常に正確にアメリカの経済学のものを知っておられます。

外部性についても、アメリカにいい論文がある。それをいち早く都留さんは指摘しました。その論文を小宮隆太郎さんも注目している。外部性についての体系的な論文です。市場の失敗についての幾つかの場合というのを初めて書いたのはバトゥールです。都留さんは、学部の学生は重荷だったのではないですか。報告を忍耐して聞いて、似顔絵を書いていた。こんなことを言うと学部生に怒られる。ゼミをやって得るところがあるのは実業界に出た人たちだと、背広ゼミをやったのでしょう。

尾高 でも、背広ゼミに出た方も、最初、都留先生は学力の低さにびっくりされたようだと書いておられますね。

伊東 そうそう。一橋の理論研究は実に低いというぐあいに都留さんは思った。なぜならテキストブックを読んでいないから体系的知識がない。

それを私は知っていた。それで、一橋で学問をやった人間として都留さんに対して、アメリカの経済学のテキストブック教育と一橋の原典教育とは基本的に違うぞというので、先生のところに乗り込んだのですよ。この人に負けるものかと意地を張っていたが、現実的知識のなさでやられてしまった。

家に夕食後来いという。飛んで行くと、「もはや戦後ではない」で有名になった経済白書の執筆者、後藤誉之助さんが何人かを連れて来ている。そして経済白書の、草稿の発表をしました。第一章、第二章と後藤誉之助さんが指名して報告さしていく。都留さんはそれを聞いて、その綿製品の統計はおかしいぞ、調べろ、そういうことをいうのです。そんなこと、私はわからない。

調べたところ、当時の日本の生産量のうち、アメリカ軍が飛行機で韓国に密輸している綿製品がたくさんあったらしい。それが抜けている。

ともかく、どうしてあんな勘が働くのか私はわからない。そういう点では、経済の学者であったことは確かです。

西沢 マルクスもよく知っていたわけですよね。それから、近代経済学のこともよく。

伊東 そう。みんなボックスに入っていて、必要に応じてとりだす。

尾高 都留先生のそういう現実の知識の豊富さというのは、大学にいると余りみえませんね。

伊東 そうですか。

尾高 実業界とか、先生のように審議会等でそういう現実の姿が問題になるときに初めてみえるんじゃないですかね。学生とか教員の間だと、そういうことを都留先生はおっしゃる機会がなかったんじゃないかな。僕は知りませんでした。残念です。

伊東　私はそれでこてんぴしんにやられて、自分の経済学をやり直さなきゃならないというぐあいに感じたのは、そのためです。

だから、私は機会あるごとに日本の工場を見たし、自動車工場を見たし、イギリスの製鉄所を見て歩いたし、モスクワの自動車工場も見て歩いたし、できる限り国内、海外の工場を見て歩いたのです。それは都留さんの影響だったと思います。しかし、それがプラスしたかどうかはわからないけれど、ある感覚が生まれましたね。これはだめだと。モスクワへ行ってソビエトの工場を見て、これはだめだというぐあいに思いました。ソビエトの最新鋭の工場を見て、すぐれている機械は二〇年代の、例えば旋盤だったらスイスから輸入した機械。

尾高　二〇年代というのは一九二〇年？

伊東　一九二〇年代。そして、それ以後の場合にはだめなのですよ。工場で機械をチェックして歩いたのです。そういうことをやるのは、都留さんの影響なしにはない。

しかし、都留さんが現実をそんなに知っていたかどうかかな。例えば都留さんと一緒に北京鉄鋼公司というところに行ったのです。北京の北にある、中国が誇る製鉄工場です。そこを見に行ったとき、私は都留先生に、目に注意しなさいといった。製鉄所の高炉から出る鉄粉が目に入ると刺さって大変なことになるのです。それを除去する装置はない。これはソビエトの技術です。あすこにはそういうのを除去するものがない。

それから、この工場の福祉施設に都留さんが非常に感心された。工場の中に幼稚園があったり、学校があったり、病院があったりなんか。それで私は都留さんに注意したのです。そんなものに感心しちゃいけません。これが中国経済のゆがみなんですと。つまり、非常に恵まれた工場においては、その鉄鋼公司の中にすぐれた医療設備があり、退職した人間もそこに入れる。しかし普遍的なものではないのです。それが社会的には不平等をつくり出し、コストにどういう影響を与えるか。ゆがみです。
だから、都留さんが北朝鮮に招かれたとき、私は反対した。行って利用されてはいけない。

八　シュンペーターとその弟子たち

伊東　しかし、国際人ですね。都留さんが偉いのは国際人ですよ。

三〇年代後半以後のアメリカ体験は都留さんですね。そして、六〇年代から八〇年のイギリスは森嶋通夫さんですね。

余談ですが、シュンペーターとケインズの授業の仕方は対照的です。ケインズは常に問題意識と批判者をもった。ベルサイユ条約は間違っている。金本位制度復帰は間違っている。新古典派批判と。常に敵をつくり、授業を受ける者はケインズ崇拝者になるのです。授業しているとおもしろいでしょう。ところが、シュンペーターは、「すべてを理解する者はすべてを許す者である」と彼の本の冒頭に書いてあるようなものなのです。これではシュンペータリアンをつくらない。都留さんはシュンペーターの系譜です。心ならずも。だから、敵をつくって、そして学生を引っ張っていくというのではなく、すべてを理解して、すべて批判するのです。だから、都留リアンは出ない。と思いますが、違いますか。

西沢　どうでしょうか。

伊東　だから、教育者として非常にいいですね。シュンペーターも教育者として非常によかったでしょう。シュンペーターの教育を受けたというのは、みんな感謝していますよ。

西沢　ちょっと関係ないことかもしれませんが、日本人でシュンペーターの薫陶を一番最初に受けたのはどなたなんでしょうか。

伊東　中山さんじゃないですか。

尾高　中山さん、東畑さん。

伊東　しかし、中山さんはほとんど授業に出ていない。それで、ゼミも出ていない。ダンスをやっていたらしい。そんなこといっちゃいけないな（笑い）。

尾高　別に、いいんじゃないですか。

伊東　中山さんはすでにかなりの理論を知っていた。東畑さんは逆。何も知らない。シュンペーターは手をとり足をとり教えたらしい。かわいがった。だから、戦後、東畑さんのことはよく覚えていた。中山さんのことはほとんど覚えていなかったそうです。

東畑さんは非常に面倒をみてもらった。それから都留さんですよ。都留重人に対するシュンペーターの信頼は非常に大きい。調べてみなさい。シュンペーターから都留さんへの手紙があるでしょう。それに、これこれの日本人の友人によろしくと書いてありますが、それには順序があるはずです。意外の人が一人入っているはずです。

西沢　シュンペーターから都留先生への手紙は、少し前までは都留先生からいただいたものの中で、ごくわずかしかみつからなかったんですが、ごく最近、シュンペーター夫人から都留先生にあてた長い手紙、シュンペーター文庫を……。

伊東　ああ。

西沢　そういうものを含めて何通かみつかったようですね。

伊東　それで思い出しましたけど、都留さんの一橋に対する功績で、例の文庫を入れたこと。

尾高　フランクリン文庫ですか。

伊東　フランクリン文庫。このことは書いておいたほうがいいですね。フランクリン文庫に貴重本がたくさんあるでしょう。

尾高　どこかに書いてありましたね。

伊東　偶然私が都留さんのうちにいたとき、国際電話が入ってきたのです。フランクリン文庫が売りに出ているという電話があって、それで電話を置いて、伊東君、フランクリン文庫が売りに出ているのだがどうしようか。あと何日かでばらして売るといっているというのです。ペナルティーは払ってもいいからみに行ったほうがいい。あのリプリント屋は物すごくいいものをもっているはずだから、買ったほうがいいとすすめたのです。それで、ペナルティーを払ってもいいからみに行くことになった。それで研究所の……。

尾高　細谷新治さん。

伊東　細谷さんに行ってもらったのです。

尾高　都留先生がそういう決断をなすったんですね。

伊東　それで、その電話のときにいったのですよ。一橋が買わないといったら、都留さんと二人で買いましょうといったんです。

尾高　当時の百万ドルでしたね。

伊東　百万ドルって三億円？

西沢　三億円だというふうに……。

尾高　そうですね。円が高くなり始めたときでしたね。

伊東　僕は三億円だと記憶している。三〇八円ですかね。

尾高　中山先生と都留先生はいつお知り合いになったんでしょう。日本へ都留さんが帰られてからですか。それともシュンペーターの縁があったんですか。

伊東　シュンペーターの縁があったんで、中山さんが一橋に招いたのでしょう。シュンペーターの弟子だというんで。それまでは直接面識はなかったと思います。

尾高　そうすると、一九四〇何年。

西沢　三年だと思います。

尾高　都留先生が日本へ帰られて東亜経済研究所の嘱託になられたときですね。

あと二つ、質問があるんですけど、伊東先生にお書きになったものの中に、「一般理論の意義は経済学をマーシャルの呪縛から解放したことにある」と……。

伊東　都留さんが書いています。

尾高　これは都留先生の言葉ですか。

伊東　そうです。

尾高　伊東先生ではないんですね。

伊東　ええ、それは都留さんがそう書いています。果たしてそうかどうか、私は態度を保留しますが。

尾高　わかりました。

もう一つ、「国際問題談話会の経験から、篠原氏と私の二人が中心になり問題ごとに人を呼ぶという形式で岩波書店で開いた」とある。これは「都市科学の提唱」ですか。

伊東　『都市政策講座』になる研究会です。

尾高　この篠原氏というのはどなたですか。

伊東　篠原一東大教授。国際問題談話会は大学騒動で中止。残っていた金で、篠原さんと都市問題研究をやることにした。

そのとき、都留さんは公害に特化する。私は都市問題に特化する。それで暗黙のうちに分業した。都留さんが飲んべえを率いて公害研究。あれは飲みたいからやったようなものです。奥さんがそのことをよくいっていました。

都留さんは制度学派というのに関係がありますが……、西沢さん、真知子巻きを御存じですか。一世を風靡した。銀座の街頭で通る女性の何%が真知子巻きをしているかという調査を南博さんのゼミの学生がやった（笑い）。南博ゼミの加藤秀俊。

尾高　社会学者。

伊東　天声人語を書き、岩波新書を何冊か書いた辰濃和男――かれらは私と同じ部の後輩です。かれらがやってきて、驚きましたというのです。何%だったと思います。五%だった。

大流行といっても五%。実証史家や、統計学者は、切り捨てる。だがその五%が文化をになっている。その五%の摘出が大切です。制度学派やウェーバーのような人間は、その五%を時代のものとして摘出する。

村松さんや増田さんのような実証史家は五%は切り捨てるでしょう。だけど、時代のエトスをつかむ経済学者、経済史家はそれをとらえる。

それが制度学派で、都留さんはそれをめざした。意識したかどうかわかりませんけれど。

尾高　それで成功したわけでしょう。

伊東　と私は思って、えらい人であった、それを継ぐ人間がいないというのは当然であると考えている。時代が変わらなきゃ出てこない。一時代変わったら、また出てくるだろう。同じ時代に出るはずはないと思います。

九　制度設計・統計学・計量経済学

伊東　今思えば、私たちが教わった経済学は一九世紀の哲学の影響下にあった。二〇世紀のではない。一九世紀の哲学というのは、まず本質分析です。シュンペーターの本『理論経済学の本質と主要内容』がそうであるように。井藤半弥先生の財政学は、財政現象の本質いかんというものでした。大河内一男教授の授業は、社会政策の本質いかんというものです。これはドイツの一九世紀経済学です。大陸の経済学の影響を受けたロビンズは『経済学の本質と意義』を書きました。二〇世紀の経済学はそういうものではない。こういう財政支出をしたら、どこにどういう影響をもつかというようなものです。

もちろん井藤半弥先生は戦後立派な仕事をなさいました。戦後日本の税制をどうするかというあのシャウプの報告書——あの使節団を助けた。あの報告書をみると、日本人三人に感謝している。一人が井藤半弥。制度設計というのは一九世紀の学問でできる。二〇世紀の学問はできないかもしれない。二〇世紀の計量的分析では、制度設計はできない。

彼は日本のどこにいても最低限の生活を補助できるような交付税制度を勧告した。交付税制度はアメリカにない。シャウプの芸術といわれるこの制度をシャウプはどこで学んだかを、東大の財政学の神野さんが問題にしている。あれは井藤半弥さんではないですか。私たちの、授業で井藤さんは先週、シャウプとこういう話をした、と話しました。それで私は、シャウプ勧告の形成過程を少し知りました。

それで、都留さんに、シャウプ勧告の交付税について聞いてみました。すると我々が教えてやったんだと断言しました。都留さんはそれを通訳したんだから、確実です。

そもそも、あの種の考え方はドイツにあった。そして、戦争中の日本に輸入された。井藤半弥さんには目指すべき制度だ。財政学は三つの柱がある。その一つが制度論、比較制度学派。

変な話にとびますが、日本の国民所得を都留さんはふやした。都留さんが国民所得分析を日本にもってきたでしょう。それで経済企画庁で国民所得統計の整備をやったのです。浅野義光という人が課長で、都留さんが責任者で、私がその下で、経済企画庁は宍戸駿太郎さんだった。それで整備をやった。

1949年8月26日、シャウプ博士（中央）と都留重人（右より2人目）

そうすると、要請が来る。もう少し日本の所得水準を上げる必要があるのじゃないかと、内閣から。浅野さんがそれを都留さんにいうのです。都留さんが何か落ちているものはないかという。宍戸さんと私が、特殊婦人の所得が入っていませんといった。そうか、すぐに警視庁に電話しろと。日本における特殊婦人はどのぐらいいるのか。米兵たち相手の女の人です。五〇万人と報告が来る。一人当たり幾らにしようかと都留さんがいう。これくらいでどうですか、いいだろうと、浅野さんと都留さんとが決める。掛ける五〇万、国民所得が大きくなった。あの国民所得統計はそういうのがもとになって組み上がっていった。もっとひどいのは産業連関分析です。

十　知られざる都留重人像

伊東　しかし、都留さんが描いた福祉国家がどのようなものかは、書き残されていない。「我々への課題」です。

都留さんには若きときのマルクス主義があって、

共産党を批判しない。「アメリカ帝国主義の手先」と赤旗に書かれたことがあるにもかかわらず。

学生の時日本軍が上海に上陸した。それに反対した。私は中国に一緒に行ってよくわかった。中国に対する都留さんの愛情が。日本の中国侵略は許しがたいものであって、自分は青春にそれをかけた。にもかかわらずアメリカで中国人の学者に会ったとき、彼は日本人だというだけで研究室から突き出された。その人に再会したのです。

尾高 中国で。

伊東 それで、あのときあなたに会った日本の青年が私ですと。それを聞いたとき、彼の顔が真っ赤になった。それを見ていた。都留さんはその一言がいいたかったんでしょう。

尾高 それで和解したんですか。

伊東 和解しました。

尾高 どなたですか。覚えていらっしゃいますか。

伊東 経済史の教授です。

西沢 都留先生の戦前の日本の中国進出批判と、マルクスを読まれたということと、戦後、赤旗に帝国主義の手先だというふうにいわれて何も返さなかったということは、やはり戦前と戦後にずれがあるんでしょうか。

伊東 わかりません。都留さんは、こんなものは一部のばかがいっていると思ったんじゃないですか。

西沢 一九五七年ですか、アメリカ上院での証言というのがありますよね。それで、そのときに一九三〇年代、『サイエンス・アンド・ソサエティ』創刊のころの手紙をみせられて、要するに若げの至りだったという、戦前自分がしたことを反省するようなことをかなりいっていらっしゃいますよね。だから、一つの解釈の可能性だと思いますけれども、戦前と戦後の間にどういう関係があるのか。

伊東 私には『サイエンス・アンド・ソサエティ』の編集をやったのは、誇り高く話していますよ。彼の中には反省はない。あの場でいっただけではないですか。私に自慢していたですよ。

西沢 そうすると、でも、その場でいったということは、とり方によっては、何ていいますか、これは 加藤典洋さんという早稲田の、我々がちょっとインタビューした方がいるんですけれども、加藤さんが先生もご存じの『思想の科学』に書いていることは、ある種の転向といいますか、そういうことを思わせるようなことを書いていらっしゃいますよね。その素材は五七年の証言だと思うんですけれども。

伊東　私にいわせれば、ソビエトに対する信頼感をもち過ぎていたということはあります。あの当時の人間は、ジードだってロマン・ロランだってソビエトを信頼していたのだから。都留さんもソビエトを信頼していた。それは確かにある。

西沢　時代がやはり変わったということなんでしょうかね。

伊東　そうでしょう。ソビエトの実情がわかって。それはモスクワに戦争中、都留さんが行って、モスクワにあるアメリカ大使館の友人に会っているのではないかな。アメリカの家の隣にマルクーゼがドイツから移り、よく都留さんの家に来た。でも、都留さんには社会主義、ソビエトについての信頼感がかなりあった。だから、都留さんにソビエトに対する全面批判はないでしょう。

西沢　そうなんでしょうね。

伊東　だけど、私が知っている都留さんは、やっぱりソビエトは容認してはいなかった。それは若いときからの転向ですよ。

だって、北朝鮮に行こうというのだから。招聘されたから。とんでもない、やめなさい。利用されるだけだと。思いとどまったんだけど、私は絶対行っちゃいけないと。

みんなソビエトの実情、疑心暗鬼でしょう。粛清問題で死んでいった人間は、みんな祖国を信じているでしょう。粛清された人間も。というわけで、信頼感があったのですよ。必ずや社会主義の祖国は正しい道を歩むということが。粛清された人間だってそう思っているんだから。

西沢　ノーマンなんかも、一九三〇年代のノーマンと戦後のノーマンとはやはり変化があるんでしょうね。

伊東　あると思いますがね。

西沢　要するに時代が変わったんでしょうね。

伊東　変わったんでしょう。だから、ノーマンがかつて共産党に入ったということは確からしい。ノーマンの伝記の映画がある。カナダでつくったのです。トヨタが金を出してつくったのです。その中に加藤周一さんも登場するし、都留さんも登場するし、丸山さんも登場する。

尾高　それは実在の人がですか。

伊東　ええ、そうです。それはトヨタが金を出してつくったのですよ。それをやったのがカナダトヨタの社長だった、私のゼミの男です。それが私に対する卒業論文ですといって、それをカナダ政府の全面支援でつくった。カナダ政府はノーマンについての誤解を解くためにそれをつくらせたのです。そういう映画がありますよ。

尾高　それはどこかにありますか。

伊東　カナダ大使館で上演した。

西沢　それはカナダ大使館がつくったんでしょうか。

伊東　カナダ大使館じゃない、トヨタがつくった。

尾高　何というタイトルですか。

伊東　『ノーマン』。

都留さんの家があるでしょう。都留さんの家はご存じでしょう。乃木坂のところを入っていく。カナダ大使館からノーマンは夜、裏を通って都留さんのところへ来たそうですよ。戦後ね。

誤解をするといけないから私はいっておくけど、ライシャワーがCIAの一員だったという人がいるが、それは軽い意味ですよ。日本研究の連中たちはみんなCIAの金で研究したのです。

尾高　そういう意味ですか。

伊東　そういう意味にすぎません。だけど、CIAが彼らについていろんなことを聞いて情報を得てやったというのは確かです。

尾高　都留先生も一番最後の本に近いところで将来像を書いていらっしゃるけど、それをどういうふうにつくるかとか、どういう具体的なイメージがあるとか、そういうことを体系的に書いていらっしゃらないのですね。

伊東　そうです。それを書きたいと私は思っているのです。

尾高　それを書いていただきたいですね。

伊東　私は書くつもりです。

尾高　あと、鶴見さんが書いていらっしゃるんですけど、都留先生に対する日本社会のイメージというのは、非常に秀才で鋭いけれども、冷たいというか、自分で何を考えているか余り心の内を開け出さない、要するにわからない人だという感じが一般にあるように思うんですね。残念だけど。

心が非常に温かくて、親切で、まじめで、会議には必ず出ていらっしゃるとか、そういう側面がわかっていない。

伊東　そうですね。都留さんの中には、アメリカに留学した人間は一級上なんですよ。

尾高　宇沢さんだってそうじゃないですか。

伊東　そうなのです。だから、研究所の助手に採ったのがいるでしょう。国際基督教大学の。

尾高　雨宮健。

伊東　雨宮。あれだって一級上なのです。アメリカから帰ってこないやつはだめなのです。都留さんは意識していないがそういう人間的思考だった。アメリカは輝ける第二の祖国です。アメリカから帰った人間は、ともに語るに値する。これが人間・都留重人です。だから、ドイツ系の学問を受けた一橋の教授たち、我々を育てた教授たちは、都留さんのことをくそみそにいうのです。それはもう井藤半弥にしても何にしても批判です。だから都留さんは孤立した。そういう中で高橋長太郎の都留批判が出るのです。あれは一橋の学部の雰囲気です。

それはもうすごいもんですよ。都留さんの指導を受けるというので、井藤半弥先生は伊東君は一橋の中で革命をやるのかというのですよ。杉本栄一の弟子たる者がと。井藤半弥に私は呼びつけられたんです。

西沢　でも、中山先生は高橋長太郎先生なんかとは違っていたわけですよね。

伊東　中山伊知郎さんは最後まで都留さんの庇護者ですね。

尾高　都留先生の側にも何か理由があったんじゃないですか。さっきおっしゃったように、古い学問とか体質を評価しないとはおっしゃらなくても、何となく。

伊東　そうでしょうね。それはあったでしょう。学者というのはみんなそうですよ。学者というのはみんな一人一党だから。

尾高　ところでドーアさんのいっていることは当たっていますか。先生、どう思われますか。戦後の日本は壁がなかったから平等だったけど、最近は市場主義ということで壁をつくろうとしているというのです。

伊東　中産階級の不平等は増大しているけれど、イギリスほどじゃない。イギリスは最近、物すごい。ドーアさんの実質上の先生をご存じですか。

尾高　イギリスでですか。

伊東　いやいや、日本での。日本研究の。ドーアは偉いと私は思っています。目のつけどころがいい。日本というと、みんな、日本資本主義発達史論争です。その農村分析。ところが、日本において農村分析はこういうむだな論争ではなしに、実証的研究の有賀喜左衛門です。有賀喜左衛門の学問を吸収したと私はドーアをみているのですよ。そして、有賀喜左衛門の日本の農村の編成原理、あれを商家に応用したのが、有賀喜左衛門の後を継いだ人ですよ。

尾高　中野卓。

伊東　中野卓です。そして、それを大企業に応用したのがドーアですよ。この系譜で、これは筋がいい。そのドーアが若い時、都留さんの家にいた。戦後はじめてアメリカに講義に都留さんが行った留守。ドーアと都留さんがどこで、どうつながっていたのかわからない。

（二〇〇九年九月二九日、於如水会館・蘭の間）

〔注〕

（1）都留重人「道路対鉄道問題の経済学的考察――いわゆるローカル線廃止問題に関連して――」『経済研究』二〇巻一号（一九六九年一月）、一～九頁。

都留重人略年譜

西暦（年号）	年齢	事項
一九一二（明四五）	〇歳	三月六日東京で生まれる。父信郎、母いよ。姉一人妹二人。
一九一九（大八）	六歳	三月、名古屋市柳城幼稚園卒園。四月、名古屋市葵小学校入学。
一九二三（大一二）	一一歳	一二月、猩紅熱から腎臓炎を併発し、入院。一年間休学する。
一九二五（大一四）	一三歳	四月、愛知県立熱田中学（旧制）入学。弁論部に所属。熱田中学では、野々村一雄、鈴木圭介、成田定七、尾鍋輝彦、浅井一太郎等と知り合う。
一九二六（大一五）	一四歳	五月、英語の家庭教師として、E・F・ペンローズ夫妻と知り合う。英会話と英作文を学ぶ。
一九二九（昭四）	一七歳	四月、中学四年終了時に第八高等学校（旧制・名古屋）文科乙類に入学。社研、陸上部に所属。
一九三〇（昭五）	一八歳	一二月、八高社研の一員として治安維持法違反容疑により検挙される。
一九三一（昭六）	一九歳	二月、起訴猶予で釈放されるが、八高は除名処分となっていた。父親の勧めにより、留学を決意。名古屋在住アメリカ人のつてで、九月、米国ウィスコンシン州のローレンスカレッジ入学。陸上競技部とドイツ語クラブに所属。

一九三二（昭七）　二〇歳　必修科目の数学を免除された代わりに受講した心理学で、教師のホレス・フリーズと知り合う。共同研究の結果を、後に連名で雑誌に発表し、これが最初の研究論文となる（"The meaning of meaning," *The Journal of General Psychology*, Jan. 1933）。フリーズの勧めによりウィスコンシン大学のサマースクールに参加し、哲学者のマックス・オットーの「論理学」を受講する。

一九三三（昭八）　二一歳　二年修了時に、リストン学長の勧めもあり、ハーヴァード大学に転校を決意。夏、再びウィスコンシン大学のサマースクールに参加し、後にギリシャで詩人となるキーマン・フライヤーと知り合う。九月、専攻を決めないまま、ハーヴァード大学に暫定的ジュニアの資格で転校。J・A・シュンペーター教授と出会う。F・W・タウシグ、A・N・ホワイトヘッド、A・N・ホルコム、G・オルポルト等を受講する。

一九三四（昭九）　二二歳　四年時より、アダムス・ハウスに住む。夏、オーヴィス・シュミットを伴い、一時帰国。

一九三五（昭一〇）　二三歳　六月、優等学位論文"An Aspect of Marx's Methodology in Economics: The Fetishism of Commodities"により、バチェラーオブアーツの学位取得。「マグナ・クム・ラウデ」によるハーヴァード経済学部卒業。引き続き大学院に進学し、シュンペーターのセミナーに参加。P・A・サムエルソン、ロベール・トリファン、ポール・スウィージー、E・H・ノーマン等と出会う。

一九三六（昭一一）二四歳　四月、シュンペーターを介し柴田敬と知り合う。五月、修士号取得。*Science & Society* 創刊について編集企画に関与する。

一九三七（昭一二）二五歳　四月、母いよ死去。七月、一時帰国。

一九三八（昭一三）二六歳　春、アーサー・シュレジンガーを介して、鶴見俊輔と知り合う。七月、一時帰国。九月、婚約後、渡米。

一九三九（昭一四）二七歳　六月、和田小六（木戸幸一の弟）の長女正子と結婚のため帰国。八月、夫妻共に渡米。

一九四〇（昭一五）二八歳　六月、"Development of Capitalism and Business Cycles in Japan, 1868-1897"により博士号取得。夏一時帰国し、再渡米。九月、ハーヴァードにて、ゴッドフリート・ハバラーの助手を務め、スウィージーと共同講義を行う。

一九四一（昭一六）二九歳　五月、小冊子 *Japan's Economy under War Strain* をペンネームで発表。九月、W・レオンチェフの研究助手、S・E・ハリスと共同講義を担当する。一二月、日米開戦。

一九四二（昭一七）三〇歳　六月、第一次交換船にて帰国の途に就く。ロレンソ・マルケスを経由し、八月、横浜に着く。

一九四三（昭一八）三一歳　二月〜三月、東大の「ヘボン講座」で「第一次大戦後の米国の政治と経済政策」特別講義。七月、東京商科大学東亜経済研究所（現一橋大学経済研究所）嘱託研究員となる。

一九四四（昭一九）三二歳　六月、『米国の政治と経済政策』出版。六月〜九月、都城の部隊に二等兵として入隊。一二月、外務省勤務。

一九四五（昭二〇）三三歳

三月〜五月、ソ連に伝書使として出張。八月、終戦。九月〜一一月、GHQの関係で来日したノーマン、J・K・ガルブレイス、ポール・バラン、オーウェン・ラティモア等と再会。一二月、木戸幸一の予審尋問に立ち会う。

一九四六（昭二一）三四歳

四月、連合国最高司令部経済科学局調査統計課（ESS）に勤務。五月、『思想の科学』発行、編集委員として参加。一一月、TVA研究懇談会を立ち上げる。

一九四七（昭二二）三五歳

五月、太平洋問題調査会第一回読書会に参加。六月、片山内閣のもと、安定本部総合調整委員会副委員長に任命される。七月、第一回経済白書『経済実相報告書』を発表。一〇月、財団法人として独立した「統計研究会」において国民所得研究部会の主査になる。

一九四八（昭二三）三六歳

二月、父信郎、死去。四月、経済安定本部総合調整委員会副委員長辞任。九月、東京商科大学（現一橋大学）経済研究所所属の教授に就任する。九月二一日、自宅で「背広ゼミ」始まる。同時期に「平和問題談話会」に参加。

一九四九（昭二四）三七歳

三月、「平和問題談話会」での討議に基づき「戦争と平和に関する日本の科学者の声明」を『世界』三月号に発表。五月、シャウプ使節団来日、公式顧問役に任命される。九月、東大経済学部で「国民所得と再生産論」の講義。一一月、研究所選出の経済研究所初代所長になる（一九五六年一〇

一九五〇（昭二五）三八歳
月まで）。ブロンフェンブレンナーとの共同講義を行う。

一九五一（昭二六）三九歳
一月、『経済研究』創刊。一月〜二月、昭和天皇に大内兵衛・有沢広巳・中山伊知郎・東畑精一と共に経済学の御進講を行う。五月、フェビアン研究所創立に関わる。

一九五二（昭二七）四〇歳
一月、日本学術会議会員に選出される（二期〜六期、一九五一年〜一九六三年）。八月、「所得と富」学会（フランス・ルワイヤモン）出席のため、戦後初の海外出張。

一九五三（昭二八）四一歳
九月、国際経済学会（IEA）年次大会出席（オックスフォード）。その後、V・K・R・V・ラオ教授の招請により、インド・デリー大学に客員教授として赴任（翌年一月まで）。

一九五四（昭二九）四二歳
一月、インド科学会議出席（ラクノー）。四月、一橋大学にて大学院講義（一九五五年三月三一日まで）担当。八月、長崎県総合開発実態調査に参加。

一九五五（昭三〇）四三歳
九月、エカフェ専門委員に就任し、四ヶ月半タイ・バンコクに滞在。

一九五六（昭三一）四四歳
一〇月、再びエカフェ職員として四ヶ月タイに滞在。

一九五七（昭三二）四五歳
一〇月、戦後初めて渡米、ハーヴァード大学客員教授を務める。

一九五八（昭三三）四六歳
三月、滞米中、上院の喚問を受ける。六月、帰国。
五月、日本経済新聞による著名な外国の経済学者招聘企画に対し、アルビン・ハンセンの招聘に協力。一〇月、ブリティシュ・コロンビア大学客員教授に招聘され、三ヶ月バンクーバーに滞在。

九月、日本経済新聞によるサムエルソン招聘で通訳と案内を担当。

一九六〇（昭三五）四八歳　一月、エール大学客員教授のため渡米。六月、ハーヴァード大学卒業二五周年記念行事参加。七月～八月、ミネソタ大学サマースクールで講義。九月、ジョンズ・ホプキンズ大学で講義（翌年一月まで）。

一九六一（昭三六）四九歳　二月、ロチェスター大学で講義（六月まで）。五月、アイオワ州立大学で講義。七月、ハーヴァード大学サマーセッションで講義。九月、英仏独を歴訪し、帰国。一〇月、スタンフォード大学日本研究センターで講義（翌年三月まで）。

一九六二（昭三七）五〇歳　一月、日本経済新聞によるトリファン招聘に協力。五月、第一回科学者京都会議出席。八月、IEA第二回コングレス（ウィーン）に出席。九月～一〇月、ヨーロッパでEEC事情調査を行い、その後アメリカで日米民間人会議ダートマス会議に出席する。

一九六三（昭三八）五一歳　七月、統計研究会に「公害研究委員会」発足、委員長に就任。九月、New Directions for World Trade（イタリア・ベラジオ）に出席。

一九六四（昭三九）五二歳　一月、SEANZA（東南アジア及びオセアニア地域の中央銀行職員研修計画）のためパキスタン、インド、タイ出張。三月、第二回日米民間人会議（倉敷）に出席。六月、四日市にて公害視察。九月～一〇月、Dyason Lecture のためオーストラリア訪問。

一九六五（昭四〇）五三歳　二月、再び経済研究所長就任（～一九六七年一月）。九月、ニュージーランド準備銀行にて第六回「SEANZA」の講義。一〇月、国際社会科学評議会（ＩＳＳＣ）代表者会議（アムステルダム）に出席。この年、都知事選に出馬要請されたが固辞。

一九六六（昭四一）五四歳
七月～八月、ユネスコ及びＩＥＡ共催のアジア地域経済学者研修コース（インド・プーナ）にて講義。九月、日経センター「成長コンファランス」出席。一橋大学にて大学院講義を担当（～一九六八年）。

一九六七（昭四二）五五歳
五月、一橋大学小平祭にて「平和のために何をなすべきか」という講演をする。

一九六八（昭四三）五六歳
一月、「文化および教育に関する日米会議の勧告に基く共同研究」に関する打合せ会（ホノルル）に出席。四月、東京問題調査会発足に伴い、東京都専門委員を委嘱される。五月、「マルクス生誕一五〇年記念シンポジウム」（パリ）に出席し、“Marx and Analysis of Capitalism” という報告を行う。五月、朝日アジア開発シンポジウムに出席。一一月、「比較経済体制」国際会議出席のためアメリカへ出張。一二月、ＩＳＳＣ第一九回常任理事会（パリ）に出席し、環境破壊問題特別委員会（ISSC Standing Committee on Environmental Disruption）の委員長に就任する。

一九六九（昭四四）五七歳
九月、ＥＣＭＴ第三回国際シンポジウム「運輸における理論と実験」（Conference Europeennes des Ministres des Transports. Troisieme Symposium International sur la Theorie et la Pratique dans L'economie des transports）（ローマ）出席。

一九七〇（昭四五）五八歳
三月、ＩＳＳＣ環境破壊問題特別委員会主催国際シンポジウム（東京）を開催。四月、ＩＳＳＣ総会・常任理事会（パリ）に出席し、副会長に就任する。六月〜八月、ハーヴァード大学サマーセッションにて講義。引き続きＩＥＡシンポジウム「富国と貧国間の相違」会議（ユーゴスラビア）参加。

一九七一（昭四六）五九歳

一月、「都市化と公害問題」に関する協力研究について米側研究者と打合せのためアメリカ合衆国へ出張。六月、「公害をめぐる南北問題」についての専門家会議（スイス・フネ）に出席。七月、ＩＳＳＣ専門家会議「公害の政治経済学」国際シンポジウム（パリ）に出席。七月、『公害研究』創刊。八月〜九月、ＩＥＡシンポジウム（オーストリア）出席後、日ソ経済学者交流プログラムに第五回日ソ経済学者シンポジウム（モスクワ）日本側団長として参加。

一九七二（昭四七）六〇歳

四月、一橋大学長に就任。「開発と環境」会議（コロンビア大学）出席。

六月、ジスカールデスタン大統領の招待で「経済と人間尊重の社会」を主題とした国際会議に出席。

一九七三（昭四八）六一歳

三月、IEA Tokyo Conference on Economics of Health and Medical Care を主宰。

一九七四（昭四九）六二歳

七月、中日新聞社後援・環境国内診断団長として四日市を視察。八月、ＩＥＡ第四回コングレスに出席し、副会長に就任する（一九七七年八月まで）。九月、バート・フランクリン文庫購入。一〇月、環境問題に関する「ココヨク宣言」を採択したシンポジウム（メキシコ・ココヨク）に出席。

一九七五（昭五〇）六三歳
三月、一橋大学長退任、同大学名誉教授。四月、日本国有鉄道諮問委員会委員就任。六月、『著作集』一三巻の刊行開始（一九七六年まで）。朝日国際シンポジウム「日本の進路」に出席。八月、朝日新聞論説顧問就任（一九八五年まで）。IEA Conference on "Inflation Theory and Anti-inflation Policy"（スウェーデン）に出席。一一月、国際環境保全科学会議（京都）に出席。

一九七六（昭五一）六四歳
一二月、American Economic Association 名誉会員になる。

一九七七（昭五二）六五歳
一月、神奈川県総合開発審議会（後に神奈川県総合計画審議会）会長に就任（一九九六年三月まで）。四月、日本電電公社電信電話諮問委員会会長就任（一九七九年まで）。五月～六月、大阪空港裁判原告側証人尋問および反対尋問のため出廷。八月、IEA第五回コングレスが東京で開催され、第一〇代IEA会長に選出される（一九八〇年八月まで）。

一九七八（昭五三）六六歳
『不確実性の時代』ベストセラーになる。五月、「二一世紀への課題」シンポジウム（東京）に出席。六月、IEA Round Table. Relevance of Economic Thories to the Present Day Society（ワルシャワ）出席。八月～九月、IEA Unemployment in Western Countries Today（フランス・ストラスブール）に出席。一〇月、第一回 Theatre for Idea「不確実性の時代における企業経営」出席。一一月、筑波会議出席、「人間からの出発」なる基調講演を行う。この年発足の医療経済研究会の代表を務める。この年、再度都知事選出馬要請あるが、断る。

一九七九（昭五四）六七歳

六月、第一回日本環境会議出席。八月〜九月、The 25th Anniversary of IEA Publications with Macmillan およびIEA Conference on "The Grants Economy and Collective Consumption"（ケンブリッジ）に出席。九月、伊東光晴・宇沢弘文らと中国訪問。一〇月、日伊経済シンポジウム（ローマ）に出席。一一月、朝日新聞創刊百周年記念国際シンポジウム「世界の中の日本の役割―平和・文化国家をめざして―」に出席。一二月、Toyota Conference on Japanese-American Relations（ホノルル）に出席。

一九八〇（昭五五）六八歳

一月、イタリア政府より"Commendatore"勲章を受ける。六月、IEA Round-table Conference "The Determinants of National Savings and Wealth"（イタリア・ベルガモ）に出席。八月、ＩＥＡ会長として第六回コングレス（メキシコ）主宰。九月、World Congress on Health Economics（ライデン）に出席し、Session 3 の Chairperson を担当。一〇月、国際価値会議（筑波）に出席し、一〇月五日にアカデミックスピーチ「社会的価値と生活水準のあり方をめぐって」を行う。一二月、Theatre for Ideas 会議に出席。

一九八一（昭五六）六九歳

一月、Fondation pour Recherche Medicale. International Colloquium "Medical Research, its applications and implications for national economics by the end of the XXth century"（パリ）に出席。四月、中央電気通信サービス利用者委員会会長就任。一〇月、朝日新聞社主催国際シンポジウム「アジア・日本の安全と平和　日米協力の道をさぐる」に出席。一一

一九八二（昭五七）七〇歳

月、余暇開発センター設立一〇周年記念講演出席、祝辞を述べる。同月、筑波会議に出席し、基調講演「文化―過去・現在・未来」を行う。

三月、IPSA Tokyo Round Table 1982に参加。四月、朝日新聞社主催国際シンポジウム「科学と人間」にて司会を務める。五月、Centre d'etudes prospectives et d'informations internationales. Seminaire de reflexion sur l'economie mondiale（パリ）に出席。六月、The Human Environment; Action or Disaster? the Public Hearing held in Londonに出席、七月、国際経済経営会議（ＩＣＥＭ）に出席。九月、ＩＥＡ理事会および"Monetary Theory and Economic Institutions"（フィレンツェ）会議に出席。*Fundamentals of Pure and Applied Economics Series*のAdvisory Boardメンバーとなる。IEA Conference on "Economics of Alternative Sources of Energy"（東京）開催。一一月、「緑の地球防衛」国際シンポジウム（横浜）出席。

一九八三（昭五八）七一歳

一月、前年より再々度都知事選出馬要請あるも、固辞。三月、「核軍縮への道」シンポジウム（東京）に出席。九月、"International Conference on Common Security," SIPRI Conference（ストックホルム）に出席。一一月、法政大学第八回国際シンポジウム「世界史における日本占領」に出席し、「第四セッション・日本占領のバランスシート」討論に参加。

一九八四（昭五九）七二歳

九月～一一月、岩波市民セミナーにて「現代経済学の群像」の連続講義をする。

一九八五（昭六〇）七三歳　三月、朝日新聞名古屋本社発足五〇周年記念国際経済シンポジウム「経済摩擦の解消をめざして」出席。四月、国鉄再建問題に関する専門家会議（東京）に出席。五月、イタリアにて Raffaele Mattioli Lecture を行う。六月、ハーヴァード大学にて名誉学位授与される。一〇月、日本経済学者代表団の一員として中国を訪問する。一二月、朝日新聞社退社。

一九八六（昭六一）七四歳　一月、「リカレント教育」シンポジウムに出席。四月、明治学院大学国際学部教授就任。

一九八七（昭六二）七五歳　九月、ＩＥＡ円卓会議 Institutions in a New Dynamic Society. Search for a New Frontier に出席。

一九八八（昭六三）七六歳　九月、東京にて「地球規模変化に対する人間の反応」シンポジウムに出席。

一九八九（平元）七七歳　一〇月、湘南国際村協会会長に就任。

一九九〇（平二）七八歳　三月、明治学院大学国際学部教授退任。一二月、日本学士院会員に選出される。

一九九一（平三）七九歳　一一月、一橋大学経済研究所五〇周年記念式典で記念講演。

一九九二（平四）八〇歳　八月、京都にて「シュンペーター学会」に出席。

一九九四（平六）八二歳　五月、一橋大学開放講座（三〇〇回記念）にて「Quality of Life」というテーマで講演する。立命館大学政策科学部開設記念シンポジウム「二一世紀の創造―地球環境政策と日本の課題―」にて基調講演を行う。湘南国際村センターのオープニングセレモニーに出席。九月、「軍縮と安全保障の経済学」ＥＣＡＡＲ第二回シンポジウムのパネルディスカッションに参加。

一九九六（平八）　八四歳　一〇月、ラスキン文庫特別講演会にて講演。一一月、湘南国際村協会会長退任。

一九九八（平一〇）八六歳　八月、全国医学生ゼミナール記念講演「二一世紀の医学・医療を展望して」を行う。

二〇〇一（平一三）八九歳　自伝『いくつもの岐路を回顧して』を出版。

二〇〇三（平一五）九一歳　一〇月、日本学士院公開講演会で講演。この年、一橋大学経済研究所資料室に、書簡、原稿、会議資料等の個人アーカイブ約一五、〇〇〇点を寄贈。

二〇〇四（平一六）九二歳　一〇月、一橋大学で、「都留重人と激動の時代」展示に伴なう講演会で講演（一〇月二六日）を行う。

二〇〇六（平一八）九三歳　二月五日、逝去。最後の著書『市場には心がない』出版。

執筆者紹介（執筆順、*編者）

水 田　洋　日本学士院会員、名古屋大学名誉教授
伊 東 光 晴　京都大学名誉教授
塩野谷祐一　元一橋大学学長、一橋大学名誉教授
鈴村興太郎　早稲田大学政治経済学術院教授、一橋大学名誉教授
尾高煌之助*　通商産業研究所編纂主幹、一橋大学・法政大学名誉教授
西 沢　保*　一橋大学経済研究所教授

西 村 可 明　帝京大学教授、元一橋大学副学長
宮 崎　勇　元経済企画庁長官、元大和総研代表取締役理事長
丸 山 英 人　元大蔵省大臣官房審議官
永 井　進　法政大学大学院経済学研究科教授
寺 西 俊 一　一橋大学大学院経済学研究科教授
岡　敏 弘　福井県立大学経済学部教授

Ronald Philip Dore　LSE 経済パーフォマンスセンター（CEP）教授、日本学士院客員
石 川　滋　日本学士院会員、一橋大学名誉教授
宮 本 憲 一　元滋賀大学学長、大阪市立大学名誉教授

小宮隆太郎　日本学士院会員、東京大学・青山学院大学名誉教授
和 田 昭 允　東京大学名誉教授、理化学研究所名誉研究員
塚 本 文 一　都留・背広ゼミ代表
鶴 見 俊 輔　評論家、哲学者

人名索引

A

Ackley, Gardner（アクリー）　327, 329

Adenauer, Konrad（アデナウアー）　287

赤羽信久　245, 246

明野義夫　245, 246

秋葉節一　326

天野明弘　101

雨宮健　104, 411

青山秀夫　386

Aquinas, Thomas（アキナス）　126-127

有賀喜左衛門　412

有沢広巳　162-164, 383, 386

Arrow, Kenneth J.（アロー）　99, 102

朝河貫一　276

浅野栄一　26

浅野義光　406, 407

Ashley, William J.（アシュリー/アシュリ）　12, 117

Auden, Wystan H.（オーデン）　354

B

馬場啓之助　164

Ballon, Robert J.（バロン）　247

Baran, Paul（バラン）　7, 349

Barros, James（バロス）　305, 306

Bator, Francis M.（バトゥール）　399

Baumol, William J.（ボーモル）　50

Beard, Charles A.（ビアード）　340, 341, 351

Bergson, Abram（バーグソン）　174, 237, 238-240

Berliner, Joseph S.（ベルリナー）　237

Bok, Derek C.（ボック）　185

Boulding, Kenneth E.（ボールディング）　117

Bowen, Roger（ボーウェン）　304

Bronfenbrenner, Martin（ブロンフェンブレンナー）　21, 387, 395

Bryce, Robert（ブライス）　304

Burke, Edmund（バーク）　128

C

Campbell, Robert W.（キャンベル）　237

Cantril, Albert H.（キャントリル）　347, 348, 354

Cárdenas, León D.（カルデナス）　346

Carnap, Rudolf（カルナップ）　370, 371, 375

Carr, Edward H.（カー）　7

Chamberlin, Edward H.（チェンバリン/チェンバレン）　20, 377

Chaplin, Charles S.（チャップリン）　13

Chapman, Janet G.（チャップマン）　238

Clark, M. Gardner（クラーク）　238

Clay, Henry（クレイ） 126
Cobb, Charles W.（コブ） 193–195
Colquhoun, Patrick（カッフーン） 97
Conford, John（コーンフォード） 10
Crawford, Marion（クロフォード）
Samuelson, Marion を見よ

D

Dernberger, Robert F.（ダーンバーガー） 236
Dewey, John（デューイ） 360, 373
DeWitt, Nicholas（デュイット） 238
Diderot, Denis（ディドロ） 376, 377
Dobb, Maurice H.（ドップ） 12
Domar, Evsey D.（ドーマー） 30, 31, 198, 201, 240
Dore, Ronald P.（ドーア） 412
Dostoyevsky, Fyodor（ドストエフスキー） 355
Douglas, Paul H.（ダグラス） 193–195

E

Eastland, James O.（イーストランド） 304
Eckermann, Johana P.（エッカーマン） 68
Eckstein, Alexander（エクスタイン） 232–235, 239, 249, 250
Eckstein, Ruth（エクスタイン夫人） 250
江戸英雄 168
江川俊夫 326
Elisseeff, Serge（エリセエフ） 355, 356
Emmerson, John K.（エマーソン） 368
Engels, Friedrich（エンゲルス） 16, 211
Erlich, Alexander（エーリッヒ） 238

F

Fairbank, John K.（フェアバンク/フェヤバンク） 232, 305
Feldman, G. A.（フェルドマン/フェルトマン） 240–242, 248
Feuerbach, Ludwig A.（フォイエルバッハ/フォイアバッハ） 7, 16, 265, 266
Fischer, Irving（フィッシャー） 39, 80, 94, 131, 132, 181
Fries, Horace S.（フリーズ） 379
藤山愛一郎 163, 164, 166, 171, 172
深尾京司 145
福田徳三 132, 133, 384

G

Galbraith, John K.（ガルブレイス/ガルブレース） 4, 10, 20, 25, 33, 35, 39, 42–44, 51, 115, 174, 185, 208, 265, 305, 331, 332
Galenson, Walter（ゲランソン） 238, 243
Geary, Robert C.（ゲアリー） 90
Ghosn, Carlos（ゴーン） 213
Gide, André（ジード） 409
Goethe, Johann（ゲーテ） 68, 69
Goldman, Marshall（ゴールドマン） 178, 255
後藤新平 340, 341, 345
後藤誉之助 400
Granick, David（グラニック） 237

Little, Ian M. D.（リトル） 102
Litvinov, Maxim M.（リトヴィノフ） 258, 259
Liu, Ta-chung（リウ） 236, 251
Luther, Martin（ルター） 10

M
MacArthur, Douglas（マッカーサー） 366, 367
Maddison, Angus（マディソン） 97
Mahalanobis, Prasanta C.（マハラノビス） 6
Mansel, Henry L.（マンセル） 121
Marcuse, Herbert（マルクーゼ） 4, 7, 13, 409
Marshall, Alfred（マーシャル） 20, 24, 37, 116, 118, 120–123, 126, 127, 133, 386, 390–393, 396, 399
丸山英人 382–384, 398
丸山眞男 358, 359, 388, 410
Marx, Karl（マルクス） 7, 9, 13, 15–17, 19, 26, 29, 32, 33, 42, 49–63, 65, 67, 70, 78, 92, 93, 111, 112, 115, 129, 174, 175, 190, 192, 193, 197, 199, 201, 254, 259, 263–265, 273, 283, 294, 295, 304, 306, 347, 348, 350, 355, 359, 363, 376, 379, 386, 394, 400, 407, 408
増田四郎 99, 405
増竹成紀 313, 314
松田芳郎 244, 246
Matthiessen, Francis O.（マシースン） 375–376
Mattioli, Raffaele（マッティオーリ） 51, 53, 115
McCarthy, Joseph R.（マッカーシー） 13, 281
McCormack, Gavan（マコーマック） 208
Mead, George H.（ミード） 360, 361
Meierchold, Vsevolod E.（メイエルホリド） 345
Mill, John S.（ミル） 124
南博 405
南一郎平 35
美濃部亮吉 318
Mishan, Edward J.（ミシャン） 265, 329, 391–393
御手洗富士夫 219
宮城音弥 368
宮本憲一 176, 183, 186, 192, 256
宮崎義一 164, 396
宮沢喜一 162
宮沢俊義 383
溝口敏行 244–246
水上達三 14
Moore, George E.（ムーア） 371
Moorsteen, Richard H.（ムーアスティーン） 238–240
森嶋通夫 18, 402
Morris, Charles W.（モリス） 363
Morris, Robert（モーリス） 281, 284, 286, 305
Morris, William（モリス） 124, 265
村上泰亮 192
村松祐次 405
Musgrave, Richard A.（マスグレーヴ） 25, 174
Myrdal, Gunner（ミュルダール） 51, 115, 116

N
永井道雄 209, 343

O

P

Q

R

Rasmussen, Ann（ラスマッセン） 234
Rawski, Thomas G.（ロウスキー） 236
Reed, John（リード） 357
Reischauer, Edwin O.（ライシャワー） 305, 355, 356, 410
Ricardo, David（リカード） 124, 223
Riskin, Carl（リスキン） 236
Robbins, Lionel R.（ロビンズ） 108, 406
Robinson, Joan（ロビンソン） 91, 92
Roll, Eric（ロル） 4, 11, 12
Rolland, Romain（ロラン） 409
Roosevelt, Franklin D.（ルーズヴェルト） 258, 351, 354, 363, 364, 389
Roosevelt, Theodore（ルーズヴェルト） 363, 364
Rosovsky, Henry（ロソフスキー） 201
Rostow, Walt W.（ロストウ） 233
Rousseau, Jean-Jacques（ルソー） 68, 377
Ruskin, John（ラスキン） 51, 63-67, 70, 117, 119, 123-128, 133, 157, 394

S

Sacco, Nicola（サッコ） 351
西園寺公望 352-354, 366
斎藤修 145
坂西志保 276, 368
桜井欣一郎 326
Samuelson, Marion（サムエルソン/サミュエルソン夫人） 103, 277
Samuelson, Paul A.（サムエルソン/サミュエルソン） 4, 10, 17, 23-26, 101-104, 112, 118-120, 174, 208, 277, 290, 291, 300, 320, 321, 329, 333, 336, 363, 385
佐野文夫 16, 346
佐野博 346
佐野学 346
佐野碩 345, 346
Sarkozy, Nicolas（サーコジ） 225
佐々生信夫 96
里見弴 366
佐藤栄作 163
佐藤金五郎 394
佐藤真住 245, 246
Sax, Joseph L.（サックス） 178, 182, 186, 327
Schlesinger, Arthur M.（シュレージンガー・シニア） 340, 342-344, 349, 351
Schlesinger, Arthur M., Jr.（シュレージンガー・ジュニア） 63, 157, 342, 348, 350, 351, 354
Schlick, Moritz（シュリック） 375
Schmoller, Gustav von（シュモラー） 63
Schnitzler, Arthur（シュニッツラー） 370
Schumacher, Ernst F.（シューマッハー/シューマッハ） 265, 329
Schumpeter, Elizabeth B.（シュンペーター夫人） 403
Schumpeter, Josef A.（シュンペーター） 4, 8, 9, 12, 18-20, 24, 26-28, 43, 48-70, 95, 100, 115-117, 122, 129, 157, 174, 277, 290, 363, 372, 384, 389, 394, 395, 397, 402-404, 406

U

V

W

Y

Z

回想の都留重人　資本主義、社会主義、そして環境

2010年4月30日　第1版第1刷発行
2010年7月5日　第1版第2刷発行

編　者　尾《お》高《だか》煌《こう》之《の》助《すけ》
　　　　西《にし》沢《ざわ》保《たもつ》

発行者　井村寿人

発行所　株式会社　勁《けい》草《そう》書房

112-0005 東京都文京区水道2-1-1　振替　00150-2-175253
（編集）電話 03-3815-5277／FAX 03-3814-6968
（営業）電話 03-3814-6861／FAX 03-3814-6854
精興社・青木製本

ISBN978-4-326-55064-7　Printed in Japan

http://www.keisoshobo.co.jp